马克思主义基本原理概论练习册

主　编　孔国保
副主编　卢　蔡　姚菲菲　王瑞熙

北京理工大学出版社
BEIJING INSTITUTE OF TECHNOLOGY PRESS

版权专有　侵权必究

图书在版编目（CIP）数据

马克思主义基本原理概论练习册/孔国保主编．—北京：北京理工大学出版社，2018.3（2021.1重印）

ISBN 978 – 7 – 5682 – 5378 – 9

Ⅰ．①马…　Ⅱ．①孔…　Ⅲ．①马克思主义理论 – 高等学校 – 习题集　Ⅳ．①A81 – 44

中国版本图书馆 CIP 数据核字（2018）第 045903 号

出版发行／北京理工大学出版社有限责任公司
社　　址／北京市海淀区中关村南大街 5 号
邮　　编／100081
电　　话／（010）68914775（总编室）
　　　　　（010）82562903（教材售后服务热线）
　　　　　（010）68948351（其他图书服务热线）
网　　址／http：//www.bitpress.com.cn
经　　销／全国各地新华书店
印　　刷／三河市华骏印务包装有限公司
开　　本／787 毫米×1092 毫米　1/16
印　　张／17　　　　　　　　　　　　　　　　　责任编辑／王俊洁
字　　数／400 千字　　　　　　　　　　　　　　文案编辑／王俊洁
版　　次／2018 年 3 月第 1 版　2021 年 1 月第 3 次印刷　责任校对／周瑞红
定　　价／42.50 元　　　　　　　　　　　　　　责任印制／施胜娟

图书出现印装质量问题，请拨打售后服务热线，本社负责调换

前 言

《马克思主义基本原理概论》是对大学生进行马克思主义基本理论教育的必修课程,基于大学生系统学习掌握该课程理论知识和提高实际分析能力的需要,嘉兴学院南湖学院孔国保等老师编写了《马克思主义基本原理概论练习册》一书。

本书围绕2015年部编教材的知识要求,按章节顺序进行编写。在编写时,加强基础知识的练习,同时配以适量的论述题和材料分析题,帮助学生提高结合实际分析问题的能力。

本书结构清晰,每章均包括单选题、多选题、判断题、辨析题、简答题、论述题和材料分析题七个题型,有助于学生有针对性地进行练习;本书还与教材保持同步,便于学生课前自学、课后复习。

本书的编者在编写时参考了有关学者的资料,在此表示感谢。由于时间仓促、水平有限,不足之处还请大家批评指正。

编 者
2017年11月

目 录

绪论 ………………………………………………………………………………（1）
    一、单选题 ……………………………………………………………………（1）
    二、多选题 ……………………………………………………………………（8）
    三、判断题 ……………………………………………………………………（13）
    四、辨析题 ……………………………………………………………………（14）
    五、简答题 ……………………………………………………………………（15）
    六、论述题 ……………………………………………………………………（15）
    七、材料分析题 ………………………………………………………………（15）

第一章　世界的物质性及其发展规律 …………………………………………（17）
    一、单选题 ……………………………………………………………………（17）
    二、多选题 ……………………………………………………………………（44）
    三、判断题 ……………………………………………………………………（64）
    四、辨析题 ……………………………………………………………………（65）
    五、简答题 ……………………………………………………………………（66）
    六、论述题 ……………………………………………………………………（66）
    七、材料分析题 ………………………………………………………………（66）

第二章　认识的本质及其发展规律 ……………………………………………（73）
    一、单选题 ……………………………………………………………………（73）
    二、多选题 ……………………………………………………………………（93）
    三、判断题 ……………………………………………………………………（105）
    四、辨析题 ……………………………………………………………………（106）
    五、简答题 ……………………………………………………………………（106）
    六、论述题 ……………………………………………………………………（106）

七、材料分析题 …… (107)

第三章 人类社会及其发展规律 …… (112)
一、单选题 …… (112)
二、多选题 …… (135)
三、判断题 …… (153)
四、辨析题 …… (155)
五、简答题 …… (156)
六、论述题 …… (156)
七、材料分析题 …… (156)

第四章 资本主义的本质及规律 …… (160)
一、单选题 …… (160)
二、多选题 …… (180)
三、判断题 …… (194)
四、辨析题 …… (195)
五、简答题 …… (196)
六、论述题 …… (196)
七、材料分析题 …… (196)

第五章 资本主义的发展及其趋势 …… (199)
一、单选题 …… (199)
二、多选题 …… (209)
三、判断题 …… (215)
四、辨析题 …… (216)
五、简答题 …… (216)
六、论述题 …… (217)
七、材料分析题 …… (217)

第六章 社会主义的发展及其规律 …… (219)
一、单选题 …… (219)
二、多选题 …… (228)
三、判断题 …… (235)
四、辨析题 …… (235)
五、简答题 …… (236)
六、论述题 …… (236)
七、材料分析题 …… (237)

第七章 共产主义崇高理想及其实现 …… (239)
一、单选题 …… (239)

二、多选题 …………………………………………………………………（243）
三、判断题 …………………………………………………………………（247）
四、辨析题 …………………………………………………………………（248）
五、简答题 …………………………………………………………………（248）
六、论述题 …………………………………………………………………（248）
七、材料分析题 ……………………………………………………………（248）
参考答案 ………………………………………………………………………（251）

绪 论

一、单选题

1. 马克思主义诞生于（　　）。
   A. 19 世纪 40 年代
   B. 19 世纪 50 年代
   C. 19 世纪 60 年代
   D. 19 世纪 70 年代

2. 马克思主义公开问世的标志性著作是（　　）。
   A. 《哲学的贫困》和《共产党宣言》
   B. 《关于费尔巴哈的提纲》和《德意志意识形态》
   C. 《政治经济学批判》和《资本论》
   D. 《反杜林论》和《家庭、私有制和国家的起源》

3. 马克思主义形成的重要标志是（　　）。
   A. 《德意志意识形态》的出版
   B. 《资本论》的出版
   C. 《反杜林论》的出版
   D. 《共产党宣言》的公开发表

4. 马克思、恩格斯批判地继承了前人的思想文化优秀成果，创立了历史唯物主义和剩余价值学说，从而实现了人类思想史上的（　　）。
   A. 伟大发展
   B. 伟大革命
   C. 伟大发现
   D. 伟大发明

5. 马克思主义理论从广义上说（　　）。
   A. 不仅是指马克思和恩格斯创立的基本理论、基本观点和学说的体系，也包括继承者对它的发展
   B. 是无产阶级争取自身解放和整个人类解放的学说体系

C. 是关于无产阶级斗争的性质、目的和解放条件的学说

D. 是马克思和恩格斯创立的基本理论、基本观点和基本方法构成的科学体系

6. 马克思主义理论从狭义上说（　　）。

A. 是无产阶级争取自身解放和整个人类解放的学说体系

B. 是关于无产阶级斗争的性质、目的和解放条件的学说

C. 是马克思和恩格斯创立的基本理论、基本观点和基本方法构成的科学体系

D. 是关于资本主义转化为社会主义以及社会主义和共产主义发展的普遍规律的学说

7. 马克思主义理论体系最基本、最核心的内容是（　　）。

A. 马克思主义基本原理

B. 马克思主义哲学

C. 马克思主义政治经济学

D. 科学社会主义

8. 人类进入21世纪，英国广播公司（BBS）在全球范围内进行"千年思想家"网评，名列榜首的是（　　）。

A. 马克思

B. 爱因斯坦

C. 达尔文

D. 牛顿

9. 促成马克思列宁主义在中国传播的重大历史事件是（　　）。

A. 辛亥革命

B. 十月革命

C. 五四运动

D. 中国共产党成立

10. 马克思主义中国化的第一个伟大理论成果是（　　）。

A. 大同思想

B. 三民主义

C. 毛泽东思想

D. 邓小平理论

11. 马克思主义最鲜明的政治立场是（　　）。

A. 一切理论和奋斗都应致力于实现以劳动人民为主体的最广大人民的根本利益

B. 推翻资本主义制度

C. 实现共产主义

D. 建立无产阶级专政

12. 马克思主义是一个博大精深的科学理论体系，其理论基础是（　　）。

A. 剩余价值学说

B. 马克思主义政治经济学

C. 马克思主义哲学

D. 科学社会主义

13. 马克思主义产生的经济根源是（　　）。
A. 工业革命
B. 资本主义经济危机
C. 资本主义社会生产力和生产关系的矛盾运动
D. 阶级斗争

14. 马克思主义生命力的根源在于（　　）。
A. 以实践为基础的科学性与革命性的统一
B. 与时俱进
C. 科学性与阶级性的统一
D. 科学性

15. 无产阶级的科学世界观和方法论是（　　）。
A. 辩证唯物主义
B. 历史唯物主义
C. 辩证唯物主义和历史唯物主义
D. 唯物主义

16. 马克思主义理论最根本的本质属性是（　　）。
A. 科学性
B. 革命性
C. 实践性
D. 与时俱进

17. 马克思主义最重要的理论品质是（　　）。
A. 吐故纳新
B. 科学严谨
C. 博大精深
D. 与时俱进

18. 马克思主义最崇高的社会理想是（　　）。
A. 实现共产主义
B. 消灭阶级、消灭国家
C. 实现个人的绝对自由
D. 实现人权

19. 资产阶级古典政治经济学的代表人物是（　　）。
A. 威廉·佩蒂和亚当·斯密
B. 亚当·斯密和大卫·李嘉图
C. 大卫·李嘉图和西斯蒙第
D. 亚当·斯密和凯恩斯

20. 学习马克思主义基本原理的根本方法是（　　）。
A. 认真学习马克思主义的著作
B. 一切从实际出发

C. 理论联系实际

D. 实事求是

21. 对待马克思主义的科学态度是（   ）。

A. 只坚持不发展

B. 只发展不坚持

C. 既坚持又发展

D. 要记住马克思和恩格斯说过的每一句话

22. 学习马克思主义的目的是（   ）。

A. 掌握具体的自然科学知识

B. 掌握具体的社会科学知识

C. 学会认识和改造世界的具体方法

D. 树立正确的世界观、人生观、价值观

23. 马克思主义的创始人是（   ）。

A. 马克思和亚当·斯密

B. 马克思和大卫·李嘉图

C. 马克思和恩格斯

D. 马克思和费尔巴哈

24. 马克思主义是（   ）。

A. 关于工人阶级和人类解放的科学

B. 人类全部优秀文化成果的总汇

C. 自然知识和社会知识的总和

D. 关于未来社会具体设想的学说

25. 马克思、恩格斯之所以能实现人类思想史上的伟大革命，是因为他们批判地继承了前人的思想文化优秀成果，创立了（   ）。

A. 历史唯物主义和剩余价值学说

B. 科学唯物主义和资本论

C. 劳动价值论和剩余价值学说

D. 科学社会主义和资本论

26. 马克思主义产生的阶级基础和实践基础是（   ）。

A. 资本主义的剥削和压迫

B. 无产阶级作为一支独立的政治力量登上了历史舞台

C. 工人罢工和起义

D. 工人运动得到了"农民的合唱"

27. 提出价值规律是"一只看不见的手"的是（   ）。

A. 马克思

B. 亚当·斯密

C. 大卫·李嘉图

D. 威廉·佩蒂

28. 马克思、恩格斯进一步发展和完善英国古典经济学理论的成果是（   ）。
   A. 辩证法
   B. 历史观
   C. 劳动价值论
   D. 剩余价值论

29. 马克思批判地吸取了费尔巴哈唯物主义的（   ）。
   A. 合理内核
   B. 基本内核
   C. 精髓
   D. 核心

30. 在19世纪三大工人运动中，集中反映工人政治要求的是（   ）。
   A. 法国里昂工人起义
   B. 英国宪章运动
   C. 芝加哥工人起义
   D. 德国西里西亚纺织工人起义

31. "哲学把无产阶级当作自己的物质武器，同样，无产阶级把哲学当作自己的精神武器。"这个论断的含义是（   ）。
   A. 马克思主义是无产阶级的世界观和方法论
   B. 哲学的存在方式是物质
   C. 无产阶级的存在方式是精神
   D. 无产阶级掌握哲学就由自为阶级转变为自在阶级

32. 马克思主义的革命性与科学性统一的基础是（   ）。
   A. 逻辑性
   B. 理论性
   C. 战斗性
   D. 实践性

33. 辩证唯物主义和历史唯物主义是马克思主义（   ）。
   A. 最重要的理论品质
   B. 最崇高的社会理想
   C. 最鲜明的政治立场
   D. 最根本的世界观和方法论

34. 中国各族人民的共同理想是（   ）。
   A. 倡导社会主义的民主精神
   B. 高扬社会主义的平等思想
   C. 提倡诚实守信的伦理道德
   D. 建设中国特色社会主义

35. 致力于实现以劳动人民为主体的最广大人民群众的根本利益，这是马克思主义（   ）。

A. 最重要的理论品质

B. 最崇高的社会理想

C. 最鲜明的政治立场

D. 最根本的世界观和方法论

36. 坚持一切从实际出发，理论联系实际，实事求是，在实践中检验和发展真理。这是马克思主义最重要的（　　）。

A. 理论品质

B. 理论方式

C. 实践品质

D. 实践方式

37. 实现物质财富极大丰富、人民精神境界极大提高、每个人自由而全面发展的共产主义社会，这是马克思主义（　　）。

A. 最伟大最崇高的理想

B. 最伟大最崇高的实践

C. 最崇高的社会实践

D. 最崇高的社会理想

38. 被马克思、恩格斯称为"有史以来最伟大的讽刺家"的是（　　）。

A. 费尔巴哈

B. 傅立叶

C. 欧文

D. 圣西门

39. 马克思主义的直接理论来源是（　　）。

A. 英国古典哲学、英国古典政治经济学和法国、德国的空想社会主义

B. 德国古典哲学、法国古典政治经济学和法国、英国的空想社会主义

C. 德国古典哲学、英国古典政治经济学和法国、英国的空想社会主义

D. 法国古典哲学、德国古典政治经济学和法国、英国的空想社会主义

40. 德国古典哲学最有代表性的人物是（　　）。

A. 黑格尔和费尔巴哈

B. 康德和黑格尔

C. 康德和费尔巴哈

D. 谢林和费希特

41. 马克思一生最重要的理论发现是（　　）。

A. 无产阶级革命和无产阶级专政学说

B. 社会主义和共产主义学说

C. 唯物史观和剩余价值学说

D. 关于无产阶级政党和无产阶级领袖的学说

42. 党的思想路线的核心是（　　）。

A. 一切从实际出发

B. 理论联系实际

C. 实事求是

D. 在实践中检验和发展真理

43. 在实际工作中坚持马克思主义认识论的基本原理，就是要坚持（　　）。

A. 经济基础和上层建筑辩证关系的理论

B. 一切从实际出发，在实践中坚持和发展真理

C. 阶级和阶级斗争的理论

D. 社会存在决定社会意识的理论

44. 解放思想，与时俱进，就是要（　　）。

A. 不受任何框框的束缚，思想上达到绝对自由

B. 不受任何约束，做到随心所欲

C. 抛弃原有的一切观念，重新评价一切

D. 突破落后观念的束缚，坚持实事求是

45. 空想社会主义的主要代表是（　　）。

A. 法国的昂利·圣西门、沙尔·傅立叶和英国的罗伯特·欧文

B. 英国的昂利·圣西门、沙尔·傅立叶和法国的罗伯特·欧文

C. 德国的罗伯特·欧文、昂利·圣西门和英国的沙尔·傅立叶

D. 德国的昂利·圣西门、沙尔·傅立叶和英国的罗伯特·欧文

46. 马克思主义产生以前，长期占统治地位的历史观是（　　）。

A. 唯物史观

B. 唯心史观

C. 激变论

D. 庸俗进化论

47. 1842 年，马克思任（　　）编辑。

A. 《前进报》

B. 《德法年鉴》

C. 《莱茵报》

D. 《民报》

48. 在第一次世界大战中成为东西方矛盾焦点和帝国主义政治体系最薄弱环节的国家是（　　）。

A. 德国

B. 奥地利

C. 中国

D. 俄国

49. 19 世纪 30 年代末 40 年代初，第一个从工场手工业占统治地位转变为机器大工业占优势的国家是（　　）。

A. 英国

B. 德国

C. 法国

D. 美国

50. 以资本主义机器大工业代替以手工技术为基础的工场手工业的工业革命兴起于（   ）。

   A. 17 世纪 60 年代
   B. 18 世纪 60 年代
   C. 19 世纪 60 年代
   D. 16 世纪 60 年代

51. 马克思主义政党是科学社会主义与工人运动相结合的产物，是工人阶级的先锋队，这表明（   ）。

   A. 马克思主义政党即工人阶级本身
   B. 马克思主义政党以工人阶级为基础
   C. 马克思主义政党的先进性决定了工人阶级的先进性
   D. 马克思主义政党的阶级性是其先进性的根本前提

52. 1984 年 1 月 3 日，意大利人卡内帕给恩格斯写信，请求他为即将在日内瓦出版的《新纪元》周刊的创刊号题词，而且要求尽量用简短的字句来表述未来的社会主义新纪元的基本思想，以区别于伟大诗人但丁的对旧纪元所作的"一些人统治，另一些人受苦难"的界定。恩格斯回答说，这就是："代替那存在着阶级和阶级对立的资产阶级旧社会的，将是这样一个联合体：在那里，每个人的自由发展是一切人的自由发展的条件。"这段话表明，马克思主义追求的根本价值目标是（   ）。

   A. 实现人的自由而全面的发展
   B. 实现人类永恒不变的普适价值
   C. 建立一个四海之内皆兄弟的大同世界
   D. 建立一个自由、平等、博爱的理性王国

二、多选题

1. 马克思主义是时代的产物。下列各项属于马克思主义产生的社会历史条件的有（   ）。

   A. 资本主义社会化大生产成为主导趋势
   B. 生产的社会化与生产资料私人占有之间的矛盾激化
   C. 无产阶级和资产阶级之间的矛盾尖锐化
   D. 无产阶级以独立的政治力量登上历史舞台

2. 作为马克思主义产生阶级基础的 19 世纪三大工人起义是（   ）。

   A. 巴黎公社
   B. 1831 年和 1834 法国里昂工人两次起义
   C. 1838 年在英国爆发的延续十余年的宪章运动
   D. 1844 年德国西里西亚纺织工人起义

3. 马克思主义产生的直接理论渊源是（　　）。
   A. 德国古典哲学
   B. 英国古典政治经济学
   C. 法国、英国的空想社会主义
   D. 法国启蒙思想
4. 资产阶级古典政治经济学的代表人物是（　　）。
   A. 亚当·斯密
   B. 大卫·李嘉图
   C. 马尔萨斯
   D. 西斯蒙第
5. 空想社会主义最杰出的代表是（　　）。
   A. 昂利·圣西门
   B. 沙尔·傅立叶
   C. 罗伯特·欧文
   D. 托马斯·莫尔
6. 下列各项属于19世纪自然科学三大发现的有（　　）。
   A. 地理学的重大发现
   B. 细胞学说
   C. 能量守恒和转化定律
   D. 达尔文的生物进化论
7. 马克思、恩格斯最重要的理论贡献是（　　）。
   A. 马克思主义哲学
   B. 马克思主义经济学
   C. 唯物史观
   D. 剩余价值学说
8. 导致第一次世界大战爆发的原因有（　　）。
   A. 资本主义世界生产力生产关系矛盾的激化
   B. 争夺和瓜分世界殖民地的矛盾激化
   C. 资本主义各国之间政治经济发展不平衡
   D. 奥地利皇太子菲迪南大公在南斯拉夫遇刺身亡
9. 下列关于马克思主义的判断，正确的有（　　）。
   A. 马克思主义是关于工人阶级和人类解放的科学
   B. 马克思主义的根本理论特征是科学性和革命性的统一
   C. 马克思主义崇高的社会理想是实现共产主义
   D. 马克思主义的理论品质是与时俱进
10. 马克思主义科学性与革命性可以概括为（　　）。
    A. 辩证唯物主义和历史唯物主义是马克思主义最根本的世界观和方法论
    B. 致力于实现最广大人民的根本利益是马克思主义最鲜明的政治立场

C. 一切从实际出发，理论联系实际，实事求是，在实践中检验真理和发展真理是马克思主义最重要的理论品质

D. 实现共产主义是马克思主义最崇高的社会理想

11. 坚持和弘扬理论联系实际的学风，要（　　）。

A. 防止和反对教条主义

B. 防止和反对形式主义

C. 防止和反对实用主义

D. 防止和反对经验主义

12. 坚持和弘扬理论联系实际的学风，要分清（　　）。

A. 哪些是必须长期坚持的马克思主义基本原理

B. 哪些是需要结合新的实际加以丰富发展的理论判断

C. 哪些是必须破除的对马克思主义错误的、教条式的理解

D. 哪些是必须澄清的附加在马克思主义名下的错误观点

13. 下列各项属于学习马克思主义的目的的有（　　）。

A. 树立正确的世界观、人生观、价值观

B. 掌握认识世界和改造世界的伟大工具

C. 全面提高人的素质

D. 掌握各种具体的知识

14. 当人类即将迈入21世纪的时候，英国广播公司（BBC）在全球范围内举行过一次"千年思想家"网上评选，结果位列榜首的是马克思。这说明下列哪些观点是正确的？（　　）

A. 马克思主义"过时论"是错误的

B. 社会主义"终结论"是错误的

C. 马克思主义具有无穷的思想魅力

D. 马克思主义虽然产生于欧洲，却跨越欧洲影响了全世界

15. 马克思主义（　　）。

A. 是不断发展的科学理论体系

B. 虽然是诞生于19世纪的产物，但却没有停留于19世纪

C. 虽然产生于欧洲，却跨越欧洲影响了全世界

D. 是人类所获得的终极真理

16. 马克思主义的内容（　　）。

A. 涵盖了社会的政治、经济、文化、军事、历史等诸多领域

B. 包括人类社会发展与自然界的关系

C. 是极其深刻和丰富的

D. 称得上是博大精深的

17. 马克思、恩格斯之所以实现了人类思想史上的伟大革命，是因为他们在19世纪40—60年代，批判地继承了前人的思想文化优秀成果并发现了（　　）。

A. 历史唯物主义

B. 剩余价值学说
C. 劳动价值论
D. 资本论

18. 马克思主义这一革命无产阶级的思想体系赢得了世界历史性的意义，是因为（   ）。
A. 它抛弃了资产阶级时代的一切成就
B. 它并没有抛弃资产阶级时代最宝贵的成就
C. 它吸收和改造了人类思想和文化发展中一切有价值的东西
D. 它吸收和改造了人类思想和文化发展中的一切东西

19. 作为中国共产党和社会主义事业指导思想的马克思主义，包括（   ）。
A. 马克思、恩格斯创立的马克思主义基本理论、基本观点、基本方法
B. 对马克思主义的继承和发展的列宁主义思想
C. 毛泽东思想、邓小平理论和"三个代表"重要思想
D. 科学发展观和构建社会主义和谐社会的理论

20. 我们可以从不同的角度理解马克思主义，包括（   ）。
A. 从创始者的认识成果讲，是马克思、恩格斯创立的基本理论、基本观点、基本方法
B. 从阶级属性讲，是无产阶级争取自身解放和整个人类解放的科学理论
C. 从研究对象和主要内容讲，是无产阶级的世界观和方法论，是关于资本主义灭亡、社会主义胜利的科学理论
D. 从主要构成讲，包括马克思主义哲学、马克思主义政治经济学和科学社会主义

21. 马克思主义诞生于19世纪40年代，对其诞生产生影响的有（   ）。
A. 14世纪末至15世纪初，资本主义生产关系开始在西欧封建社会内部孕育
B. 18世纪60年代至19世纪30年代末，资本主义工业革命推动资本主义社会生产力发展
C. 多次经济危机，给资本主义世界造成极大破坏
D. 垄断资本主义的出现

22. 作为一个完整的科学体系，马克思主义理论体系的三个主要组成部分是（   ）。
A. 马克思主义政治学
B. 马克思主义政治经济学
C. 科学社会主义
D. 马克思主义哲学

23. 马克思主义政治经济学创立的社会历史条件和前提是（   ）。
A. 资本主义生产关系的成熟
B. 简单商品经济的形成
C. 资产阶级古典政治经济学的形成和发展
D. 无产阶级反对资产阶级的斗争的需要

24. 马克思主义政治经济学在马克思主义理论体系中的地位和作用可归纳为（   ）。
A. 它是马克思主义哲学的理论基础

B. 它是科学社会主义的理论基础

C. 它是马克思主义的主要内容

D. 它是马克思主义理论最深刻、最全面、最详尽的证明和运用

25. 马克思的两个伟大发现是指（　　）。

A. 劳动价值论

B. 剩余价值论

C. 科学社会主义

D. 历史唯物主义

26. 一切从实际出发的基本含义是（　　）。

A. 从发展变化着的客观实际出发

B. 从特定的历史条件出发

C. 从客观事物存在和发展的规律出发

D. 从个人的愿望和要求出发

27. 一切从实际出发就是要做到（　　）。

A. 实事求是

B. 理论联系实际

C. 从联系中把握事实

D. 从各种零散的现象出发

28. 马克思主义"是任何坚定不移和始终一贯的革命策略的基本条件；为了找到这种策略，需要的只是把这一理论应用于本国的经济条件和政治条件"。这一论断的含义是（　　）。

A. 马克思主义不是教义，而是行动的指南

B. 马克思主义必须和各国的具体实践相结合

C. 必须从实际出发，理论联系实际

D. 马克思主义的原理是对现存的历史活动的真实关系的一般表述

29. 对待马克思主义，必须（　　）。

A. 解放思想、实事求是、与时俱进、求真务实

B. 坚持实践创新和理论创新

C. 把马克思主义作为进一步研究的出发点和供这种研究的方法，而不是教义

D. 把马克思主义作为永恒真理，只能坚持，不能发展

30. 全面贯彻辩证唯物主义和历史唯物主义的思想路线，必须（　　）。

A. 把马克思主义作为永恒真理

B. 坚持一切从实际出发

C. 在实践中坚持真理和发展真理

D. 正确认识世界和改造世界

31. 马克思主义的主要理论来源是（　　）。

A. 18 世纪空想社会主义者的学说

B. 19 世纪三大空想社会主义者的学说

C. 德国古典哲学

D. 英国古典政治经济学
32. 德国古典哲学的代表性人物是（　　）。
A. 康德
B. 黑格尔
C. 费尔巴哈
D. 笛卡尔
33. 马克思主义中国化的三大理论成果是（　　）。
A. 李大钊的理论
B. 毛泽东思想
C. 邓小平理论
D. "三个代表"重要思想

三、判断题

1. 马克思主义的直接理论来源是英国古典哲学、英国古典政治经济学和法国、德国的空想社会主义。　　　　　　　　　　　　　　　　　　　　　　　　　　（　　）
2. 马克思主义形成的重要标志是《资本论》的出版。　　　　　　　　　（　　）
3. 马克思主义诞生于19世纪40年代。　　　　　　　　　　　　　　　（　　）
4. 马克思主义中国化的第一个伟大理论成果是邓小平理论。　　　　　　（　　）
5. 马克思主义最鲜明的政治立场是一切理论和奋斗都应致力于实现以劳动人民为主体的最广大人民的根本利益。　　　　　　　　　　　　　　　　　　　　　（　　）
6. 马克思主义是一个博大精深的科学理论体系，其理论基础是剩余价值学说。（　　）
7. 马克思批判地吸取了黑格尔辩证法的基本内核。　　　　　　　　　　（　　）
8. 有一种观点认为，阶级性与科学性是不相容的，凡是代表某个阶级利益和愿望的社会理论，就不可能是科学的。因为马克思主义具有阶级性，所以它是不科学的。　（　　）
9. 马克思主义是19世纪的产物，现在是21世纪了，时代变了，马克思主义已经"过时"了。　　　　　　　　　　　　　　　　　　　　　　　　　　　　　　　（　　）
10. 指导中国进行社会主义建设的理论基础是马克思、恩格斯创立的马克思主义。
　　　　　　　　　　　　　　　　　　　　　　　　　　　　　　　　（　　）
11. 从马克思主义的创造者、继承者的认识成果讲，它是由马克思、恩格斯创立的，而由其后各个时代、各个民族的马克思主义者不断丰富和发展的观点和学说的体系。（　　）
12. 从马克思主义的阶级属性讲，它是无产阶级争取自身解放和整个人类解放的科学理论，是关于无产阶级斗争的性质、目的和解放条件的学说。　　　　　　　（　　）
13. 马克思主义最鲜明的政治立场是致力于实现以共产党人为主体的最广大人民群众的根本利益。　　　　　　　　　　　　　　　　　　　　　　　　　　　　（　　）
14. 从马克思主义的研究对象和主要内容讲，它是无产阶级的科学世界观和方法论，是关于自然、社会和思维发展的普遍规律的学说，是关于资本主义发展和转变为社会主义以及社会主义和共产主义发展的普遍规律的学说。　　　　　　　　　　　　（　　）

15. 马克思主义是由一系列的基本理论、基本观点和基本方法构成的科学体系，它是一个完整的整体。其中，马克思主义哲学、马克思主义政治经济学和科学社会主义，是马克思主义理论体系不可分割的三个主要组成部分。（   ）

16. 马克思主义理论最根本的本质属性是实践性。（   ）

17. 从狭义上说，马克思主义是指马克思、恩格斯创立的基本理论、基本观点和学说的体系。（   ）

18. 从广义上说，马克思主义不仅指马克思、恩格斯创立的基本理论、基本观点和学说的体系，也包括继承者对它的发展，即在实践中不断发展着的马克思主义。（   ）

19. 马克思主义的革命性与科学性统一的基础是理论性。（   ）

20. 作为中国共产党和社会主义事业指导思想的马克思主义，是从广义上理解的马克思主义。（   ）

21. 资本主义经济的发展为马克思主义的产生提供了经济、社会历史条件。无产阶级反对资产阶级的斗争日益激化，对科学理论的指导提出了强烈的需求，这就成为马克思主义产生的阶级基础和实践基础。（   ）

22. 马克思主义最崇高的社会理想是消灭阶级、消灭国家。（   ）

23. 马克思主义的创始人是马克思和恩格斯。（   ）

24. 马克思主义是自然知识和社会知识的总和。（   ）

25. 马克思主义哲学是马克思、恩格斯将黑格尔的辩证法和费尔巴哈的唯物主义结合在一起的产物。（   ）

26. 社会主义从空想到科学在人类思想史上具有划时代的意义。（   ）

27. 马克思主义的内容涵盖了社会的政治、经济、文化、军事、历史和人类社会发展与自然界的关系等诸多领域和各个方面，是极其深刻和丰富的。（   ）

28. 马克思主义留给我们的大量文献典籍，它涉及的众多学科门类所形成的知识海洋，不仅在马克思所处的时代，即使在今天，也当之无愧地称得上是博大精深。（   ）

29. 马克思主义是不断发展的科学理论体系，它虽然诞生于19世纪，但没有停留于19世纪；它虽然产生于欧洲，却跨越欧洲影响了全世界。（   ）

30. 学习马克思主义的目的是掌握具体的社会科学知识。（   ）

31. 马克思主义政治经济学是对英国古典政治经济学的继承。（   ）

32. 马克思、恩格斯之所以能实现人类思想史上的伟大革命，是因为他们批判地继承了前人的思想文化优秀成果，创立了历史唯物主义和剩余价值学说。（   ）

四、辨析题

1. 有一种观点认为，阶级性与科学性是不相容的，凡是代表某个阶级利益和愿望的社会理论，就不可能是科学的。因为马克思主义具有阶级性，所以它是不科学的。

2. 马克思主义是19世纪的产物，现在是21世纪了，时代变了，马克思主义已经"过时"了。

3. 指导中国进行社会主义建设的理论基础是马克思、恩格斯创立的马克思主义。

4. 马克思主义哲学是马克思、恩格斯将黑格尔的辩证法和费尔巴哈的唯物主义结合在一起的产物。

5. 马克思主义政治经济学是对英国古典政治经济学的继承。

6. 社会主义从空想到科学在人类思想史上具有划时代的意义。

7. 马克思主义是为全人类服务的。

五、简答题

1. 什么是马克思主义？
2. 如何理解马克思主义是时代的产物？
3. 马克思主义经历了怎样的发展过程？
4. 结合自身实际，谈谈该如何学习和运用马克思主义？

六、论述题

1. 结合我们的学习谈谈马克思主义产生的历史必然性及在当代的适用性。
2. 如何理解马克思主义是科学性与革命性的统一？

七、材料分析题

1. 结合材料回答问题。

【材料1】

马克思、恩格斯在1872年为《共产党宣言》（以下简称《宣言》）所写的序言中指出："不管最近25年来的情况发生了多大的变化，这个《宣言》中所阐述的一般原理整个说来直到现在还是完全正确的……由于最近25年来大工业有了巨大发展而工人阶级的政党组织也跟着发展起来了，由于首先有了二月革命的实际经验而后来尤其是有了无产阶级第一次掌握政权达两个月之久的巴黎公社的实际经验，所以这个纲领现在有些地方已经过时了。特别是公社的经验已经证明：工人阶级不能简单地掌握现成的国家机器，并运用它来达到自己的目的。"

参见《马克思恩格斯选集》第1卷（人民出版社1995年版，第248～249页）

【材料2】

恩格斯在1895年时指出："但是，历史表明我们也曾经错了，暴露出我们当时（1848年革命时期，编者）的看法只是一个幻想。历史走得更远：它不仅打破了我们当时的错误看法，而且完全改变了无产阶级借以进行斗争的条件。1848年的斗争方法，今天在一切方面都已经过时了，这一点值得在这里比较仔细地加以探讨。"

参见《马克思恩格斯选集》第4卷（人民出版社1995年版，第510页）

【材料3】

恩格斯指出："就一切可能看来，我们还差不多处在人类历史的开端，而将来纠正我们错误的后代，大概比我们可能经常以极为轻视的态度纠正其认识错误的前辈要多得多。"

【材料4】

恩格斯在《英国状况——评卡莱尔的〈过去和现在〉》（《马克思恩格斯选集》第1卷，人民出版社第1版，642页）一文中指出："卡莱尔说得对，任何一种社会哲学，只要它还把某几个论点奉为自己的最终结论，只要它还在提供莫里逊氏丸（意即'包医百病的灵丹妙药'——引者注），它就永远不会是完备的；我们最需要的不是空泛的结论，而是研究。结论要是没有使它得以成为结论的过程，就毫无价值，这一点我们从黑格尔那里就已经知道了；结论本身若固定不变，若不再成为继续发展的前提，就比无用更糟糕……但结论在一定时期应当有一定的形式，在自己的发展过程中应当摆脱模棱两可的不确定性，应当形成明确的思想。"

请回答：结合上述材料，谈谈我们对待马克思主义应有的科学态度，怎样才能把坚持和发展马克思主义统一起来？

2. 结合材料回答问题。

【材料1】

英国著名历史学家、英国学术院院士霍布斯鲍姆指出，给确定某一具体思想方式或观点是否能被看做马克思主义的标准作依据的，"是在19世纪末大致定型的马克思主义基本原理"。美国著名学者海尔布隆纳在标准问题上有着与霍布斯鲍姆相近的看法。他认为，马克思主义思想有一个可以得到"公认的共同点"，这个共同点来源于"同一套前提"，它是规定马克思主义思想的前提。"凡是包含有这类前提的分析，都可以正当地将其分类为'马克思主义的'分析，即使作者本人并不如此认定。"这"同一套前提"是：对待认识本身的辩证态度、唯物主义历史观、依据马克思的社会分析而得出的关于资本主义的总看法、以某种形式规定的对社会主义的信奉。

【材料2】

1934年，当德国共产党的理论家卡尔·科尔施还没有彻底脱离马克思主义的时候，他写了一篇题为《我为什么是马克思主义者》的文章。在这篇文章中，科尔施力图通过他对马克思主义的所谓的特殊看法来表明他是一个"真正的马克思主义者"。这些看法的要点是：马克思主义的全部原理，包括那些表面上具有普遍性的原理，都带有特殊性；马克思主义不是实证的，而是批判的；马克思主义的主题不是现在处于肯定状态的资本主义社会，而是显得日益分崩离析的腐朽的正在衰亡的资本主义社会；马克思主义的主要目的不是观赏现存的世界，而是对它进行积极的改造。

【材料3】

卢卡奇认为："我们姑且假定新的研究完全驳倒了马克思的每一个个别的论点。即使这点得到证明，每个严肃的'正统'马克思主义者仍然可以毫无保留地接受这种新结论，放弃马克思的所有全部论点，而毫无片刻地放弃他的马克思主义正统。所以，正统马克思主义并不意味着无批判地接受马克思研究的结果。它不是对这个或那个论点的'信仰'，也不是对某本'圣'书的注解。恰恰相反，马克思主义问题中的正统仅仅是指方法。"

请回答：结合上述材料，谈谈你对什么是马克思主义的回答。

第一章

世界的物质性及其发展规律

一、单选题

1. 哲学的基本问题是（　　）。
A. 社会和自然的关系问题
B. 思维与存在的关系问题
C. 政治和经济的关系问题
D. 实践和理论的关系问题

2. 马克思主义认为，哲学是（　　）。
A. 人们自发形成的世界观
B. 理论化、系统化的世界观
C. 科学的世界观
D. 无产阶级的世界观

3. 肯定思维和存在有同一性，这是（　　）。
A. 辩证法的观点
B. 形而上学的观点
C. 唯心主义的观点
D. 可知论的观点

4. 在物质和运动的关系问题上，唯心主义哲学的错误是（　　）。
A. 设想无物质的运动
B. 否认运动的存在
C. 设想无运动的物质
D. 否认静止的存在

5. 运动和静止的关系是（　　）。

A. 现象和本质的关系

B. 一般和个别的关系

C. 绝对和相对的关系

D. 抽象和具体的关系

6. 时间和空间（   ）。

A. 同物质运动无关

B. 是一种先验的形式

C. 是运动着的物质本身

D. 是运动着的物质的存在方式

7. 马克思主义哲学关于物质范畴的正确理解是（   ）。

A. 物质是各种实物的总和

B. 物质是从各种物的总和中抽象出来的

C. 物质的唯一特性是它的可感知性

D. 物质是自然界的具体的物质形态

8. 意识是人脑的机能，表现在（   ）。

A. 人脑是意识的源泉

B. 意识是人脑自生的

C. 意识是人脑的分泌物

D. 人脑是产生意识的物质器官

9. "观念的东西不外是移入人脑并在人的头脑中改造过的物质的东西而已。"这一观点是（   ）。

A. 客观唯心主义观点

B. 朴素唯物主义观点

C. 唯意志主义观点

D. 辩证唯物主义观点

10. 列宁关于"人的意识不仅反映客观世界，而且创造客观世界"的说法（   ）。

A. 夸大了意识的作用

B. 正确地指出了意识的能动作用

C. 具有唯意志主义的倾向

D. 是主观唯心主义的表现

11. 世界的真正统一性在于它的（   ）。

A. 存在性

B. 运动性

C. 物质性

D. 可知性

12. 意识能动性实现的根本途径是（   ）。

A. 社会实践

B. 主观努力

C. 客观规律

D. 先进的物质手段

13. 正确发挥意识能动作用的客观前提是（　　）。

A. 个人积极性的发挥

B. 集体智慧的调动

C. 解放思想

D. 对客观规律的正确反映

14. 设想脱离物质的运动会导致（　　）。

A. 形而上学

B. 机械唯物论

C. 唯心主义

D. 二元论

15. 时间具有一维性，这是指它的（　　）。

A. 可变性

B. 无限性

C. 不可逆性

D. 连续性

16. 物质的存在方式和根本属性是（　　）。

A. 实践

B. 运动

C. 静止

D. 空间和时间

17. "狼孩"没有意识，这一事实说明（　　）。

A. 意识是生物界长期发展的产物

B. 意识是社会的产物

C. 意识是人脑发展的产物

D. 意识是对客观世界的反映

18. "意识是人脑分泌的特殊物质，"这是（　　）。

A. 辩证唯物主义的观点

B. 机械唯物主义的观点

C. 朴素唯物主义的观点

D. 庸俗唯物主义的观点

19. 古代朴素唯物主义把世界的本原归结为（　　）。

A. 绝对观念

B. 客观实在

C. 理念世界

D. 水火等"原初"物质

20. 中国古代哲学家荀子说："天行有常，不为尧存，不为桀亡。"这是一种（　　）。

A. 宿命论观点

B. 唯意志论观点

C. 机械唯物论观点

D. 朴素唯物论观点

21. 哲学上的一元论就是承认（   ）。

A. 世界是物质

B. 世界在本质上是精神

C. 世界是发展的

D. 世界的本原只有一个

22. 对哲学基本问题第一个方面内容的不同回答是（   ）。

A. 划分唯物主义和唯心主义的标准

B. 划分辩证法和形而上学的标准

C. 划分可知论和不可知论的标准

D. 划分辩证唯物主义和形而上学唯物主义的标准

23. 物质的唯一特性是（   ）。

A. 运动变化性

B. 客观实在性

C. 具体性

D. 可感知性

24. 运动是物质的存在方式。这是对运动的（   ）。

A. 唯心主义理解

B. 直观唯物主义理解

C. 辩证唯物主义理解

D. 庸俗唯物主义理解

25. 在物质和运动的关系问题上，形而上学唯物主义的错误是（   ）。

A. 夸大运动的绝对性

B. 设想无物质的运动

C. 否认静止的存在

D. 设想无运动的物质

26. 在我国战国时期，公孙龙提出"白马非马"。这个命题的错误在于它割裂了（   ）。

A. 主要矛盾和次要矛盾的联系

B. 矛盾的主要方面和次要方面的联系

C. 矛盾的同一性和斗争性的联系

D. 矛盾的特殊性和普遍性的联系

27. 对待改革开放和社会主义现代化建设，有的人只看到存在的困难和问题，看不到取得的巨大成就；有的人只看到取得的巨大成就，看不到存在的困难和问题。这两种看问题的方法都是（   ）。

A. 重点论

B. 均衡论

C. 一点论

D. 两点论

28. "任何个别（无论怎样）都是一般。"这句话的正确含义是（   ）。

A. 特殊性就是普遍性

B. 特殊性存在于普遍性之中

C. 普遍性是特殊性的总和

D. 特殊性中包含普遍性

29. 以唯物辩证法看来，水果同苹果、梨、香蕉、橘子等的关系是（   ）。

A. 共性和个性的关系

B. 整体和部分的关系

C. 本质和现象的关系

D. 内容和形式的关系

30. "在马克思主义普遍原理的指导下，从中国的基本国情出发，走自己的路。"这体现了（   ）。

A. 矛盾的同一性和斗争性的统一

B. 矛盾的普遍性和特殊性的统一

C. 事物发展的量变和质变的统一

D. 事物发展的前进性和曲折性的统一

31. "动中有静，静中有动"说明（   ）。

A. 物质和运动的统一

B. 绝对运动和相对静止的统一

C. 有限性和无限性的统一

D. 唯物主义和辩证法的统一

32. 古希腊哲学家克拉底鲁指出："万物瞬息万变，不可捉摸，人连一次也不能踏进同一条河流。"这是一种（   ）。

A. 唯心主义的观点

B. 形而上学的观点

C. 相对主义诡辩论的观点

D. 庸俗进化论的观点

33. "机不可失，时不再来"指的是（   ）。

A. 时间的连续性

B. 时间的一维性

C. 时间的顺序性

D. 时间的重复性

34. 在客观规律面前，人的主观能动性表现在（   ）。

A. 人可以改变规律

B. 人可以创造规律

C. 人可以消灭规律

D. 人可以认识和利用规律

35. 事物的联系和运动之间的关系是（　　）。

A. 相互联系导致运动

B. 运动和发展引起质变

C. 发展引起运动

D. 普遍联系和永恒发展

36. 唯物辩证法的总特征是（　　）。

A. 量变和质变的观点

B. 辩证否定的观点

C. 联系和发展的观点

D. 对立统一的观点

37. 久旱缺雨时，下雨对庄稼生长有益；雨涝成灾时，下雨对庄稼生长有害。这说明（　　）。

A. 事物的联系是普遍的无条件的

B. 事物的联系是现实的具体的

C. 事物的运动是客观的绝对的

D. 事物发展的根本原因是事物的内部矛盾

38. "割下来的手就不再是人手"这句话体现了（　　）。

A. 形而上学片面的孤立的观点

B. 辩证法普遍联系的观点

C. 唯心主义的观点

D. 诡辩论的观点

39. 唯物辩证法认为发展的实质是（　　）。

A. 事物数量的增加

B. 事物根本性质的变化

C. 事物的一切运动变化

D. 新事物的产生和旧事物的灭亡

40. 区分新事物和旧事物的标志在于，看它们（　　）。

A. 是不是在新的历史条件下出现的

B. 是不是符合事物发展的规律，是不是有强大的生命力

C. 是不是具有新形式和新特点

D. 是不是得到绝大多数人的承认

41. 质量互变规律揭示了（　　）。

A. 事物发展的动力和源泉

B. 事物发展的状态和过程

C. 事物发展的方向和道路

D. 事物发展的两种趋势

42. 质和事物的存在是（　　）。

A. 相互对立的

B. 相互包含的

C. 直接同一的

D. 相互转化的

43. 在实际工作中，要注意掌握分寸，防止"过"或"不及"，其关键在于（　　）。

A. 抓住事物的主要矛盾

B. 确定事物的质

C. 认识事物的量

D. 把握事物的度

44. 区分量变和质变的根本标志是看（　　）。

A. 事物的变化是否显著

B. 事物的变化是否迅速

C. 事物的某些属性是否发生了变化

D. 事物的变化是否超出度的范围

45. 揭示事物发展的趋势和道路的规律是（　　）。

A. 对立统一规律

B. 质量互变规律

C. 否定之否定规律

D. 联系和发展规律

46. 事物的否定方面是指（　　）。

A. 事物的积极方面

B. 事物的消极方面

C. 事物中维持其存在的方面

D. 事物中促使其灭亡的方面

47. 辩证的否定是事物发展的环节，因为辩证的否定（　　）。

A. 把旧事物完全抛弃

B. 使旧事物发生量变

C. 是新事物产生、旧事物灭亡

D. 是从外部强加给事物的

48. 事物发展的周期性体现了（　　）。

A. 事物发展的直线性与曲折性的统一

B. 事物发展是一个不断地回到出发点的运动

C. 事物发展的周而复始的循环性

D. 事物发展的前进性和曲折性的统一

49. 直线论的错误在于只看到（　　）。

A. 事物发展的周期性而否认了前进性

B. 事物发展的前进性而否认了曲折性

C. 事物发展的间接性而否认了连续性

D. 事物发展的曲折性而否认了周期性

50. 循环论的错误在于（　　）。

A. 只看到事物发展的普遍性，没有看到事物发展过程的特殊性

B. 只看到事物的绝对运动，没有看到事物的相对静止

C. 只看到事物发展道路的曲折性，没有看到事物发展趋势的前进性

D. 只看到新旧事物之间的连续性，没有看到新旧事物之间的间断性

51. 对立统一规律揭示了（　　）。

A. 事物发展的动力和源泉

B. 事物发展的状态和过程

C. 事物发展的方向和道路

D. 事物发展的两种趋向

52. 唯物辩证法的实质和核心是（　　）。

A. 对立统一规律

B. 质量互变规律

C. 否定之否定规律

D. 联系和发展的规律

53. 辩证法所说的矛盾是指（　　）。

A. 人们思维中的前后不一的自相矛盾

B. 事物之间或事物内部各要素之间的对立统一

C. 对立面之间的相互排斥

D. 事物之间或事物内部各要素之间的相互依赖

54. 矛盾的基本属性是（　　）。

A. 普遍性和特殊性

B. 绝对性和相对性

C. 变动性和稳定性

D. 斗争性和同一性

55. "人不能两次踏进同一条河流"，这句话说明运动与静止的关系是（　　）。

A. 运动是绝对的，静止是相对的

B. 运动是相对的，静止是绝对的

C. 静止是绝对的，运动也是绝对的

D. 静止是相对的，运动也是相对的

56. 时间、空间是（　　）。

A. 物质运动的存在形式

B. 人们经验规定的东西

C. 人类感性的直观形式

D. 独立于物质的客观存在

57. 马克思主义哲学认为世界在本质上是（   ）。
   A. 物质和精神的统一
   B. 各种物质实体的总和
   C. 主体和客体的统一
   D. 多样性的物质统一

58. "忧心忡忡的穷人甚至对最美丽的风景都没有什么感觉；贩卖矿物的商人只看矿物的商业价值，他没有矿物学的感觉。"这说明（   ）。
   A. 人的感觉具有先验性
   B. 人的感觉具有主观性
   C. 人的感觉具有主体性
   D. 人的感觉具有经验性

59. 意识的本质是（   ）。
   A. 大脑的机能和属性
   B. 人脑的机能和属性，对客观世界的主观映象
   C. 大脑的分泌物
   D. 思维的各种现象

60. 意识是"客观存在的主观映象"是指（   ）。
   A. 意识是沟通客观和主观的桥梁
   B. 意识是客观精神和主观感觉的产物
   C. 意识的形式是客观的，而内容是主观的
   D. 意识的内容和源泉是客观的，而形式是主观的

61. 对于同一事物，不同的人有不同的反映，这说明（   ）。
   A. 意识是主体的自由创造
   B. 意识不受客体制约
   C. 意识受主体状态的影响
   D. 意识的内容和形式都是主观的

62. 中国古代哲学家荀子说："心不使焉，则白黑在前而目不见，雷鼓在侧而耳不闻。"这句话表明人的意识具有（   ）。
   A. 客观性
   B. 能动性
   C. 对象性
   D. 任意性

63. "心诚则灵，心不诚则不灵"的说法是（   ）。
   A. 主张物质和意识具有统一性的辩证唯物主义观点
   B. 主张思想就是物质的庸俗唯物主义的观点
   C. 认为世界是绝对精神外化的客观唯心主义观点
   D. 夸大了意识能动作用的唯心主义观点

64. 唯心主义认为世界统一于（   ）。

A. 物质

B. 意识

C. 存在

D. 实践

65. 唯物辩证法和形而上学对立的焦点在于是否承认（   ）。

A. 事物的普遍联系

B. 事物的一定变化和发展

C. 事物的发展动力是内部矛盾

D. 事物的发展经过量变到质变

66. 我国汉朝的董仲舒说："古之天下，亦今之天下；今之天下，亦古之天下。"这是（   ）。

A. 唯物论的观点

B. 唯心论的观点

C. 辩证法的观点

D. 形而上学的观点

67. "从个别到一般，从一般到个别"的思维方法是（   ）。

A. 归纳与演绎

B. 分析与综合

C. 抽象到具体

D. 实践到认识

68. 辩证思维方法从抽象上升到具体的过程是（   ）。

A. 从实践到认识的过程

B. 从认识到实践的过程

C. 思维生成现实具体的过程

D. 在思维中形成"多种规定的统一"的过程

69. 形而上学唯物主义"绝对时间"和"绝对空间"错误在于（   ）。

A. 否认时间和空间的客观性

B. 否认时间和空间的无限性

C. 否认时间和空间同运动着的物质相联系

D. 承认时间和空间的可变性

70. 先设计，后施工，才能建成楼房，这一事实说明（   ）。

A. 物质决定意识，意识具有能动作用

B. 意识对物质有决定作用

C. 先有意识，后有物质

D. 设计构思是工程师头脑自身的

71. 辩证唯物主义认为意识对物质的能动作用最重要的表现是（   ）。

A. 只有正确的意识才能改造世界

B. 人能够利用规律，通过实践自觉地改造客观世界

C. 人不能改造和利用规律

D. 人能够自觉地改造和利用客观规律

72. 发展的本质是（   ）。

A. 数量的增减和场所的更替

B. 新事物的产生和旧事物的灭亡

C. 生物运动的绝对性和无条件性

D. 事物内部的矛盾性

73. 马克思主义普遍原理同中国革命具体实践相结合原则的理论基础是（   ）。

A. 矛盾的主要方面和矛盾的次要方面相互关系的原理

B. 主要矛盾和次要矛盾相互关系的原理

C. 矛盾同一性和斗争性相互关系的原理

D. 矛盾普遍性和矛盾特殊性相互关系的原理

74. 社会同自然界对立统一的基础及其相互作用的根本途径是（   ）。

A. 劳动

B. 自然条件

C. 生产方式

D. 社会意识

75. "是就是是，不是就是不是，除此之外都是鬼话。"这是一种（   ）。

A. 形而上学的观点

B. 相对主义的观点

C. 唯心主义的观点

D. 辩证法的观点

76. 认为世界是不能被人所认识或不能完全被认识的哲学流派是（   ）。

A. 唯物论

B. 唯心论

C. 二元论

D. 不可知论

77. 划分唯物主义和唯心主义的唯一标准是（   ）。

A. 思维和存在何者为第一性的问题

B. 思维和存在的同一性的问题

C. 理论和实践的关系问题

D. 实践是检验真理的标准问题

78. 时间空间的相对性是指（   ）。

A. 时间空间的特点是具体的、可变动的

B. 时间空间的存在是无条件的、不变的

C. 时间和空间的存在是依赖于人的存在

D. 时间空间的存在是无限的

79. 系统的最基本的特征是（   ）。

A. 整体性

B. 结构性

C. 层次性

D. 开放性

80. 把意识直接归结于物质，这属于（　　）。

A. 朴素唯物主义观点

B. 庸俗唯物主义观点

C. 唯心主义观点

D. 形而上学观点

81. 辩证的同一是（　　）。

A. 以差别、对立为前提的同一

B. 不包含否定因素的同一

C. 事物与其自身完全等同

D. 不包含任何差别的绝对的同一

82. 主要矛盾是指（　　）。

A. 急待解决的比较明显的矛盾

B. 促使事物发生根本变革的矛盾

C. 贯穿于事物发展始终的矛盾

D. 在复杂事物中居支配地位和起决定作用的矛盾

83. 运用主要矛盾和矛盾主要方面原理在方法论上应坚持（　　）。

A. 均衡论

B. 一点论

C. 重点论

D. 二元论

84. 一事物成为自身并区别于其他事物的是（　　）。

A. 量

B. 度

C. 质

D. 关节点

85. 唯物辩证法所理解的事物的度是（　　）。

A. 一事物区别于它事物的内在规定性

B. 事物存在发展的规模、程度、速度以及它的构成成分在空间上的排列等可以用数量表示的规定性

C. 质与量的统一，是事物保持自己质的量的限度

D. 是保持事物自身存在的方面

86. 事物的部分质变是指（　　）。

A. 关键部分发生质变

B. 质变中量的扩张

C. 量变过程中的阶段性变化和局部性变化

D. 渐进过程的中断，事物的突变

87. 否定之否定规律揭示了（　　）。

A. 事物发展的动力

B. 事物发展变化的基本形式和状态

C. 事物发展的方向和道路

D. 事物发展的基础和条件

88. 对待我国传统文化的正确态度是（　　）。

A. 传统文化是民族的精华，应全部继承

B. 批判继承，推陈出新

C. 保留一半，抛弃一半

D. 传统文化是封建糟粕，应全部抛弃

89. 把"否定之否定"称为"仿佛回到出发点的运动"是（　　）。

A. 诡辩论的观点

B. 辩证法的观点

C. 形而上学的观点

D. 循环论的观点

90. "世界不是既成事物的集合体，而是过程的集合体"这是（　　）。

A. 唯物辩证法的思想

B. 形而上学的思想

C. 诡辩论的思想

D. 相对主义的思想

91. 鲁迅在评《三国演义》时说："至于写人，亦颇有失，以致欲显刘备之长厚而似伪，状诸葛之多智而近妖。"这一评述所蕴含的哲理是（　　）。

A. 要区分事物的两重性

B. 要把握事物的度

C. 对事物既要肯定又要否定

D. 要把事物看作一个整体

92. 恩格斯认为，全部哲学特别是近代哲学的重大的基本问题是（　　）。

A. 哲学与人类生存活动之间的内在联系问题

B. 人与周围世界的基本联系问题

C. 思维和存在的关系问题

D. 关于人的本质问题

93. 划分唯物史观与唯心史观的根据是（　　）。

A. 是否承认社会历史的规律性

B. 是否承认阶级斗争

C. 是否承认社会存在决定社会意识

D. 是否承认社会意识的能动作用

94. "坐地日行八万里，巡天遥看一千河。"这一著名诗句包含的哲理是（   ）。

   A. 物质运动的客观性和时空的主观性的统一

   B. 物质运动无限性和有限性的统一

   C. 时空的无限性和有限性的统一

   D. 运动的绝对性和静止的相对性的统一

95. 既是自然界与人类社会分化统一的历史前提，又是自然界与人类社会统一起来的现实基础是（   ）。

   A. 运动

   B. 实践

   C. 精神生产

   D. 物质生产

96. 辩证唯物主义认为事物发展的规律是（   ）。

   A. 思维对事物本质的概括和反映

   B. 用来整理感性材料的思维形式

   C. 事物内在的本质和稳定的联系

   D. 事物联系和发展的基本环节

97. 有一首描述在战争中缺了钉子的马掌会导致国家灭亡的童谣："钉子缺，蹄铁卸，战马蹶；战马蹶，骑士绝；骑士绝，战事折；战事折，国家灭。"这首童谣包含的哲学原理是（   ）。

   A. 事物是普遍联系的

   B. 事物是变化的

   C. 事物的现象是本质的表现

   D. 事物的量变引起质变

98. "沉舟侧畔千帆过，病树前头万木春。""芳林新叶催陈叶，流水前波让后波。"这两句诗包含的哲学道理是（   ）。

   A. 矛盾是事物发展的动力

   B. 事物是本质和现象的统一

   C. 事物的发展是量变和质变的统一

   D. 新事物代替旧事物是事物发展的总趋势

99. 在自然界中，没有上，就无所谓下；在社会中，没有先进，无所谓落后；在认识中，没有正确，就无所谓错误。这说明（   ）。

   A. 矛盾双方是相互排斥的

   B. 矛盾双方是相互渗透的

   C. 矛盾双方是相互转化的

   D. 矛盾双方是相互依存的

100. 辩证唯物主义认为想问题办事情的出发点是（   ）。

   A. 正确的理论原则

   B. 客观存在的事实

C. 群众的意见要求

D. 人们的主观愿望

101. 运动是物质的（　　）。

A. 根本属性

B. 唯一特性

C. 外部现象

D. 内部本质

102. 两种对立的发展观是（　　）。

A. 唯物主义和唯心主义的对立

B. 唯物辩证法和形而上学的对立

C. 可知论和不可知论的对立

D. 唯物史观和唯心史观的对立

103. 科学证明，人脑是（　　）。

A. 思维的源泉

B. 思维的产物

C. 思维的器官

D. 思维的对象

104. 马克思主义哲学的直接理论来源是（　　）。

A. 古希腊朴素唯物主义哲学

B. 17世纪英国唯物主义哲学

C. 18世纪法国唯物主义哲学

D. 19世纪德国古典哲学

105. 实现意识对物质反作用的基本途径是（　　）。

A. 学习书本知识

B. 参加社会实践

C. 进行社会调查

D. 研究实际情况

106. 哲学是（　　）。

A. 科学的世界观和方法论

B. 无产阶级的世界观和方法论

C. 关于世界观的理论表现

D. 关于自然知识和社会知识的总汇

107. 辩证唯物主义关于物质和意识的关系的全面看法是（　　）。

A. 物质是第一性，意识是第二性

B. 物质决定意识，意识是人脑的机能

C. 物质决定意识，意识反作用于物质

D. 物质是意识的根源，意识是对物质的反映

108. "人的知识和才能是天生就有的，'上智'与'下愚'的差异是不可改变的"。这

种观点在哲学上属于（　　）。

A. 唯心主义先验论

B. 唯物主义可知论

C. 折中主义诡辩论

D. 形而上学唯物论

109. 划分唯物主义和唯心主义的标准是（　　）。

A. 对世界发展动力问题的不同回答

B. 对世界可知与不可知问题的不同回答

C. 对意识是否具有能动性问题的不同回答

D. 对物质和意识何者为第一性问题的不同回答

110. 人们头脑中的鬼神观念是（　　）。

A. 人的头脑对客观事物的歪曲反映

B. 头脑中自生的

C. 人脑对鬼神的反映

D. 人在梦幻中产生的

111. 20世纪80年代初，法国科学家首次用实验证实了"量子纠缠"现象的存在。科学家们设想，如果把"量子纠缠"原理用于通信，将极大提高通信的安全保密程度。为此，我国积极开展相关应用研究，并于2016年8月成功发射了世界上第一颗量子通信卫星。这表明（　　）。

A. 意识是客观存在的主观映象

B. 要一切从实际出发，实事求是

C. 客观物质世界是科学精神和理念的外现

D. 人们可以在意识指导下能动地改造世界

112. 庄子提出："是亦彼也，彼亦是也。"他只强调事物的联系，否认事物之间的区别。这是一种（　　）。

A. 唯心主义观点

B. 唯物主义观点

C. 相对主义观点

D. 形而上学观点

113. 下列选项中，体现坚持适度原则的是（　　）。

A. 掌握火候，适可而止

B. 知彼知己，百战不殆

C. 兼听则明，偏信则暗

D. 城门失火，殃及池鱼

114. 下列选项中，正确表述事物之间必然联系的是（　　）。

A. 生产力的发展决定生产关系的变革

B. 人口的增长速度决定社会形态的更替

C. 社会意识的变革是社会革命的根本原因

D. 地理环境决定社会政治制度的性质

115. 列宁说:"世界不会满足人,人决心以自己的行动来改变世界。"这说明意识活动具有（　　）。

A. 创造性

B. 指导实践改造客观世界的作用

C. 目的性和计划性

D. 导控人的行为和生理活动的作用

116. 马克思主义哲学同旧唯物主义和唯心主义的根本区别是（　　）。

A. 物质的观点

B. 实践的观点

C. 世界是可知的

D. 世界是不可知的

117. 唯物主义和唯心主义（　　）。

A. 都是一元论

B. 都是二元论

C. 都是多元论

D. 都是可知论

118. 把可直接感知的某种具体实物看作是世界的本原,这种观点属于（　　）。

A. 朴素唯物主义

B. 形而上学唯物主义

C. 辩证唯物主义

D. 庸俗唯物主义

119. 唯物主义和唯心主义在世界统一性问题上的根本分歧是（　　）。

A. 肯定世界的统一性还是否认世界的统一性

B. 认为世界统一于运动还是统一于静止

C. 认为世界统一于主体还是统一于客体

D. 认为世界统一于物质还是统一于精神

120. 相对静止是指（　　）。

A. 事物绝对不动

B. 事物永恒不变

C. 事物运动的特殊状态

D. 事物运动的普遍状态

121. 在生活和工作中,凡事都要掌握分寸,坚持适度原则,防止"过"和"不及"。这在哲学上符合（　　）。

A. 内容和形式相互作用的原理

B. 量和质相统一的原理

C. 理论和实践相统一的原理

D. 内因和外因相结合的原理

122. 有的哲学家认为，世界上的一切现象都是有原因的，因而一切都是必然的，偶然性是不存在的。这是一种（　　）。

A. 庸俗唯物主义观点

B. 唯心主义非决定论观点

C. 形而上学的机械决定论观点

D. 辩证唯物主义决定论观点

123. 否定之否定规律是在自然社会和人类思维领域普遍起作用的规律，它在（　　）。

A. 事物完成一个发展周期后表现出来

B. 事物经过一次辩证的否定后表现出来

C. 事物发展的任何阶段上都表现出来

D. 事物经过量变向质变转化后表现出来

124. 在现实中还没有充分的根据，也不具有必要的条件，在目前不能实现的可能性，属于（　　）。

A. 较差的可能性

B. 微小的可能性

C. 现实的可能性

D. 抽象的可能性

125. 矛盾的特殊性要求我们（　　）。

A. 实事求是地承认矛盾

B. 大胆揭露、勇敢面对矛盾

C. 科学分析主要和次要矛盾

D. 平稳化解矛盾

126. 农业的歉收既影响农民的收入和农业扩大再生产的规模，也影响工业原料的来源和工业产品的销售，从因果关系看，这是（　　）。

A. 一因多果

B. 一果多因

C. 同因异果

D. 同果异因

127. 下列选项中正确说明运动和物质关系的是（　　）。

A. 物质是运动的原因

B. 物质是运动的本质

C. 运动是物质的内在根据

D. 运动是物质的根本属性

128. 我国古代有人提出"杀盗非杀人"，这种说法的错误在于割裂了（　　）。

A. 矛盾的同一性和斗争性的联系

B. 矛盾的特殊性和普遍性的联系

C. 矛盾的主要方面和次要方面的联系

D. 主要矛盾和次要矛盾的联系

129. "一把钥匙开一把锁",这句话在哲学上讲是（　　）。
A. 矛盾的普遍性
B. 矛盾的斗争性
C. 矛盾的特殊性
D. 矛盾的同一性

130. 唯物辩证法认为,条件是指（　　）。
A. 事物之间的必然联系
B. 事物之间的直接联系
C. 事物联系的中间环节
D. 同事物的存在和发展相关联的诸要素的总和

131. 原子是"宇宙之砖"的观点属于（　　）。
A. 主观唯心主义
B. 客观唯心主义
C. 庸俗唯物主义
D. 机械唯物主义

132. 静止就是（　　）。
A. 绝对不动
B. 暂时不动
C. 运动的特殊状态
D. 永远不动

133. 正确认识具体事物的基础是分析（　　）。
A. 矛盾的同一性
B. 矛盾的斗争性
C. 矛盾的普遍性
D. 矛盾的特殊性

134. 《老子》中说:"九层之台,起于垒土;千里之行,始于足下。"这表明（　　）。
A. 量变是质变的前提和必要准备
B. 质变为新的量变开辟道路
C. 质变优于量变
D. 质变和量变相互渗透

135. 唯心主义的两种基本形式是（　　）。
A. 形而上学唯心主义和辩证唯心主义
B. 主观唯心主义和客观唯心主义
C. 彻底的唯心主义和不彻底的唯心主义
D. 自然观上的唯心主义和历史观上的唯心主义

136. 所谓世界统一于物质,是指（　　）。
A. 物质是其自身永恒存在与无限发展的唯一原因
B. 指世界统一于存在

C. 世界是多样性的统一

D. 仅与物质的具体属性保持统一

137. 所谓意识（　　）。

A. 仅仅是主观的东西

B. 在形式上是主观的，在内容上是客观的

C. 是头脑自生的

D. 仅仅是客观的东西

138. 唯物主义一元论同唯心主义一元论的根本对立在于（　　）。

A. 对世界状况的不同回答

B. 对世界本原的不同回答

C. 对世界模式的不同回答

D. 对世界趋势的不同回答

139. 承认哲学是世界观和方法论的统一的观点（　　）。

A. 是一切哲学的观点

B. 只是唯物主义哲学的观点

C. 只是唯心主义哲学的观点

D. 只是马克思主义哲学的观点

140. 事物发展的两种状态是指（　　）。

A. 对立和统一

B. 运动和静止

C. 肯定和否定

D. 量变和质变

141. 只承认绝对运动，不承认相对静止的观点是（　　）。

A. 主观唯心主义

B. 相对主义和诡辩论

C. 形而上学

D. 客观唯心主义

142. 哲学上的物质范畴与自然科学物质结构理论的关系属于（　　）。

A. 内容和形式的关系

B. 本质和现象的关系

C. 全局和局部的关系

D. 一般和个别的关系

143. 把思维归结为只是人脑的生理过程的观点是（　　）。

A. 庸俗唯物主义

B. 二元论

C. 客观唯心主义

D. 相对主义

144. 全部社会生活（　　）。

A. 在本质上是真实的

B. 在本质上是客观的

C. 在本质上是物质的

D. 在本质上是实践的

145. 马克思主义哲学区别于一切旧哲学的最显著的特点是（   ）。

A. 阶级性

B. 科学性

C. 革命性

D. 实践性

146. 在人与客观规律的关系问题上，人的主观能动性表现在（   ）。

A. 人可以创造客观规律

B. 人可以改变客观规律

C. 人可以认识和利用客观规律

D. 人可以消灭客观规律

147. "观念的东西不外是移入人的头脑并在人的头脑中改造过的物质的东西而已。"这是（   ）。

A. 主观唯心主义的观点

B. 客观唯心主义的观点

C. 辩证唯物主义的观点

D. 形而上学唯物主义的观点

148. 有研究发现，在黑夜翻耕的土壤中，仅有2%的野草种子日后会发芽，但如果在白天翻耕，发芽率高达80%。进一步研究发现，绝大多数野草种子在被翻出土后的数小时内，如果没有受到光线的刺激，就难以发芽。材料表明（   ）。

A. 人为事物的联系是主观的

B. 新事物具有强大的生命力

C. 事物的联系是有条件的

D. 新事物存在不完善的地方

149. 对哲学基本问题第一方面的不同回答是划分什么的标准？（   ）

A. 唯物主义和唯心主义

B. 辩证法和形而上学

C. 可知论与不可知论

D. 一元论和二元论

150. 对哲学基本问题第二个方面的不同回答是划分什么的标准？（   ）

A. 唯物主义和唯心主义

B. 反映论和先验论

C. 可知论和不可知论

D. 唯物史观和唯心史观

151. 著名科学家钱伟长谈到哲学时说："哲学很重要，很多学问做深了，都会碰到哲学问题。数学是这样，物理、化学、生物、计算机都是这样。所以科学家一定要研究一点哲学，要懂哲学。"他之所以这么讲，主要是因为（   ）。

    A. 哲学是关于世界观的科学

    B. 哲学的智慧产生于人类的实践活动

    C. 哲学探究的是世界的本质和普遍规律

    D. 哲学是改造世界的物质力量

152. "旧唯物主义是半截子的唯物主义"，这是指

    A. 旧唯物主义是形而上学的唯物主义

    B. 旧唯物主义在社会历史观上是唯心主义

    C. 旧唯物主义是机械唯物主义

    D. 旧唯物主义是割裂了运动与静止的辩证法

153. 当代自然科学的发展日新月异，新的研究成果层出不穷。从根本上说，这是由于（   ）。

    A. 科学家的聪明才智决定的

    B. 正确的科技政策决定的

    C. 环境和资源的状况决定的

    D. 生产实践的需要决定的

154. 柏拉图的"理念论"是（   ）。

    A. 唯物主义

    B. 二元论

    C. 唯心主义

    D. 怀疑论

155. 中国古代哲学家公孙龙"白马非马"之说的错误在于割裂了（   ）。

    A. 内因和外因的关系

    B. 矛盾统一性和斗争性的关系

    C. 矛盾主要方面和次要方面的关系

    D. 矛盾的普遍性和特殊性的关系

156. 辩证法的否定即"扬弃"，它的含义是指（   ）。

    A. 抛弃

    B. 事物中好的方面和坏的方面的组合

    C. 纯粹的否定

    D. 既克服又保留

157. 唯物辩证法的否定之否定规律揭示了事物发展的（   ）。

    A. 方向和道路

    B. 形式和状态

    C. 结构和功能

    D. 源泉和动力

158. 人工智能的出现对马克思主义哲学意识论的意义是（   ）。

A. 否定了物质对意识的决定作用
B. 改变了人类意识活动的规律性
C. 肯定了人工智能可以代替意识的能动活动
D. 证明了意识可以在高度发展的物质中产生

159. 学习马克思主义的根本方法是（　　）。
A. 认真阅读马克思主义经典著作
B. 在实践中自己探索
C. 循序渐进
D. 理论联系实际

160. 内蒙古兴隆沟遗址出土的陶人，是目前所知形体最大、形象最逼真、表情最丰富的红山文化整身陶塑人像。专家依据发现陶人的区域、供奉的房间以及服饰佩戴，确定这尊陶人的身份是红山文化晚期的巫者或王者，并将其称为"中华祖神"。这一研究成果反映了（　　）。
A. 人可以发挥主观能动性，创造一个理想的事物
B. 人的认识受自身立场、观点、方法等因素的制约
C. 价值判断与价值选择具有社会历史性和主体差异性
D. 意识活动具有主动创造性，可以揭示历史之谜

161. 最近，由多国科学家组成的团队利用一台粒子加速器，让两束原子在一个圆环轨道上做高速运动，发现这些原子自身的时间确实比外界时间慢了。这项实验进一步证明了作为物质运动存在形式的时间具有（　　）。
A. 客观性
B. 有限性
C. 相对性
D. 一维性

162. 有的哲学家认为，因果联系是由于人们多次看到两组现象前后相随而形成的心理习惯。这种观点属于（　　）。
A. 唯物主义决定论
B. 唯心主义非决定论
C. 形而上学的机械决定论
D. 相对主义诡辩论

163. 一寺院门口挂着旗幡，山风吹过，旗幡飘动。一和尚说是幡动，另一和尚说是风动，惠能说："不是幡动，不是风动，仁者心动。"惠能的观点是（　　）。
A. 唯物主义
B. 辩证法
C. 主观唯心论
D. 客观唯心论

164. 近代英国哲学家毕尔生说："万物都在运动，但只在概念中运动。"这是（　　）。
A. 辩证唯物主义观点

B. 主观唯心主义观点

C. 形而上学观点

D. 客观唯心主义观点

165. 区分量变和质变的根本标准是（　　）。

A. 事物是否发生了显著变化

B. 事物变化持续时间的长短

C. 事物变化范围的大小

D. 事物的变化是否超出度的范围

166.《坛经》："时有风吹幡动，一僧曰风动，一僧曰幡动，议论不已。惠能进曰：不是幡动，不是风动，仁者心动。"惠能关于运动的观点是（　　）。

A. 运动是物质之根本属性

B. 运动与物质不可分

C. 精神运动是物质运动的一种形式

D. 精神是运动的主体

167. 从解决哲学基本问题的角度看，物质的唯一特性是（　　）。

A. 运动性

B. 客观实在性

C. 不可分性

D. 时空性

168. 唯物主义哲学发展的三个基本历史形态是（　　）。

A. 形而上学唯物主义、庸俗唯物主义、辩证唯物主义

B. 古代朴素唯物主义、形而上学唯物主义、辩证唯物主义

C. 奴隶社会时期的唯物主义、封建社会时期的唯物主义、资本主义时期的唯物主义

D. 机械唯物主义、形而上学唯物主义、辩证唯物主义

169. 学习马克思主义哲学的根本目的是（　　）。

A. 掌握这一正确的哲学理论

B. 锻炼逻辑思维能力

C. 宣传马克思主义哲学

D. 树立科学的世界观和人生观

170. 唯心主义的基本流派是（　　）。

A. 客观唯心主义与主观唯心主义

B. 一元论唯心主义与二元论唯心主义

C. 经验论唯心主义与唯理论唯心主义

D. 辩证唯心主义与形而上学唯心主义

171. 下列观点属于主观唯心主义的是（　　）。

A. 心外无物，心外无理

B. 理在气中，理随事变

C. 富贵在天，死生由命

D. 理在事先，事随理变

172. 下列属于客观唯心主义的是（　　）。

A. 存在就是被感知

B. 物是感觉的复合

C. 意识是万物的本原

D. 理在事先

173. "存在就是被感知"是（　　）。

A. 机械唯物主义观点

B. 客观唯物主义观点

C. 朴素唯物主义观点

D. 主观唯心主义观点

174. 在马克思主义哲学产生以前，不曾存在（　　）。

A. 唯物主义和唯心主义的斗争

B. 唯物史观和唯心史观的斗争

C. 辩证法和形而上学的斗争

D. 可知论和不可知论的斗争

175. "人有多大胆，地有多大产；不怕办不到，就怕想不到；只要想得到，啥也能办到。"这是（　　）。

A. 主张充分发挥意识能动作用的观点

B. 主观唯心主义的观点

C. 客观唯心主义的观点

D. 朴素唯物主义的观点

176. 客观唯心主义的特征是（　　）。

A. 认为只有理性认识是可靠的

B. 认为世界是某种独立精神的产物

C. 人的意志是世界的本质

D. 物质世界不以人的意志为转移

177. 20世纪西方的上帝观发生了变化，认为"上帝在我心中""上帝代表爱"，这是（　　）。

A. 客观唯心主义的观点

B. 主观唯心主义的观点

C. 形而上学的观点

D. 相对主义的观点

178. "肯定和否定相互渗透，在一定意义上，肯定就是否定。"这是一种（　　）。

A. 相对主义诡辩论的观点

B. 唯物辩证法的观点

C. 主观唯心主义的观点

D. 形而上学的观点

179. 传统石油钻井产生了大量的废弃泥浆，占用土地，污染环境，某油气田采用"泥浆不落地处理与循环利用技术"，将废弃泥浆制成免烧砖等，既有效消除了钻井污染隐患，又节约了土地、水泥等资源，钻井废弃泥浆的资源利用佐证了（　　）。
①通过实践活动可以建立事物的新联系
②正确发挥主观能动性就能消除客观条件的制约
③事物联系的多样性决定于人类实践活动的多样性
④把握事物联系的多样性有利于价值的创造性实现

A. ①④
B. ②③
C. ①②
D. ③④

180. 某地区进入供暖季后常出现雾霾，而一旦出现大风天气或等到春暖花开后，雾霾就会散去减少，从该地区较长时间的数据变化看，经过人们努力治霾，污染物排放总量在持续走低，但在某些时段，环境空气质量污染指数会迅速攀升，甚至"爆表"，这种看似"矛盾"的现象凸显了大气污染防治的一个特点：天帮忙很重要，但人努力才是根本。"人努力"与"天帮忙"之间的关系对我们处理主观能动性和客观规律之间辩证关系的启示是（　　）。

A. 人类有意识的思想活动是掌握客观规律的根本前提
B. 尊重事物的客观规律是正确发挥主观能动性的前提
C. 认识活动是客观规律性与主观能动性相统一的基础
D. 尚未认识的外在自然规律对人的实践活动起着至关重要的作用

181. 有人认为，既然人的意识是对客观外部世界的反映，那么人脑里的"鬼""神"意识就是对外在世界鬼、神真实存在的反映。这种观念错误在于（　　）。

A. 把意识看成是物质的产物
B. 夸大了意识的能动作用
C. 认为意识是对存在的直接反映
D. 混淆了人类意识自然演化的阶段

182. 《百喻经》中有一则寓言：有一个愚人到别人家去做客，他嫌菜没有味道，主人就给他加了点盐。菜里加盐以后，味道好极了。愚人就想："菜之所以鲜美，是因为有了盐。加一点点就如此鲜美，如果加更多的盐，岂不更加好吃？"回家以后，他把一把盐放进嘴里，结果又苦又咸。这则寓言给我们的启示是（　　）。

A. 持续的量变会引起事物发生质的变化
B. 在认识和处理问题时要掌握适度的原则
C. 不可能通过一些现象而去认识某个事物的本质
D. 在事物的发展过程中要时时注意事物的自我否定

183. 有一种观点认为："自由不在于幻想中摆脱自然规律而独立，而在于认识这些规律，从而能够有计划地使自然规律为一定的目的服务。"还有一种观点认为："'自由'倒过来就是'由自'，因此'自由'等于'由自，'由自'即是随心所欲。"这两种关于自由的观点（　　）。

A. 前者是唯物辩证法的观点，后者是唯意志论的观点

B. 前者是机械唯物主义的观点，后者是唯心主义的观点

C. 前者是主观唯心主义的观点，后者是唯物辩证法的观点

D. 前者是历史唯心主义的观点，后者是历史唯物主义的观点

184. 有一副对联，上联"橘子洲，洲旁舟，舟行洲不行"；下联"天心阁，阁中鸽，鸽飞阁不飞"。这形象地说明了运动和静止是相互依存的，静止是（　　）。

A. 运动的衡量尺度

B. 运动的内在原因

C. 运动的普遍状态

D. 运动的存在方式

185. 一位机械工程专家讲过这样一件事："文化大革命"中，他在农场劳动，有一天领导要他去割羊草，他没养过羊，怎么认得羊草呢？但脑子一转，办法就来了。他把羊赶出去，看羊吃什么就割什么。不到半天就割回了羊草。这位专家之所以这样做，是因为他意识到"羊吃草"与"割羊草"两者之间存在着（　　）。

A. 主观联系

B. 必然联系

C. 因果联系

D. 本质联系

186. 恩格斯说："鹰比人看得远得多，但是人的眼睛识别的东西远胜于鹰。狗比人具有锐敏得多的嗅觉，但是它连被人当作各种物的特定标志的不同气味的百分之一也辨别不出来。"人的感官的识别能力高于动物，除了人脑及感官发育得更完美之外，还因为（　　）。

A. 人不仅有感觉还有思维

B. 人不仅有理性还有非理性

C. 人不仅有直觉还有想象

D. 人不仅有生理机能还有心理活动

187. 有这样一道数学题："90%×90%×90%×90%×90%＝?"其答案是约59%，90分看似是一个非常不错的成绩，然而，在一项环环相扣的连续不断的工作中，如果每个环节都打点折扣，最终得出的成绩就是不及格。这里蕴含的辩证法原理是（　　）。

A. 肯定中包含否定

B. 量变引起质变

C. 必然性通过偶然性开辟道路

D. 可能和现实是相互转化的

188. 我国数学家华罗庚在一次报告中以"一支粉笔多长为好"为例来讲解他所倡导的优选法，对此，他解释道："每支粉笔都要丢掉一段一定长度的粉笔头，但就这一点来说愈长愈好。但太长了，使用起来很不方便，而且容易折断。每断一次，必然多浪费一个粉笔头，反而不合适。因此就出现了粉笔多长最合适的问题——这就是一个优选问题。"所谓优选问题，从辩证法的角度看，就是要（　　）。

A. 注重量的积累

B. 保持事物质的稳定性

C. 坚持适度原则

D. 全面考虑事物属性的多样性

189. 有一则箴言："在溪水和岩石的斗争中，胜利的总是溪水，不是因为力量，而是因为坚持。""坚持就是胜利"的哲理在于（   ）。

A. 必然性通过偶然性开辟道路

B. 肯定中包含着否定的因素

C. 量变必然引起质变

D. 有其因必有其果

190. 物质和意识的对立只有在非常有限的范围内才有绝对的意义，超过这个范围便是相对的了，这个范围是指（   ）。

A. 物质和意识何者为第一性

B. 物质和意识是否具有统一性

C. 物质和意识何者更为重要

D. 物质和意识何者与社会生活的关系更密切

191. 在古希腊时期，由"毕达哥拉斯悖论"以及"芝诺悖论"中对"无穷"的理解，引发了"第一次数学危机"，其正面结果之一是引入了无理数，导致数的概念的扩大。这主要体现的哲理是（   ）。

A. 主要矛盾和次要矛盾相互转化

B. 矛盾的主要方面决定矛盾的次要方面

C. 主要矛盾在事物发展中处于支配地位

D. 矛盾是事物发展的源泉和动力

二、多选题

1. 下列各项属于哲学基本问题内容的有（   ）。

A. 思维与存在何者第一性

B. 思维能否掌握理论

C. 思维与存在是否有同一性

D. 思维能否正确地反映存在

2. 马克思主义哲学以前的唯物主义的缺陷有（   ）。

A. 用机械力学的尺度去衡量物质的一切运动

B. 不能把世界理解为处于不断变化发展中的过程

C. 对社会历史的观点是唯心主义的

D. 不承认存在决定意识

3. 马克思主义哲学所讲的静止是指（   ）。

A. 运动的一种特殊形式

B. 绝对不动
C. 排斥运动
D. 事物处于量变状态

4. 物质和运动的关系是（　　）。
A. 运动是物质的固有属性
B. 物质是运动的承担者
C. 运动是物质的存在方式
D. 运动不一定是物质的运动

5. 意识的能动作用表现在（　　）。
A. 反映客观世界
B. 创造物质世界
C. 通过实践改造客观世界
D. 创造理论体系

6. 意识的本质是（　　）。
A. 人脑的分泌物
B. 人脑的机能
C. 对物质世界的反映
D. 观念的系统

7. 客观规律性和主观能动性的关系是（　　）。
A. 充分发挥主观能动性，才能认识和利用客观规律
B. 客观规律不能违背，所以限制了主观能动性的发挥
C. 正确发挥主观能动性，必须遵循客观规律
D. 实践是客观规律性与发挥主观能动性统一的基础

8. 列宁的物质定义的理论意义在于（　　）。
A. 坚持了唯物主义一元论
B. 反对了唯心主义和二元论
C. 坚持了唯物主义可知论
D. 克服了形而上学唯物主义物质观的缺陷，为自然科学的发展提供了正确的世界观和方法论

9. 下列选项中，正确表述运动含义的有（　　）。
A. 运动是新事物的产生和旧事物的灭亡
B. 运动是物质存在的方式
C. 运动是物质位置的移动
D. 运动是物质的根本属性

10. 下列选项中，正确表述运动和静止关系的有（　　）。
A. 动者恒动，静者恒静
B. 运动是绝对的，静止是相对的
C. 动中有静，静中有动

D. 运动是无条件的，静止是有条件的

11. 辩证法、形而上学同唯物主义、唯心主义之间的联系主要表现在（　　）。

A. 辩证法、形而上学从属于唯物主义或唯心主义

B. 辩证法和形而上学的对立同唯物主义和唯心主义的对立交织在一起

C. 形而上学始终与唯心主义结合在一起

D. 没有辩证法，就没有彻底的唯物主义

12. 马克思主义哲学把实践纳入对物质的理解，实现了（　　）。

A. 唯物主义的自然观和历史观的统一

B. 唯物主义的本体论与能动的反映论的统一

C. 科学性与革命性的统一

D. 唯物论与辩证法的统一

13. 意识和物质的对立只是在非常有限的范围内才有绝对的意义，超出这个范围，其对立便是相对的，这是因为（　　）。

A. 意识根源于物质

B. 意识是物质的反映

C. 意识是物质的固有属性

D. 意识可以转化为物质

14. 从物质与精神的关系看，"画饼不能充饥"，这是因为（　　）。

A. 精神与物质不具有同一性

B. 精神对物质具有相对独立性

C. 事物在人脑中的反映不等同于事物自身

D. 观念的东西不能代替物质的东西

15. 承认静止的意义在于它是（　　）。

A. 理解物质多样性的条件

B. 把事物区别开来和对事物进行科学分析的前提

C. 认识事物和利用事物的逻辑起点和基础

D. 规定和衡量运动的尺度

16. 物质是运动的（　　）。

A. 形式

B. 内容

C. 主体

D. 基础

17. 把运动与静止割裂开来，必然导致（　　）。

A. 相对主义

B. 诡辩论

C. 形而上学的不变论

D. 决定论

18. 下列命题中表达了时间的一维性的有（　　）。

A. 机不可失，时不再来

B. 一寸光阴一寸金，寸金难买寸光阴

C. 莫等闲，白了少年头

D. 子在川上曰："逝者如斯夫。"

19. 马克思主义时空观包括（　　）。

A. 时间空间与运动着的物质不可分

B. 时间和空间是无限和有限的统一

C. 时间和空间是绝对性与相对性的统一

D. 时间和空间是实践与认识的统一

20. 下列说法中，表示时间一维性的有（　　）。

A. 盛年不重来，一日难再晨

B. 失落黄金有分量，错过光阴无处寻

C. 光阴好比河中水，只能流去不复回

D. 莫说年纪小，人生容易老

21. 下列成语和常用语中，正确说明意识能动性的有（　　）。

A. 胸有成竹，料事如神

B. 纸上谈兵，画饼充饥

C. 天下无难事，只怕有心人

D. 不怕做不到，就怕想不到

22. 尽管历史上罗马教廷把哥白尼的"日心说"当作异端邪说加以打击，毁掉哥白尼的书，监禁伽利略，但这既不能改变地球绕太阳转的规律，也不能阻止人们接受"日心说"。这一事实说明（　　）。

A. 客观规律不以人的意志为转移

B. 人在客观规律面前无能为力

C. 客观规律起作用是无条件的

D. 真理中包含着不依赖于人的客观内容

23. "观念的东西不外是移入人的头脑并在人的头脑中改造过的物质的东西而已。"这一命题揭示了（　　）。

A. 观念的东西和物质的东西是对立的统一

B. 在意识中体现了主观和客观的统一

C. 人脑是意识的源泉

D. 观念的东西是对物质的东西的能动反映

24. 下列命题反映事物之间客观联系的有（　　）。

A. 森林覆盖面的大小影响气候

B. 人口数量的多少影响社会发展

C. 客观条件的好坏影响人们行动的效果

D. 亚洲金融危机影响中国经济的增长速度

25. 判断一个事物是否是新事物的错误观点是（　　）。

A. 根据它时间上出现的先后
B. 根据它的形式是否新奇
C. 是否具有强大的生命力和广阔的发展前途
D. 是否符合事物发展的必然趋势

26. 唯物辩证法与形而上学的对立表现在是否承认（　　）。
A. 世界是物质的
B. 世界是可以认识的
C. 世界上的事物是普遍联系的
D. 世界上的事物是运动发展的

27. "奢靡之始，危亡之渐。"包含的哲理有（　　）。
A. 现象是本质的外部表现
B. 特殊性中包含着普遍性
C. 量变是质变的必要准备
D. 质变是量变的必然结果

28. 辩证法的否定观包含的内容有（　　）。
A. 辩证的否定是自我否定
B. 辩证的否定是联系的环节
C. 辩证的否定是发展的环节
D. 辩证的否定是扬弃

29. 辩证的否定具有两个重要特点，分别是（　　）。
A. 否定是联系的环节
B. 否定是发展的环节
C. 否定与肯定绝对对立
D. 否定是由外力推动的

30. 否定之否定规律揭示了事物的发展（　　）。
A. 是自我发展、自我完善的过程
B. 是回到原来出发点的循环过程
C. 是直线式前进的过程
D. 是前进性和曲折性相统一的过程

31. 同一性是矛盾的基本属性。下列命题中属于矛盾的同一性含义的有（　　）。
A. 矛盾双方相互排斥
B. 矛盾双方相互依存
C. 矛盾双方相互贯通
D. 矛盾双方相互渗透

32. 包含矛盾双方相互依存相互转化辩证法思想的有（　　）。
A. 祸兮福所倚，福兮祸所伏
B. 月晕而风，础润而雨
C. 千里之堤，溃于蚁穴

D. 物极必反，相反相成

33. 矛盾的同一性在事物发展中的作用表现在（　　）。
A. 使事物保持相对稳定，为事物的存在和发展提供必要的前提
B. 矛盾双方互相从对方吸取有利于自身的因素而得到发展
C. 规定了事物向对立面转化的基本趋势
D. 推动矛盾双方的力量对比和相互关系发生变化

34. 下列表述能体现重视矛盾特殊性的有（　　）。
A. 对症下药，量体裁衣
B. 欲擒故纵，声东击西
C. 因时制宜，因地制宜
D. 物极必反，相反相成

35. 看问题办事情都要坚持（　　）。
A. 两点论和重点论的统一
B. 两点论和均衡论的统一
C. 一点论和重点论的统一
D. 既要全面，又要抓重点

36. 对立统一规律是唯物辩证法的实质和核心，这是因为（　　）。
A. 对立统一规律揭示了普遍联系的根本内容
B. 对立统一规律揭示了变化发展的内在动力
C. 对立统一规律是贯穿于辩证法其他规律和范畴的中心线索
D. 矛盾分析法是最根本的认识方法

37. 属于因果联系的有（　　）。
A. 摩擦生热，热胀冷缩
B. 冬去春来，夏尽秋至
C. 电闪雷鸣，风雨来至
D. 勤学出智慧，实践出真知

38. 内容和形式的相互作用是（　　）。
A. 内容决定形式
B. 形式决定内容
C. 形式对内容有重大的反作用
D. 当形式与内容适合时，对内容的发展起积极促进作用

39. 思维和存在的关系问题是哲学的基本问题，因为（　　）。
A. 它是由哲学作为世界观的学说这一性质和特点所决定的
B. 它是任何哲学派别都不能回避而必须回答的问题
C. 它是解决其他一切哲学问题的前提和核心
D. 它是划分唯物主义和唯心主义哲学的基本标准

40. 下列观点属于唯心主义的有（　　）。
A. 形存则神存，形灭则神灭

B. 认识不仅反映世界，而且创造世界

C. 经验是认识真理性的最终判断标准

D. 吾心便是宇宙，宇宙便是吾心

41. 唯心主义的认识论根源有（　　）。

A. 把感觉当作主客观之间的桥梁

B. 把感觉当作主客观之间的屏障

C. 把理性夸大为脱离物质的绝对

D. 把感觉夸大为派生物质的根源

42. 近代形而上学唯物主义的缺陷在于（　　）。

A. 它企图以机械力学的原理解释一切现象

B. 没有把唯物主义贯彻到社会历史领域

C. 用孤立的片面的观点去解释世界和万物

D. 只从客体方面去观察世界，抹杀人及其意识的能动性

43. 列宁指出："一切物质都具有在本质上跟感觉相近的反映特性。"它（　　）。

A. 科学地揭示了意识产生的必然性

B. 说明意识的产生必须建立在物质世界的基础上

C. 说明意识的产生是偶然的

D. 说明意识的产生是合乎物质特性的

44. 马克思指出："批判的武器当然不能代替武器的批判，物质的力量只能用物质的力量来摧毁，但是理论一经群众掌握，也会变成物质的力量。"这说明（　　）。

A. 精神意识对物质具有依赖性

B. 对客观世界的批判和改造必须依靠物质力量来实现

C. 理论和精神可以通过群众转化为物质力量

D. 人的意识不仅反映客观世界，而且通过实践改变和创造客观世界

45. 意识对物质的能动作用主要表现在（　　）。

A. 意识对物质世界的反映是一个主动的创造过程

B. 意识活动具有主体选择性

C. 意识活动具有现实对象性，可以通过实践，把观念的东西变成现实

D. 意识活动具有高度的自控性

46. 下列体现物质世界多样性统一的观点有（　　）。

A. 走自己的路，建设有中国特色的社会主义

B. 以公有制为主体，多种所有制共同发展

C. 以按劳分配为主体，多种分配方式并存

D. 一个国家，两种制度

47. "克隆""转基因"等生命科学的重大突破，表明（　　）。

A. 意识可以创造物质

B. 有力地批判了"上帝造物"的观点

C. 为"世界统一于物质"提供了自然科学的依据

D. 意识不仅反映世界，而且可以（通过实践）创造世界

48. 科学发现狼孩没有意识，这一事实说明意识的产生（　　）。

A. 不是纯粹的生物学过程

B. 不仅是自然界长期发展的产物，而且是社会的产物

C. 不仅是物质现象，而且是社会现象

D. 不仅反映自然界，而且反映社会

49. "先有计划，后做工作；先有图纸，后造房子。"这说明（　　）。

A. 意识决定物质，思维决定存在

B. 物质存在形态的多样性

C. 意识对物质的能动作用

D. 意识活动有目的性、计划性

50. 辩证唯物主义认为意识是（　　）。

A. 移入人的头脑被改造的物质的东西

B. 客观存在的主观映象

C. 物质的产物

D. 人脑的机能和属性

51. 联系的普遍性是指（　　）。

A. 世界上任何一个事物内部诸要素之间都是相互联系的

B. 任何一个事物与其他的一些事物也总是处在相互联系之中

C. 世界上没有纯粹孤立存在着的事物

D. 任何一个事物都是世界普遍联系之网上的一个纽结

52. 下列体现事物之间联系的说法有（　　）。

A. 一切以条件、地点和时间为转移

B. 治国必先治党，治党务必从严

C. 鱼儿离不开水，瓜儿离不开秧

D. 牵一发而动全身

53. 矛盾问题的精髓是（　　）。

A. 矛盾的普遍性与特殊性的关系

B. 一般与个别的关系

C. 共性与个性的关系

D. 同一性与斗争性的关系

54. 个性与共性的关系是（　　）。

A. 个性中包含共性

B. 共性寓于个性之中

C. 二者在一定条件下互相转化

D. 没有个性就没有共性

55. 唯物辩证法所理解的新生事物是指（　　）。

A. 符合历史发展趋势的事物

B. 代表历史前进方向的事物

C. 具有远大前程和生命力的事物

D. 从时间上看是一切新产生的事物

56. 1999年，中美两国就中国加入WTO达成了"双赢"的协议，它对两国经济产生深远的影响。这在辩证法上的启示是（　　）。

A. 矛盾的双方在相互斗争中获得发展

B. 矛盾一方的发展以另一方的某种发展为条件

C. 矛盾双方既对立又统一，由此推动事物发展

D. 矛盾双方可以相互吸引有利于自身的因素而得到发展

57. 量变引起质变的两种形式是（　　）。

A. 数量上的增减引起的质变

B. 构成事物的成分在空间结构排列上的变化引起的质变

C. 爆发式飞跃

D. 非爆发式飞跃

58. 下列说法体现质变与量变辩证关系的有（　　）。

A. 九层之台，起于垒土；千里之行，始于足下

B. 不积跬步，无以至千里；不积细流，无以成江海

C. 防微杜渐

D. 拔苗助长

59. "是就是是，否就是否，除此之外，都是鬼话。"这一观点的错误在于（　　）。

A. 它对否定的理解是孤立片面的

B. 它对肯定的理解是孤立片面的

C. 它否定了肯定与否定的对立统一关系

D. 它否认了事物发展的曲折性

60. 辩证的否定是（　　）。

A. 事物的自我否定

B. 事物发展的环节

C. 事物联系的环节

D. 扬弃

61. 必然性和偶然性的辩证关系是（　　）。

A. 必然性通过偶然性表现出来

B. 必然性存在于偶然性之中

C. 偶然性背后一定存在必然性

D. 偶然性和必然性在一定条件下互相转化

62. 可能性与现实性的关系是（　　）。

A. 可能的就是不现实的，现实的就不是可能的

B. 现实存在的东西就不包含可能性

C. 可能性与现实性是可以互相转化的

D. 可能性存在于现实性之中，现实性之中包含着可能性

63. 具体分析事物的可能性时，需区分（   ）。

A. 可能与不可能

B. 现实的可能与抽象的可能

C. 好的可能和坏的可能

D. 不同程度的可能

64. 下列命题中包含辩证法思想的有（   ）。

A. 动中有静，静中有动

B. 否极泰来，物极必反

C. 凡是现实的都是合理的，凡是现实的都是要灭亡的

D. 物质世界是绝对观念的外化

65. 下列命题中包含辩证法思想的有（   ）。

A. 穷则变，变则通，通则久

B. 祸兮福之所倚，福兮祸之所伏

C. 天下之势，循则极，极则反

D. 反者道之动

66. 运动和静止的关系是（   ）。

A. 绝对和相对的关系

B. 一般和个别的关系

C. 运动是无条件的，静止是有条件的

D. 普遍和特殊的关系

67. 中国古代的庄子说物是"方生方死，方死方生"，其错误在于（   ）。

A. 把相对静止绝对化

B. 否认事物质的规定性，否认事物之间质的差别

C. 否认事物的相对静止

D. 否认事物质的相对稳定性

68. 意识的能动性表现在（   ）。

A. 意识的产生发展是一个能动的过程

B. 意识对客观世界的反作用

C. 意识在条件具备的情况下可以能动地改变规律

D. 随着科学的发展，改变规律的能力将逐步加强

69. 造成不同人的意识的主观差异的原因是（   ）。

A. 人的自然禀赋的差异

B. 人的经历的差异

C. 人的世界观的差异

D. 意识的对象的差异

70. 把世界的本原归结为某种或几种具体物质形态的观点属于（   ）。

A. 机械唯物主义

B. 唯心主义

C. 朴素唯物主义

D. 辩证唯物主义

71. 下列命题中属于揭示事物本质的有（　　）。

A. 水往低处流

B. 日出于东落于西

C. 人的本质是社会关系的总和

D. 意识是人脑对客观世界的反映

72. 下列格言中或成语中，体现质量互变规律的有（　　）。

A. 九层之台，起于垒土

B. 有无相生，前后相随

C. 月晕而风，础润而雨

D. 千里之堤，溃于蚁穴

73. 古语说："奢靡之始，危亡之渐。"这句话是说，奢靡逐步发展会导致危亡。其中包含的哲学道理有（　　）。

A. 现象是本质的外部表现

B. 特殊性中包含着普遍性

C. 量变是质变的必要准备

D. 质变是量变的必然结果

74. 下列现象属于量变引起质变的有（　　）。

A. 生产力的增长引起生产关系的变革

B. 物体由于量的不同而区分不同的体积

C. 在一定温度下鸡蛋孵出小鸡

D. 由遗传和变异的矛盾引起旧物种到新物种的变化

75. 割裂事物发展过程中的前进性和曲折性会导致（　　）。

A. 激变论

B. 直线论

C. 庸俗进化论

D. 循环论

76. "脱离了整体的手是名义上的手"说明了（　　）。

A. 整体依赖于部分

B. 部分依赖于整体

C. 整体是部分之和

D. 脱离了整体的部分就丧失了原有的性质和功能

77. "如果偶然性不起任何作用的话，那么世界历史就会带有非常神秘的性质。"这一观点（　　）。

A. 夸大了偶然性的作用，是唯心主义非决定论

B. 把偶然性和必然性的作用相混同，是相对主义的观点

C. 既承认偶然性的作用，又承认必然性的作用，是辩证决定论的观点
D. 说明事物发展是必然性和偶然性综合作用的结果

78. 社会规律是人们自己的"社会行动的规律"，这是因为（   ）。
   A. 人是社会历史的主体
   B. 人们自己创造自己的历史
   C. 历史发展方向是由人的思想和行动决定的
   D. 社会规律存在和实现于实践活动之中

79. 时间空间和物质运动的不可分离性表明了时间空间的（   ）。
   A. 客观性
   B. 客观存在性的无条件性
   C. 具体特性的有条件性
   D. 绝对性和相对性的辩证统一

80. 辩证思维方法"由抽象上升到具体"，是指（   ）。
   A. 由理性认识回到实践的过程
   B. 在思维中再现具体的过程
   C. 思维生成现实具体的过程
   D. 由抽象规定，经过逻辑中介，形成思维具体的过程

81. 自然规律和社会规律的不同点是（   ）。
   A. 自然规律是由客观物质力量决定的，社会规律是由人们的思想动机决定的
   B. 自然规律没有阶级性，社会规律在阶级社会具有阶级性
   C. 自然规律存在于自然界，社会规律是自然界发展到一定阶段，出现了人类社会之后才产生的，它存在于人类实践活动之中
   D. 自然规律是自发实现的，社会规律要通过人们有意识的活动才能实现

82. 人的发展和社会的发展的关系是（   ）。
   A. 人的发展依赖于社会的发展
   B. 社会发展离不开人的发展
   C. 在一定历史条件下，社会发展以牺牲某些人的发展为代价
   D. 人的发展是社会发展的目的，又是社会发展的手段

83. 据资料记载，黑猩猩能模仿人的动作，用水龙头取水灭火。可是当它淌过一条小河去灭火时，却不知道可以用河水灭火。这一事例说明（   ）。
   A. 黑猩猩的意识是其大脑的机能
   B. 黑猩猩的意识来源于外部世界
   C. 黑猩猩的心理与人的意识有根本区别
   D. 意识是人类特有的，黑猩猩没有意识

84. 辩证唯物主义的物质观认为，物质是（   ）。
   A. 各种实物的总和，物质概念是从这一总和中抽象出来的
   B. 各种具体实物形态的共性
   C. 不依赖于我们的感觉而存在的客观实体

D. 具体物质的代名词

85. 在意识起源问题上，辩证唯物主义认为意识是（　　）。

A. 人所特有的大脑细胞的产物

B. 自然界长期发展的产物

C. 社会的产物

D. 人创造的

86. 意识的能动作用具体表现在以下哪几个方面，就是意识活动？（　　）

A. 有目的性和计划性

B. 有积极创造性

C. 对人体生理活动的控制

D. 对客观世界的改造作用

87. 人的意识的主观性方面表现为（　　）。

A. 反映形式的主观性

B. 不同主体的意识之间的差别性

C. 对客观对象反映的近似性

D. 对客观事物反映的超前性

88. "巧妇难为无米之炊"的哲学意义是（　　）。

A. 意识是第一性的，物质是第二性的

B. 物质是第一性的，意识是第二性的

C. 主观能动性的发挥，必须尊重客观规律

D. 画饼不能充饥

89. "物质的两种存在形式离开了物质，当然都是无，都是只在我们头脑中存在的观念抽象。"这段话说明（　　）。

A. 时间和空间是客观的

B. 时间和空间是物质的存在形式

C. 时间和空间是绝对的，又是相对的

D. 时间和空间离开物质只是形式

90. 我国古代哲学家王夫之认为："动静者，乃阴阳之动静也。""皆本物之固然。""静者静动，非不动也。""静即含动，动不含静。""动静，皆动也。"这在哲学上表达了（　　）。

A. 运动和静止都是物质的固有属性

B. 静止是运动的特殊状态，是缓慢不显著的运动

C. 静止是相对的，运动是绝对的

D. 运动是静止的总和

91. 从起源上看，意识是（　　）。

A. 自然界长期发展的产物

B. 社会的产物

C. 物质的最高产物

D. 精神的产物

92. 下列命题中符合辩证否定观的有（   ）。

A. 推陈出新

B. 古为今用

C. 全盘西化

D. 吸收和借鉴人类社会创造的一切文明成果

93. 辩证唯物主义与历史唯物主义是（   ）。

A. 彻底的一元论哲学

B. 二元论哲学

C. 实践并发展着的唯物主义

D. 对古往今来一切优秀思想的继承和发展

94. 唯物主义承认相对静止的存在，是因为（   ）。

A. 承认相对静止是我们认识和区别事物的基础

B. 相对静止是事物存在和发展的基础

C. 我们可以从运动的反面找到它的度量

D. 相对静止与绝对运动没有任何区别

95. 唯物辩证法（   ）。

A. 是科学的思维方法

B. 首先是理性的方法和理论，其次是现实的内容和规律

C. 首先是现实的内容和规律，其次是理性的方法和理论

D. 既是黑格尔的理论方法，也是马克思的理论方法

96. 所谓意识的能动性，是指（   ）。

A. 意识活动具有目的性、蓝图性

B. 意识活动是一个主动的创造过程

C. 意识自身会不断地丰富和发展

D. 意识活动对人的生理活动和周围环境能产生一定的影响

97. 矛盾普遍性和矛盾特殊性的关系是（   ）。

A. 矛盾特殊性寓于普遍性之中

B. 矛盾普遍性寓于特殊性之中

C. 共性和个性的关系

D. 一般和个别的关系

98. 建设有中国特色社会主义的辩证唯物主义理论的依据是（   ）。

A. 一切从实际出发，实事求是

B. 运动和静止的辩证关系

C. 具体问题具体分析

D. 矛盾普遍性和特殊性的辩证关系

99. 在下列命题中，包含辩证法思想的有（   ）。

A. 穷则变，变则通，通则久

B. 祸兮福之所倚，福兮祸之所伏

C. 道之大原出于天，天不变，道亦不变

D. 天下之势，循则极，极则反

100. 唯物辩证法认为发展是（　　）。

A. 一般的变化

B. 突破事物原有度的界限

C. 前进性和曲折性的统一

D. 对立面又统一又斗争

101. 指鹿为马的错误，违背了下面什么哲理？（　　）

A. 事物的质是不以人的意志为转移的

B. 质是我们认识事物的客观基础

C. 质是客观事物本身所固有的

D. 每一事物都有自己特殊的质

102. 事物的"度"是指（　　）。

A. 事物质和量的统一

B. 事物的飞跃形式

C. 事物保持质的数量界限

D. 事物渐进过程的中断

103. 否定之否定就是（　　）。

A. 周而复始的循环

B. 在更高阶段的"回复"

C. 回到原来的出发点

D. 自我完善、自我发展的过程

104. 我们要坚定不移地推进西部大开发战略，同时要认识到东西部的发展差距是由于一些复杂的历史和现实的客观原因造成的，要从根本上改变西部面貌，需要几代人长期艰苦地努力，绝不能一蹴而就。这是因为（　　）。

A. 矛盾的普遍性总是寓于特殊性之中

B. 没有一定的量变的积累，就不会有质变的发生

C. 量变是质变的前提和基础

D. 内因是事物变化发展的根据

105. 靠山吃山，靠水吃水，把资源优势转化为经济优势，这是人们的传统认识。资源枯竭、环境恶化的事实使人们认识到，必须把保护生态环境放在首位，使经济效益、生态效益和社会效益相协调。上述材料给我们的启示是（　　）。

A. 必须尊重客观规律，提高我们活动的自觉性和预见性

B. 要用发展的观点处理和解决问题

C. 要以保护环境为主，发展经济为辅

D. 任何事物都有自身的优点和缺点，难以两全

106. 唯物辩证法既是科学的世界观，又是指导我们认识和改造世界的重要思想方法。

下列关于唯物辩证法论述正确的是（　　）。

    A. 联系的观点、发展的观点是唯物辩证法的基本观点

    B. 对立统一规律是唯物辩证法的实质和核心

    C. 矛盾分析法是认识问题的根本方法

    D. 唯物辩证法的本质是批判的、革命的、创新的

107. 列宁物质定义的理论意义是（　　）。

    A. 坚持了物质的客观实在性原则，坚持了唯物主义一元论，同唯心主义一元论和二元论划清了界限

    B. 坚持了能动反映论和可知论，有力地批判了不可知论

    C. 体现了唯物论和辩证法的统一

    D. 体现了唯物主义自然观与唯物主义历史观的统一，为彻底的唯物主义奠定了理论基础

108. 恩格斯说："当我们深思熟虑地考察自然界或人类历史或我们自己的精神活动的时候，首先呈现在我们眼前的，是一幅由种种联系和相互作用无穷无尽地交织起来的画面。"这段话所包含的辩证法观点有（　　）。

    A. 联系是客观世界的本性

    B. 一切事物都处于相互联系之中

    C. 世界是一个相互联系的统一整体

    D. 联系既是普遍的又是复杂多样的

109. 下列选项中，体现发展实质的有（　　）。

    A. 因祸得福，祸福相依

    B. 无产阶级专政代替资产阶级专政

    C. 培育出新优质品种

    D. 从原始社会的公有制经过私有制到社会主义的公有制

110. 某山村小镇自20世纪70年代发现矾矿以来，办了三个矾矿厂。由于没有严格的环境保护措施，每天排出大量矿烟，致使村民中大多数人患有呼吸道疾病和皮肤病。这一做法从哲学上看违背了（　　）。

    A. 事物普遍联系的原理

    B. 事物联系复杂多样性的原理

    C. 事物运动发展的原理

    D. 事物的普遍性和特殊性关系的原理

111. 中国古代的五行说认为金木水火土是世界的本原，这种说法（　　）。

    A. 坚持了世界的物质性

    B. 包含了一定的合理因素

    C. 是十分荒谬没有意义的观点

    D. 具有直观性、简单化的缺点

112. 新事物优越于旧事物，这是因为（　　）。

    A. 新事物是在新的历史条件下产生的

B. 新事物具有新奇的形式和特点
C. 新事物抛弃了旧事物中消极的东西
D. 新事物保留了旧事物中积极的因素

113. 下列观点正确的有（　　）。
A. 发展的实质是新事物的产生和旧事物的灭亡
B. 联系的观点和发展的观点是唯物辩证法的总特征
C. 发展是前进性、上升性的运动
D. 发展是事物数量的增减和位移

114. 量变与质变的相互渗透表现为（　　）。
A. 总的量变中有部分质变
B. 质变后引起新的量变
C. 量变必然引起质变
D. 质变过程中有量的特征

115. 联系的特性是（　　）。
A. 客观性
B. 普遍性
C. 多样性
D. 物质性

116. 矛盾同一性在事物发展中的作用表现为（　　）。
A. 矛盾双方在相互依存中得到发展
B. 矛盾双方相互吸取有利于自身发展的因素
C. 调和矛盾双方的对立
D. 规定事物发展的基本趋势

117. 风筝在我国已经有2000多年的历史，最初用于军事，到了唐代中期，逐渐转向娱乐。后来，人们又将神话故事、吉祥寓意等表现在风筝上，使风筝成了一门艺术。现在，风筝艺术在我国仍然很受欢迎，并形成了以山东潍坊风筝、北京风筝、江苏南通风筝等为代表的风筝流派。从材料中可以看出（　　）。
A. 事物是普遍性和特殊性的统一
B. 事物的发展变化是有规律可循的
C. 事物变化发展的道路是曲折的
D. 事物是绝对运动和相对静止的统一

118. 事物的发展是一个过程，这个过程（　　）。
A. 从形式上看，是事物在时间上的持续性和空间上的广延性的交替
B. 从内容上看，是事物在运动形式、形态结构功能和关系上的更新
C. 存在于自然界人类社会和思维领域的一切现象中
D. 说明一切事物都有自己兴衰变化的过程

119. 联系和运动的关系是（　　）。
A. 事物的相互联系相互作用构成运动

B. 离开事物的运动不可能发生联系和作用

C. 先有事物的联系，后有事物的运动

D. 运动之后才发生各种联系

120. 对改革中出现的新事物的态度，应该是（　　）。

A. 满腔热情地支持和扶植

B. 为它的成长鸣锣开道

C. 全面肯定，完全支持

D. 促使其日臻完善

121. 下列选项中，属于唯物辩证法基本规律的有（　　）。

A. 质量互变规律

B. 对立统一规律

C. 联系发展规律

D. 否定之否定规律

122. 唯物辩证法和形而上学的对立表现在（　　）。

A. 世界上一切事物和现象是普遍联系的还是彼此孤立的

B. 世界上的一切事物和现象是发展变化的还是凝固不变的

C. 世界的本质是物质的还是精神的

D. 世界是可以认识的还是不可以认识的

123. 辩证法的总特征要求人们（　　）。

A. 用具体的历史的观点观察事物

B. 用整体性的观点观察事物

C. 一切以条件、时间、地点为转移

D. 用变化发展的观点观察事物

124. 2015 年 12 月，联合国巴黎气候变化大会通过《巴黎协定》要求，各国以"自主贡献"的方式参与全球应对气候变化行动，发达国家继续带头减排，并对发展中国家减缓和适应气候变化提供资金、技术和能力建设的支持。协定坚持了发达国家与发展中国家共同但有区分的责任原则，这一原则体现的唯物辩证法原理是（　　）。

A. 矛盾的主要方面规定了事物的性质

B. 主要矛盾在事物发展中起决定作用

C. 任何事物都是共性与个性、一般与个别的统一

D. 只有把握矛盾的普遍性与特殊性的联结，才能认识事物的本质

125. 下列观点属于客观唯心主义的有（　　）。

A. 事物是理念的影子

B. 理在事先

C. 世界是"绝对观念"的外化

D. 未有天地万物，已有天地万物之理

126. 唯物主义形态的发展经历了（　　）。

A. 古代朴素的唯物主义

B. 自然科学的唯物主义

C. 辩证唯物主义

D. 近代形而上学唯物主义

127. 社会的物质性体现在（　　）。

A. 人类社会依赖于自然界，是整个物质世界的组成部分

B. 在社会中不存在精神的现象和活动

C. 物质资料的产生是社会历史的前提

D. 全部社会生活在本质上是实践的

128. 唯心主义的主要派别是（　　）。

A. 形而上学唯心主义

B. 机械唯心主义

C. 主观唯心主义

D. 客观唯心主义

129. 马克思的两个伟大发现是指（　　）。

A. 劳动价值论

B. 剩余价值论

C. 科学社会主义

D. 历史唯物主义

130. 下列蕴含了朴素唯物主义观点的命题有（　　）。

A. 不闻不若闻之，闻之不若见之，见之不若知之，知之不若行之，学至于行之而止矣

B. 世事变而行道异，治世不一道，变法不法古

C. 仓廪实则知礼节，衣食足则知荣辱

D. 民为邦本，本固邦安

131. 下列观点属于朴素唯物主义物质观的有（　　）。

A. 水者，何也？万物之本也

B. 世界的过去、现在和将来都是按规律燃烧的按规律熄灭着的永恒的活火

C. 以土与金木水火杂，以成百物

D. 世界由不可再分的原子和虚空构成

132. 下列各项正确反映量变与质变的辩证关系的有（　　）。

A. 量变是质变的前提和必要准备

B. 质变是量变的前提和必要准备

C. 质变是量变的必然结果

D. 量变是质变的必然结果

133. 下列命题中属于主观唯心主义的有（　　）。

A. 物是感觉的复合

B. 宇宙便是吾心，吾心便是宇宙

C. 感觉是与外界隔离的屏障

D. 理念世界是现实世界的影子

134. 下列命题属于主观唯心主义的有（　　）。

A. 理本气末

B. 存在就是被感知

C. 经验是世界最终的构成要素

D. 心外无物

135. 下列命题属于客观唯心主义的有（　　）。

A. 世界是上帝意志的创造物

B. 世界统一于存在

C. 万物皆在我心中

D. 绝对理念是万事万物的本原

136. 唐朝诗人张若虚《春江花月夜》中的"人生代代无穷已，江月年年只相似"两句诗蕴含着时间一维性的哲理。下列诗句中蕴含相同哲理的是（　　）。

A. 闲云潭影日悠悠，物换星移几度秋

B. 花开堪折直须折，莫待无花空折枝

C. 溪云初起日沉阁，山雨欲来风满楼

D. 黑发不知勤学早，白首方悔读书迟

137. 母质、气候、生物、地形、时间是土壤形成的五大关键成土因素。母质是土壤形成的物质基础和初始无机养分的最初来源。气候导致矿物的风化和合成、有机质的形成和积累、土壤中物质的迁移、分解和合成。生物包括植物、动物和微生物等，是促进土壤发生发展最活跃的因素。地形可以使物质在地表进行再分配，使土壤及母质在接受光、热、水等条件方面发生差异。时间是阐明土壤形成发展的历史动态过程，母质、气候、生物和地形等对成二过程的作用随着时间的延续而加强。土壤生成过程说明（　　）。

A. 事物总是作为过程而存在

B. 时间是物质运动的存在形式

C. 事物的发展总是呈现出线性上升的态势

D. 事物的产生总是多种因素相互作用的结果

138. 平衡是事物发展的一种状态，小到体操中人在平衡木上的行走，杂技中的骑车走钢丝、独轮车表演，直升机在空中的悬停等，大到人类的生存、地球的运转、天体的运行等，都是保持平衡的一种状态。世间的万事万物，之所以能不停地运动、发展、前进，一个重要原因就在于保持了平衡。要使"平衡"成为人们的"大智慧"，就要（　　）。

A. 精确把握事物的度

B. 准确掌握辩证否定的方式和方向

C. 善于协调事物内部各种因素的相互关系

D. 全面理解绝对运动和相对静止的辩证关系

139. 长江的年龄到底有多大？这里说的"长江"年龄，是指从青藏高原奔流而下注入东海的"贯通东流"水系的形成年代。如果说上游的沉积物从青藏高原、四川盆地顺延而下能到达下游，这就表示长江贯通了，这就是物源示踪。我国科学家采用这一方法，研究长江中下游盆地沉积物的来源，从而判别长江上游的物质何时到达下游，间接指示了长江贯通东流的时限。他们经过 10 多年的研究，提出长江贯通东流的时间距今约 2300 万年。这一研究成果从一个侧面显示出（　　）。

  A. 时间和空间是通过物质运动的变化表现出来的

  B. 时间和空间是标示物质运动的观念形式

  C. 时间和空间是有限的，物质运动是永恒的

  D. 时间和空间是物质运动的存在形式

140."沉舟侧畔千帆过，病树前头万木春。"辩证法认为发展的实质是新事物的产生和旧事物的灭亡。新生事物必然取代旧事物，从根本上说，是因为（　　）。

  A. 新生事物产生于旧事物之后，是新出现的事物

  B. 新生事物具有新的结构和功能，能适应已经变化了的环境和条件

  C. 新生事物是对旧事物的扬弃，并添加了旧事物所不能容纳的新内容

  D. 在社会历史领域内，新生事物符合广大人民群众的根本利益和要求

141. 从 20 世纪 70 年代至今，商务印书馆先后出版了多个版本的《新华字典》，除了一些旧的词条，增加了一些新的词条，并对若干词条的词义做了修改。例如 1971 年版对"科举"这个词的解释是："从隋唐到清代的封建王朝为了维护其反动统治而设立的分科考选文武官吏后备人员的制度。"1992 年版删去"反动"二字，1998 年版又删去"为了维护其统治而设"，直到 2008 年版删去了这句话。一本小字典记载着词语的发展变化，也记录了时代前进的印证，字典词条释义的变化表明人们的意识（　　）。

  A. 是客观世界的能动反映

  B. 取决于词语含义的改变

  C. 随着社会生活的变化而变化

  D. 需要借助语言这一物质外壳表达出来

142. 近一年多来由美国次贷危机引发的金融危机迅速在全球蔓延。在危机面前，人们应该积极应对，化"危"为"机"。下列名言中符合意识能动性原理的是（　　）。

  A. 信心比黄金更重要

  B. 我们唯一恐惧的就是恐惧本身

  C. 问题与解决问题的方法是同时产生的

  D. 事不必难，知难不难

三、判断题

1. 马克思批判地吸取了黑格尔辩证法的合理内核。（　　）
2. 马克思批判地吸取了费尔巴哈唯物主义的基本内核。（　　）
3. 马克思主义生命力的根源在于以实践为基础的科学性与革命性的统一。（　　）
4. 对待马克思主义的科学态度是要记住马克思和恩格斯说过的每一句话。（　　）
5. 辩证唯物主义和历史唯物主义是马克思主义的最根本的世界观和方法论。（　　）
6. 坚持一切从实际出发，理论联系实际，实事求是，在实践中检验和发展真理。这是马克思主义最重要的理论品质。（　　）

7. 唯物主义强调物质的重要性，唯心主义强调精神的重要性。（ ）
8. 哲学是关于自然、社会、思维发展普遍规律的科学。（ ）
9. 世界统一于物质。（ ）
10. 矛盾是事物发展的源泉和动力，因此社会矛盾越多，社会发展自然就越快。（ ）
11. "城门失火，殃及池鱼"与"只见树木，不见森林"所包含的哲理是截然对立的，它们的分歧是哲学中的两个基本派别的根本分歧。（ ）
12. 辩证否定就是全盘肯定或全盘否定。（ ）
13. 假象是不表现本质的现象。（ ）
14. 观念的东西不外是移入人脑并在人的头脑中改造过的物质的东西而已。（ ）
15. 并非所有的现象都表现本质，偶然的、零碎的、稍纵即逝的现象无本质可言。（ ）
16. 唯心主义否认思维和存在的同一性。（ ）
17. 世界统一于存在。（ ）
18. 脱离物质的运动和脱离运动的物质都是不可想象的，因此，运动就是物质，物质就等同于运动。（ ）
19. 全部社会生活在本质上是实践的。（ ）
20. 运动和发展是唯物辩证法的总特征。（ ）
21. 矛盾规律是唯物辩证法的实质和核心。（ ）
22. 同一性和斗争性是矛盾的两种基本属性，它们都是无条件存在的、绝对的。（ ）
23. 掌握适度原则就是任何时候都不要超过事物的度。（ ）
24. 否定就是新旧事物之间"一刀两断"。（ ）
25. 人在怎样的程度上学会改变自然界，人的智力就在怎样的程度上发展起来。（ ）
26. 随着信息时代的到来，由计算机网络建立的人与人之间的关系将成为社会的基本关系。（ ）
27. 我们不要过分陶醉于我们人类对自然界的胜利。对于每一次这样的胜利，自然界都对我们进行报复。（ ）
28. 辩证法不崇拜任何东西，按其本质来说，它是批判的和革命的。（ ）
29. 马克思主义哲学是科学的世界观，所以它是"科学之科学"。（ ）
30. 所谓否定，就是对旧事物的全面抛弃。（ ）

四、辨析题

1. 世界统一于存在。
2. 运动和发展是唯物辩证法的总特征。
3. 脱离物质的运动和脱离运动的物质都是不可想象的，因此，运动就是物质，物质就等同于运动。
4. 否定就是新旧事物之间的"一刀两断"。
5. 掌握适度原则就是任何时候都不要超过事物的度。

6. 人工智能的出现可以代替人类的思维。

五、简答题

1. 简述哲学的物质概念与自然科学物质结构理论的联系和区别。
2. 意识的能动性主要表现在哪些方面？
3. 简述意识的本质。
4. 简述联系的客观性和普遍性。
5. 怎样理解对立统一规律是唯物辩证法的实质和核心？
6. 如何理解内因与外因的辩证关系及其意义？
7. 简述必然性和偶然性的辩证关系。
8. 简述辩证否定观的主要内容。
9. 如何理解发展的本质是新事物的产生和旧事物的灭亡？

六、论述题

1. 运用量变和质变的辩证关系原理，说明建设中国特色社会主义过程中必须把远大目标和实干精神结合起来。
2. 如何理解矛盾的同一性和斗争性的关系及其意义？
3. 如何理解矛盾问题的精髓？它有什么现实意义？
4. 试用绝对运动和相对静止的辩证关系原理说明社会稳定和发展之间的辩证关系。
5. 如何理解马克思主义实践观的基本内容？
6. 结合实际说明人对物质世界的实践把握及其基本环节。
7. 论述世界多样性和统一性相结合的原理及其意义。

七、材料分析题

1. 结合材料回答问题。
【材料1】
王充认为，万物之生，皆禀元气。"天地和气，万物自生，犹夫妇和气，子自生矣，——天覆于上，地偃于下，下气蒸上，上气降下，万物自生其中矣。"

摘自《论衡·自然篇》

赫拉克利特说："这个世界对于一切存在物都是一样的，它不是任何神所创造的，也不是任何人所创造的，它过去、现在、未来永远是一团永恒的活火，在一定分寸上燃烧，在一定分寸上熄灭。""一切转化为火，火又转化为一切，有如换成货物，货物又换成黄金。"

摘自《西方哲学原著选读》上卷

【材料2】
霍布斯认为："所以，物体的定义可以这样下：物体是不依赖我们思想的东西，与空间的某个部分相合或具有同样的广袤。"

摘自霍布斯《论物体》

【材料3】
恩格斯指出："物质无非是各种物的总和，而这个概念就是从一切总和中抽象出来的。"

摘自《马克思恩格斯选集》第3卷

列宁认为："物质是标志着客观实在的哲学范畴，这种客观实在是人通过感觉感知的，它不依赖于任何我们的感觉而存在，为我们的感觉所复写、摄影、反映。"

摘自：《列宁选集》第2卷

请回答：
（1）分析材料1，说明其物质观性质及特点。
（2）分析材料2，说明其物质观性质及特点。
（3）谈谈对材料3的观点的认识和理解。

2. 结合材料回答问题。

【材料1】
正如在社会中，每个人的能力总是在动荡的情况下而不是在其他情况下发挥出来的，所以同样隐蔽在自然中的事情，只是在技术的挑衅下，而不是在任其自行游荡下，才会暴露出来的。

摘自培根《新工具》

我们有三种主要的方法：对自然的观察、思考和实验。观察搜集事实，思考把它们组合起来，实验则证实组合的结果。

摘自狄德罗《对自然的解释》

理论所不能解决的那些疑难，实践会给你解决。

直到今天，犹太人还不会改变其特性。他们的原则、他们的上帝，仍是最实践的处世原则。

摘自《费尔巴哈哲学著作选读》

【材料2】
行之明觉精察处便是知，知之真切笃实便是行。
一念发动处，便是行了。

摘自王守仁《答友人问》

自我设定自身；自我设定非我；自我设定自身和非我。
理智是一种行动，绝对不再是什么。

摘自费希特《"知识学"引论》

实践理念比以前考察过的认识的理念更高，因为它不仅具有普遍的资格，而且具有绝对现实的资格。实践的理念即行动。

摘自黑格尔《逻辑学》下卷

【材料3】
环境的改变和人的活动或自我改变的一致，只能被看作并合理地理解为革命的实践。

摘自《马克思恩格斯选集》第1卷

（主体和客体、主观和客观）交错点＝人和人类历史的实践。

摘自《列宁全集》第55卷

（实践是）主观见之于客观的东西。

摘自《毛泽东选集》第2卷

请回答：

（1）分析材料1中关于知行关系的观点。

（2）分析材料2中关于知行关系的观点。

（3）谈谈对材料3中关于实践观的理解。

3. 用否定之否定规律来分析以下材料。

【材料1】

马克思主义哲学认为，人类社会是运动、变化、发展的，其基本的、总的趋势是前进的、上升的、由低级到高级发展的历史过程。从社会形态说，就是由原始社会到奴隶社会到封建社会到资本主义社会到社会主义社会和共产主义社会，每一个社会形态较之前一个社会形态总是发展了、前进了。

【材料2】

我国战国时期，邹衍认为历史朝代的更替和变迁是按照土德、金德、火德、水德、木德的顺序循环进行的，叫做"五德始终"。18世纪意大利著名历史学家维柯认为社会的发展和人的发展一样，经历着童年、青年和成年三个阶段，成年时期是人类社会发展的顶峰，此后，社会就像老人一样开始衰败、崩溃，然后重新返回到最初时代，开始新的循环。

【材料3】

前资本主义时期，人的发展是以人的依赖关系为基础的缺乏独立自由、个性极不发展的时期。在自然经济条件下，"无论个人还是社会，都不能想象会有自由充分的发展"，个人直接依附于社会共同体，缺乏独立性。人们只是在狭小的范围内发生联系，人的独立性和个性的发展受到极大的限制。人与人的狭隘关系制约着人与自然的关系，人对自然的征服力的弱小又反过来制约着人们的交往。

在资本主义条件下，人的发展是以对物的依赖关系为基础的具有较多的独立性、较丰富的关系和较多样才能的形态。资本主义形成了以商品交换形式表现出来的普遍的社会联系，瓦解了自然经济条件下占统治地位的人身依附关系和宗法关系，使人们的个性、才能、交往关系有了较大的发展，但是依然受到资本主义生产方式的束缚和压抑。然而，"它在产生出个人同自己和同别人的普遍异化的同时，也产生出个人关系和个人能力的普遍性和全面性"。从而为人的全面发展创造着条件。

只有到了共产主义社会，才能有人的全面发展和个性自由。在共产主义条件下，生产力高度发展，全社会共同占有社会生产力和社会财富，社会关系已被置于人们的共同控制之下，而不再作为异己的力量支配人，人们才得以全面发展。

摘自《马克思恩格斯全集》46卷上，第104页

请回答：

（1）材料1、材料2的观点有什么不同？

(2) 从辩证法的角度看，材料1和材料2有什么不同？

(3) 材料1、材料3的共性是什么？

4. 结合材料回答问题。

中国互联网从1994年全功能接入国际互联网至今，实现了20年的高速发展，不仅在技术层面一再突破，而且带来了新的思维理念，有人把他概括为"互联网思维"。对何谓"互联网思维"，目前还没有定论。然而，打破思维定式、主动革新自我是互联网思维不变的主题，意味着"便捷、互动、用户至上"等理念。这些理念让人们不断感受到互联网带来的变化与变革。

如果把沃尔玛等传统龙头企业比多大象，那么互联网上的小商户只能叫蚂蚁。数百万只"蚂蚁"聚合起来，吃掉"大象"并非没有可能。试想，如果没有互联网，任何一家传统商业企业要想把数百万个商家和近亿客户装进来是不可想象的。

既然去中心的互联网更有利于"蚂蚁"生存，"大象"要彻底摆脱危机，可能就要让自己在某种程度上也变成"蚂蚁"，至少自身要具备"蚂蚁"的特性。道理很简单，在互联网环境下与灵活的"蚂蚁军团"作战，庞大的体量以及传统组织形式带来的大企业病，很可能让"大象"的优势转变为劣势。只有彻底改变基因，让"大象"内部产生无数个热衷创业的"蚂蚁"，这仗才有的打，毕竟，和"蚂蚁"打仗，"大象"有力用不上，但更庞大、更强大的"蚁群"则成为最后的胜者。

摘自《人民日报》（2014年5月5日、5月26日等）

请回答：怎样以辩证的思维方式认识和处理"蚂蚁"与"大象"的关系？

5. 结合材料回答问题。

巧用大循环，处理不再难

山东某地采用循环经济的理念，将秸秆"吃干榨尽"，对秸秆利用进行了有益探索。

一、秸秆种蘑菇

该地小麦种植面积为60万亩，按亩产500公斤①秸秆计算，每年产生30万吨秸秆。虽然粉碎还田、压块做燃料、青储养殖等消化了大量秸秆，但一些农户为图方便，仍然偷偷焚烧秸秆，当地禁烧压力很大。

2009年，该地通过招商引资引进了一家蘑菇种植企业，该企业以小麦秸秆加鸡粪为原料培育双孢菇，从当地收到的小麦秸秆不够用，还在周边100公里②范围的县市区收集，鸡粪则由当地一家大型养鸡场提供。自蘑菇厂建起来后，蘑菇厂对秸秆的大量需要，让原本难以处理而成为"包袱"的秸秆摇身一变，不仅成了香饽饽，而且成为农民增收的渠道。

二、延长产业链

然而，蘑菇厂每年产生的6万吨菌渣，四处堆积，臭气难闻，也引来周边群众的投诉。

---

① 1公斤=1千克。

② 1公里=1千米。

由此，该蘑菇厂开始寻找下游菌渣处理企业，开展产业链条的招商引资。

山东某生物科技有限公司得知消息后主动前来，并把厂建在该蘑菇厂旁边。他们将买来的菌渣加上猪粪，经过发酵，制成了很好的有机复合肥。这不仅解决了菌渣问题，而且也附带解决了让周边养猪户头痛的猪粪问题。该公司将生产出来的有机复合肥直接卖给周边的有机蔬菜种植基地、种植户以及果农等，由于减少了销售中间环节，价格合理，很受欢迎。该公司也因此而获利颇丰。

三、"链接"到山林

秸秆经过种植蘑菇，变成了有机复合肥，最后拿到市场上销售，算是完成了一个标准的循环利用过程。然而，如果将有机复合肥集中用于生态修复工程，再次推动一个新的生态产业发展，岂不是更好？

该地又动起脑筋，将秸秆利用产业与退耕还林工程对接。该地的山区丘陵面积占全市总面积的2/3，其中宜林荒山地有6万多亩①，这些山地土壤贫瘠，含沙量大，农作物产量低，经济效益差。

在深入调研的基础上，该地从2011年开始，由市财政投入数亿元，实施为期5年的"自主退耕还林生态富民"工程，打算将这些山地改造成高产的大枣、大樱桃等经济果林，大力推进农林业转型。

而要发展高产高效的有机林果业，所面临的突出问题是有机肥从何而来？这时，秸秆等有机肥料又成了人们惦记的宝贝。为了种植出优质果林，当地农民在山地种植果林时，都开始垫秸秆、放菌渣有机复合肥等。大片经济果林的种植，不仅大大改善了当地生态环境，从而实现了秸秆利用的大循环，而且也大大地提高了农民收入。

摘自《人民日报》（2013年6月22日）

请回答：

（1）从唯物辩证法的角度分析"巧用大循环，处理不再难"中"巧"在何处？

（2）当你在生活中遇到难题和矛盾时，上述事例对你有何启示？

6. 结合材料回答问题。

【材料1】

有个人不小心打碎一个花瓶，但他没有陷入沮丧，而是细心地收集起满地的碎片。他把这些碎片按大小分类称出重量，结果发现：10～100克的最少，1～10克的稍多，0.1～1克和0.1克以下的最多；同时他还发现这些碎片的重量之间存在着倍数关系，即较大块的重量是次大块的重量的16倍……因此他发现了"碎花瓶理论"。这个理论可以帮助人们恢复文物、陨石等不知其原貌的物体，给考古和天体的研究带来了意想不到的效果。这个人就是丹麦的物理学家雅各布·博尔。

摘自《光明日报》（2011年2月21日）

【材料2】

迪迪·艾伦年轻时到一家电影公司打工，跟着知名电影剪辑师罗伯特·怀斯学习。她在

---

① 1亩=666.667平方米。

给电影《江湖浪子》剪辑时，犯了一个非常不应该的错误：在从一个镜头切换到另一个镜头时，第一个镜头中的声音竟然延续到第二个镜头中去了，并且长达三秒钟，导致的结局是：主人公驾驶汽车逐渐远去，镜头随之切换到达的目的地场景，而这时依旧可以听见第一个镜头中的汽车声！罗伯特·怀斯非常生气，他把这段影片往艾伦面前一扔，说："把你所犯的错误剪掉！"艾伦沮丧极了，正在她准备剪去自己所犯的那个"错误"时，她忽然看见窗台上的一个小盆景，那是一株地莓，她曾经生长在艾伦家的园子里。只是别的地莓都能长出又甜又红的果实，唯独这株地莓不会结果，可它虽然不会结果，却能开出特别鲜红的花朵！所以艾伦把它移植到了这里，成了一道美丽的风景！如果说不会结果是一种"错误"，但就在这种错误中，它却开出了最美丽的花！想到这里，艾伦怦然心动，她开始重新审视起那段影片，猛然意识到：这个错误的本身，其实就是一朵最美丽的地莓花！按照传统的技法，在镜头切换的同时，声音也随之戛然而止，艾伦却把声音延续到第二个镜头中，而这不仅能巧妙糅合由镜头切换而产生的断裂感，还能更加有序地连贯电影节奏！艾伦由此想到，有些时候，把第二个镜头中的声音提前一点出现在第一个镜头的结尾处，也是一种能巧妙显示电影节奏的手法。于是，她把这种"错位剪辑"用到了这部影片的每一个切换的镜头中。影片上映后，这种剪辑效果让所有观众耳目一新，并引起了电影同行的关注和沿用，一场电影剪辑艺术的革新悄悄开始了！当86岁高龄的艾伦病逝后，人们对艾伦的人生态度和她对电影的贡献作了这样的总结："她深信这个世界上没有真正的错误，只有被忽略的智慧！即便是一株无法结出果实的地莓，也不要轻易扔掉，因为它可能会开出最美丽的花朵！"

摘自《扬子晚报》（2011年6月27日）

请回答：

（1）从打碎花瓶这一现象中所概括出的"碎花瓶理论"为什么能帮助人们恢复文物、陨石等不知原貌的物体？

（2）上述两例对我们增强创新意识有何启示？

7. 结合材料回答问题。

人类每天都在产生垃圾，垃圾总量一天比一天多，由此带来的问题非常棘手。不产生垃圾是不可能的，既然如此，那就退而求其次，倡导大家减少垃圾，然而减到多少才是少？这里并没有一个标准，而且从总体上看，生产和消费必然产生垃圾，减少垃圾很可能抑制生产和消费，接着往后退，把垃圾收集起来填埋或焚烧，但填埋只是把垃圾从地上转移到地下，既与人争地，也有再次污染土壤和水源的隐患，焚烧不过是把污染从地上转移到空中，产生二噁英等有害物质。

于是，人们进一步追问：还有没有比填埋、焚烧更好的出路？一句"垃圾是放错地方的资源"让人们茅塞顿开，垃圾可以回收利用，乃再生资源。但变废为"宝"的前提是垃圾的有效投放——别把垃圾放错了地方。何谓放错？到处乱扔是放错，收集时搅混在一起也是放错。不同的垃圾只有往不同的地方放，才能实现资源的价值。即使还免不了要填埋、焚烧那些没有利用价值的垃圾，也得把它们分出来。

垃圾分类，举手之劳，换出绿色，好处多多，不言而喻，但如何让人们乐而为之？从2009年5月起，上海开始普遍推广新的垃圾分类理念，开展以"提升更绿色的上海"为主题的"绿色账户活动"。何为"绿色账户"？就是居民对垃圾分类回收，积分换取环保小礼品：再生纸笔记本、绿色小植物、环保手电筒……上海推出"绿色账户"的实践说明，办法是可以想出来的，关键是愿不愿意琢磨。中国的垃圾问题不比哪个国家小，我们只能"没有退路就多想出路"。

请回答：

（1）从实践是人和自然关系的基础的角度说明为什么"垃圾是放错地方的资源"？

（2）运用矛盾分析方法说明"没有退路就多想出路"。

8. 结合材料回答问题。

华佗是我国东汉名医。一次，府吏倪寻和李延俩人均头痛发热。一同去请华佗诊治，华佗经过仔细地望色、诊脉，开出两服不同的处方。给倪寻开的是泻药，给李延开的是解表发散药。二人不解：我俩患的病是同一症状，为何开的药方却不同呢？是不是华佗弄错了？于是，他们向华佗请教。华佗解释道：倪寻的病是由于饮食过多引起的，病在内，应当服泻药，将积滞泻去，病就好了。李延的病是受凉感冒引起的，病在外，应当吃解表药，风寒之邪随汗而去，头痛也就好了。你们病症相似，但病因相异，所以治之宜殊。二人拜服，回家后各自将药熬好服下，很快都痊愈了。

中医是我国宝贵的医学遗产，强调辨证施治。华佗对症下药治头痛发热的故事含蕴丰富的辩证法思想。

请回答：

（1）指出其中所涉及的唯物辩证法基本范畴并分析其内涵。

（2）这个故事对我们理解"具体问题具体分析"有何启示？

第二章

认识的本质及其发展规律

一、单选题

1. 随着科技的进步尤其是"互联网＋"的发展，出现了代驾、陪购师、网络主播等新兴职业。这些新兴职业在给社会带来效率或便利的同时，也面临着如何规范的问题，制定相关的法律法规刻不容缓。由此可见，（　　）。
    A. 实践具有客观物质性
    B. 实践具有直接现实性
    C. 实践是认识发展的动力
    D. 实践是认识的最终目的

2. "真理是人造的供人使用的工具"的看法是（　　）。
    A. 主观唯心主义
    B. 客观唯心主义
    C. 辩证唯物主义
    D. 机械唯物主义

3. 有思想家指出："忧心忡忡的穷人甚至对最美丽的风景都没有什么感觉；贩卖矿物的商人只看矿物的商业价值，他没有矿物学的感觉。"这是（　　）。
    A. 先验论观点
    B. 主观唯心主义的观点
    C. 说明人的认识具有主体性
    D. 经验论的观点

4. 党的思想路线的核心是（　　）。
    A. 一切从实际出发
    B. 理论联系实际

C. 实事求是

D. 在实践中检验和发展真理

5. 在实际工作中坚持马克思主义认识论的基本原理，就是要坚持（   ）。

A. 经济基础和上层建筑辩证关系的理论

B. 一切从实际出发，在实践中坚持和发展真理

C. 阶级和阶级斗争的理论

D. 社会存在决定社会意识的理论

6. 解放思想，与时俱进，就是要（   ）。

A. 不受任何框框的束缚，思想上达到绝对自由

B. 不受任何约束，做到随心所欲

C. 抛弃原有的一切观念，重新评价一切

D. 突破落后观念的束缚，坚持实事求是

7. 实践的科学含义是（   ）。

A. 人类一切有意识有目的的活动

B. 人类为了生存而必须适应环境的活动

C. 人们处理相互之间关系的活动

D. 人类能动地改造世界的感性物质活动

8. 实践高于理论的认识，是因为实践具有（   ）。

A. 客观实在性

B. 自觉能动性

C. 直接现实性

D. 社会历史性

9. 当今时代，实践最基本的形式是（   ）。

A. 物质生产实践

B. 社会政治实践

C. 科学实验

D. 审美和文艺体育实践

10. 下列命题中，正确表达了实践的含义的是（   ）。

A. 实践是个人的日常生活活动

B. 实践是"自我"产生"非我"的活动

C. 实践是主体应付客体的活动

D. 实践是主体改造和探索客体的活动

11. 当代自然科学的发展日新月异，新的研究成果层出不穷。从根本上说，这是由于（   ）。

A. 科学家的聪明才智决定的

B. 正确的科技政策决定的

C. 环境和资源的状况决定的

D. 生产实践的需要决定的

12. 马克思主义哲学区别于一切旧哲学的最显著的特点是（　　）。
A. 阶级性
B. 科学性
C. 革命性
D. 实践性

13. 下列活动中,属于最基本实践活动的是（　　）。
A. 农民播种小麦
B. 法官审理案件
C. 运动员参加比赛
D. 演员进行表演

14. 实践的客体是（　　）。
A. 绝对精神的对象化
B. 客观物质世界
C. 人的意识的创造物
D. 进入主体的认识和实践范围的客观事物

15. 下列选项中正确表达了认识主体的含义的是（　　）。
A. 认识的主体是具有感性认识能力的人
B. 认识的主体是具有理性认识能力的人
C. 认识的主体是具体的,有血有肉的人
D. 认识的主体是从事社会实践和认识活动的人

16. 下列选项中正确表达了认识客体的含义的是（　　）。
A. 认识的客体是主体实践和认识的对象
B. 认识的客体是主体创造出来的对象
C. 认识的客体是外部自然界
D. 认识的客体是客观存在的事物

17. 实践的中介是（　　）。
A. 各种形式的工具、手段及其运用的程序和方法
B. 对一事物的存在和发展有联系的各种要素的总和
C. 构成事物一切要素的总和
D. 受命于主观见之于客观的活动

18. 两条根本对立的认识路线是（　　）。
A. 可知论与不可知论
B. 唯物辩证法与形而上学
C. 唯物主义反映论与唯心主义先验论
D. 能动革命的反映论与直观被动的反映论

19. 坚持从物到感觉和思想的路线是（　　）。
A. 唯物主义认识论的路线
B. 唯心主义认识论的路线

C. 先验论的认识路线

D. 唯理论的认识路线

20. 坚持从思想和感觉到物的路线是（　　）。

A. 马克思主义的认识路线

B. 旧唯物主义的认识路线

C. 唯心主义的认识路线

D. 经验论的认识路线

21. 列宁提出的："从物到感觉和思想"与"从思想和感觉到物"是（　　）。

A. 唯物主义认识论与唯心主义认识论的对立

B. 经验论与唯理论的对立

C. 辩证法与形而上学的对立

D. 可知论与不可知论的对立

22. 唯物主义认识论和唯心主义认识论的根本区别在于（　　）。

A. 是否承认认识是主体对客体的反映

B. 是否承认人有认识能力

C. 是否承认世界是可以被认识的

D. 是否承认认识世界是为了改造世界

23. "只有音乐才能激起人们的音乐感；对于没有音乐感的耳朵来说，最美的音乐也毫无意义。"这表明（　　）。

A. 人的认识是主体与客体相互作用的过程和结果

B. 人的感觉能力决定认识的产生和发展

C. 人的认识能力是由人的生理结构决定的

D. 事物因人的感觉而存在

24. 马克思主义认识论认为，人类认识发展的动力在于（　　）。

A. 人类的精神活动

B. 人类的社会生活

C. 人类的正确思想路线

D. 人类的社会实践

25. 未来科学家尼葛庞蒂说："预测未来的最好办法就是把它创造出来。"从认识和实践的关系看，这句话对我们的启示是（　　）。

A. 认识总是滞后于实践

B. 实践和认识互为先导

C. 实践高于（理论的）认识，因为它不仅具有普遍性的品格，而且具有直接现实性的品格

D. 实践与认识是合一的

26. 实践是认识的来源，这表明（　　）。

A. 一切知识归根到底来自实践

B. 个人知识都来自直接实践

C. 没有必要学习间接经验

D. 只有通过直接经验才能学到知识

27. 马克思指出:"搬运夫和哲学家之间的原始差别要比家犬和猎犬之间的差别小得多,它们之间的鸿沟是分工造成的。"这表明(   )。

A. 人的聪明才智无先天区别

B. 人的聪明才智的大小主要取决于主观努力的程度

C. 人的聪明才智主要来源于后天实践

D. 人的聪明才智由其社会政治地位决定

28. 直接经验和间接经验的关系是(   )。

A. 内容和形式的关系

B. 感性认识和理性认识的关系

C. 认识中"源"和"流"的关系

D. 实践和理论的关系

29. 实践是认识的基础表明(   )。

A. 每个人必须事事经过实践,才能有认识

B. 只要坚持实践,就一定能获得正确认识

C. 直接知识来自实践,间接知识不来自实践

D. 一切认识归根到底来自实践

30. "知屋漏者在宇下,知政失者在朝野。"这一古训蕴含的哲理是(   )。

A. 人的经验是判断是非得失的根本尺度

B. 直接经验比间接经验更重要

C. 感性认识高于理性认识

D. 实践是认识的重要基础

31. "社会上一旦有某种技术上的需要,则这种需要会比十所大学更能把科学推向前进。"这说明(   )。

A. 实践是认识的来源

B. 技术推动了科学的发展

C. 实践是认识发展的动力

D. 科学进步是实践的目的

32. "纸上得来终觉浅,绝知此事要躬行。"陆游的这一名句强调的是(   )。

A. 实践是认识的来源

B. 实践是推动认识发展的动力

C. 实践是认识的目的

D. 间接经验毫无用处

33. "听其言必责其用,观其行必求其功。"这种观点是(   )。

A. 强调认识对实践的作用

B. 强调实践对认识的检验作用

C. 认为认识可以脱离实践

D. 认为实践可以脱离认识

34. "人的思维是否具有真理性，这并不是一个理论的问题，而是一个实践的问题。人应该在实践中证明自己思维的真理性，即自己思维的现实性和力量，亦即自己思维的此岸性。"这一论断说明了（　　）。

A. 实践是认识的来源和动力

B. 实践是检验认识是否具有真理性的唯一标准

C. 实践检验真理不需要理论指导

D. 认识活动与实践活动具有同样的作用和力量

35. 认识的最终目的是（　　）。

A. 发现真理

B. 认识世界

C. 改造世界

D. 创立新理论

36. 毛泽东说："马克思主义哲学认为十分重要的问题，不在于懂得了客观世界的规律性，因而能够解释世界，而在于拿了这种对于客观规律性的认识去能动地改造世界。"这段话强调的是（　　）。

A. 认识的任务在于透过事物的现象抓住事物的本质

B. 认识的任务不仅在于解释世界，更重要的是改造世界

C. 认识的任务在于运用客观规律解释世界

D. 只要了解了客观规律，就能成功地改造世界

37. 辩证唯物主义认为，认识的本质是（　　）。

A. 主体对各种认识要素的建构

B. 主体对客体的能动反映

C. 主体对客体本质的内省

D. 主体对客体信息的选择

38. 认识是主体对客体的能动反映，这是（　　）。

A. 形而上学唯物主义认识论的观点

B. 唯心主义认识论的观点

C. 马克思主义认识论的观点

D. 可知论的认识观点

39. 唯心主义的认识论根源是（　　）。

A. 否认意识的能动性

B. 夸大意识的能动性

C. 否认物质的决定性

D. 夸大物质的决定性

40. 旧唯物主义认识论把认识看成（　　）。

A. 人们纯思维的理性活动

B. 不断反复、无限发展的认识过程

C. 主体对客体的能动反映

D. 照镜子似的、直观被动的反映

41. 在认识论中坚持反映论原则的是（   ）。

A. 所有唯物主义的观点

B. 辩证唯物主义的观点

C. 机械唯物主义的观点

D. 朴素唯物主义的观点

42. 马克思主义认识论是（   ）。

A. 能动的反映论

B. 经验论

C. 先验论

D. 不可知论

43. 马克思主义认识论首要的和基本的观点是（   ）。

A. 唯物论的观点

B. 实践的观点

C. 辩证法的观点

D. 认识是一个过程的观点

44. 把科学的实践观第一次引入认识论是（   ）。

A. 费尔巴哈哲学的功绩

B. 黑格尔哲学的功绩

C. 马克思主义哲学的功绩

D. 康德哲学的功绩

45. 马克思主义认为，从实践的活动机制看，实践是（   ）。

A. 主体与客体通过中介相互作用的过程

B. 道德行为和政治活动

C. 科学实验

D. 生活、行为、现实、实事等感性活动

46. 下列对实践概念理解错误的是（   ）。

A. 实践的观点是马克思主义哲学首要的和基本的观点

B. 实践是人的本能活动

C. 实践是实现改造世界任务的唯一途径

D. 实践是人的最本质的存在方式

47. 实践的主体是（   ）。

A. 绝对精神

B. 具有思维能力、从事社会实践和认识活动的人

C. 人

D. 人的意识

48. "离开革命实践的理论是空洞的理论，而不以革命理论为指南的实践是盲目的实

践。"这句话强调的是（　　）。

A. 要重视实践对理论的决定作用

B. 要发挥理论对实践的指导作用

C. 要坚持理论和实践相结合的原则

D. 要在实践中丰富和发展理论

49. 在认识问题上，"跟着感觉走"是（　　）。

A. 唯物主义思想的表现

B. 不可知论思想的表现

C. 机械唯物论的观点

D. 否认理论对实践的指导作用

50. 我们强调学习马克思主义原理和科学发展观重要思想，有利于社会主义建设。这是因为（　　）。

A. 认识对实践有指导作用

B. 意识可以转化为物质

C. 主观和客观可以相互转化

D. 实践是认识的来源

51. 列宁说："没有革命的理论，就不会有革命的行动。"这一命题的含义是（　　）。

A. 革命理论比革命行动更重要

B. 革命行动是革命理论的派生物

C. 革命理论对革命实践具有指导作用

D. 革命理论最终决定革命行动的成败

52. 法国科学家路易·巴斯德说："在观察事物之际，机遇偏爱有准备的头脑。"这句话强调了（　　）。

A. 人们只有发挥主观能动性才能认识事物

B. 人们获得感性经验至关重要

C. 人们不仅要善于观察事物，而且要善于思考问题

D. 人们在认识事物时要有理性的指导

53. "认识运动是一个无限反复、无限发展的过程。"这一观点属于（　　）。

A. 唯心主义认识论的观点

B. 旧唯物主义认识论的观点

C. 马克思主义认识论的观点

D. 机械唯物主义认识论的观点

54. 我们通过眼、耳、鼻、舌、身各种感官感觉到一个梨子的各种属性，又在意识中把它们联系起来形成了关于这个梨子的感性形象，这种反映形式是（　　）。

A. 感觉

B. 知觉

C. 表象

D. 分析

55. "认识开始于感觉",这是(   )。

A. 唯物主义的正确观点

B. 辩证唯物主义的正确观点

C. 唯心主义的错误观点

D. 正确的观点,但唯物主义和唯心主义都能接受

56. 理性认识的特点是(   )。

A. 对感性认识的综合

B. 与客观事物无关的人的自由创造物

C. 通过感觉器官对客观事物的直接把握

D. 借助于抽象思维达到对事物本质的把握

57. 概念、判断、推理是(   )。

A. 理性认识的三种形式

B. 感性认识的三种形式

C. 社会心理的三种形式

D. 意识形态的三种形式

58. 感性认识和理性认识的区别是(   )。

A. 感性认识是可靠的,理性认识是不可靠的

B. 感性认识来源于实践,理性认识来源于书本

C. 感性认识是对现象的认识,理性认识是对本质的认识

D. 感性认识来源于直接经验,理性认识来源于间接经验

59. "感觉到了的东西,我们不能立即理解它,只有理解了的东西,才能更深刻地感觉它。"这一观点说明(   )。

A. 感性认识对人认识事物本质没有实际意义

B. 感性认识是整个认识的起点

C. 感性认识是认识的初级阶段,理性认识是认识的高级阶段

D. 感性认识的局限性

60. 同一句格言,年轻人的理解没有饱经风霜的老人理解丰富。这说明(   )。

A. 感性经验支撑下的理性认识更丰富深刻

B. 理性指导下的感性认识丰富

C. 理性认识依赖于感性认识

D. 感性认识依赖于理性认识

61. 感觉、知觉、表象是(   )。

A. 反映论的三种形式

B. 意识的三种形式

C. 感性认识的三种形式

D. 理性认识的三种形式

62. 强调理性认识依赖于感性认识,这是(   )。

A. 认识论的辩证法

B. 认识论的唯物论

C. 认识论的唯理论

D. 认识论的经验论

63. 恩格斯指出，认识中"不仅每个已经解决的问题都引起无数的新问题，而且每一个问题也多半都只能一点一点地、通过一系列常常需要花几百年时间的研究才能得到解决"。对这种认识现象的合理解释是（　　）。

①主客观条件的限制决定了认识的反复性

②认识的局限性意味着达不到真理性认识

③真理与谬误的转化使认识呈现为封闭式循环运动

④认识对象、认识主体和实践的无限发展导致认识的无限性

A. ①②

B. ①④

C. ②③

D. ③④

64. 感性认识和理性认识辩证统一的基础是（　　）。

A. 客观世界

B. 感性认识

C. 理性认识

D. 实践

65. 过分强调感性认识的作用，否认理性认识的重要性的观点，在哲学上属于（　　）。

A. 唯理论学派

B. 经验论学派

C. 唯物主义阵营

D. 唯心主义阵营

66. 过分强调理性认识的作用而否认感性认识的重要性的观点，在哲学上属于（　　）。

A. 可知论学派

B. 不可知论学派

C. 唯理论学派

D. 经验论学派

67. 有些同志在工作中单纯凭自己的经验办事，轻视理论的指导作用，他们在认识论上犯了（　　）。

A. 类似唯心主义经验论的错误

B. 类似唯理论的错误

C. 类似客观唯心主义的错误

D. 类似经验论的错误

68. 对于哲学史上长期争论不休的唯理论和经验论两大派别的正确评价是（　　）。

A. 唯理论是正确的，经验论是错误的

B. 经验论是正确的，唯理论是错误的

C. 唯理论和经验论各有片面的真理性

D. 唯理论和经验论都是完全错误的

69. 一个完整的认识过程需要经过两次飞跃。下列选项中属于第二次飞跃的是（   ）。

A. 调查研究，了解情况

B. 深入思考，形成理论

C. 精心安排，制订计划

D. 执行计划，付诸实践

70. 在认识过程的第二次飞跃中，认识是（   ）。

A. 感性具体阶段的认识

B. 理性抽象阶段的认识

C. 理性具体阶段的认识

D. 感性与理性统一的认识

71. 太空科技助力"健康中国"。"天舟一号"上开展的太空干细胞实验，旨在更细致地解释人体干细胞定向分化为骨细胞的过程，该研究有助于老年人骨质疏松的治疗。医学科技的探索不局限于地球表面，也能在太空中开展，这表明（   ）。

A. 人类意识来源于可观对象，它不是无缘无故产生的

B. 真理最基本的属性是主观性，但需要依赖于客观实践

C. 实践是认识的基础，实践发展能为认识深化提供新条件

D. 掌握和运用系统优化的方法，才能促成认识的发展

72. 由认识到实践的飞跃是（   ）。

A. 认识过程的第一次飞跃

B. 认识过程的第二次飞跃

C. 认识过程的结束

D. 认识过程的初始阶段

73. 一个正确的认识往往需要经过（   ）。

A. 由实践到认识、由认识到实践的过程

B. 由感性认识到理性认识、由理性认识到实践的过程

C. 由实践到认识、由认识到实践的多次反复才能完成

D. 由物质到精神、由精神到物质的过程

74. 根据认识的发展规律，在认识的"熟知"与"真知"问题上的正确观点是（   ）。

A. 熟知即真知

B. 熟知不等于真知

C. 熟知起源于真知

D. 熟知必然转化为真知

75. 承认我们知识的相对性就（   ）。

A. 必然归结为诡辩论

B. 必然归结为怀疑主义

C. 必然归结为不可知论

D. 可以防止认识的僵化

76. 真理就是（　　）。

A. 客观事物及其规律

B. 大多数人同意的观点

C. 对人类生存有用的理论

D. 对客观事物本质及其规律的正确反映

77. 辨别一种认识是不是真理的关键是看它（　　）。

A. 是不是被大多数人所接受

B. 是不是反映客观事物的本质和规律

C. 是不是具有绝对性

D. 是不是能够满足人的需要

78. 判断一种观点对错的依据是（　　）。

A. 伟人之言

B. 吾人之心

C. 众人意见

D. 社会实践

79. 辩证唯物主义的认识论认为，真理的根本属性是（　　）。

A. 有用性

B. 客观性

C. 相对性

D. 阶级性

80. 所谓客观真理，主要是指（　　）。

A. 人的正确认识中所含有的客观内容

B. 认识的客体

C. 主观对客观的反映

D. 客观存在

81. "对客观事物的反映即是真理"，这是（　　）。

A. 混淆了真理性认识与一般认识的错误观点

B. 辩证唯物主义的真理观

C. 一切唯物主义的真理观

D. 混淆了真理的客观性和规律客观性的错误观点

82. 在真理问题上，旧唯物主义和辩证唯物主义的根本区别在于是否承认（　　）。

A. 真理的本性是主观和客观相符合

B. 真理的客观性

C. 真理的辩证法

D. 物质世界的可知性

83. 某科技创业园区创建了集创业者、专家等多种资源于一体的创新平台——"零工社区"。各类专家以"打零工"的方式回答、解决创业者提出的问题,创业者通过与专家交流,获得信息资源,把创新思路转化为产品,从而提高了创业成功率。"零工社区"推动创新创业发展得益于(   )。

①专家及时回应和解答创业实践中的新问题
②创业者用直接经验检验专家的间接经验
③专家及时把创业者的实践经验上升为系统的理论
④创业者善于把创新认识转化为创业实践成果

A. ①②
B. ③④
C. ②③
D. ①④

84. 某村本来比较落后,村支书王某想到一个创业的"点子",希望把该村打造成3D壁画村。起初村里的老人们非常反对,认为没有什么用。但后来随着计划的实施,游客越来越多,村里的收入大为增加,老人们的态度也逐渐转变。由此可见,(   )。

①创新推动生产力的发展
②认识具有反复性
③创新推动社会制度的变革
④认识具有普遍性

A. ①②
B. ①③
C. ②④
D. ③④

85. 客观真理或真理的客观性是指(   )。

A. 真理的内容和检验标准是客观的
B. 真理的形式是客观的,内容是主观的
C. 真理是人的感觉的复合
D. 真理是指客观事物本身

86. 真理的客观性决定了真理的(   )。

A. 有条件性
B. 相对性
C. 一元性
D. 无限性

87. "此亦一是非,彼亦一是非"的命题,其含义是(   )。

A. 强调真理的客观性
B. 否认真理的客观性
C. 强调真理具有客观标准
D. 否认真理具有客观标准

88. 真理是没有阶级性的,在真理面前人人平等,这是因为(   )。

A. 真理是绝对性和相对性的统一，真理是不断发展的

B. 真理是具体的，任何真理都有其适用的条件和范围

C. 真理就是客观规律，真理和人的阶级地位无关

D. 真理具有客观性，真理中包含着不依赖于人类的客观内容

89. 16世纪末，伽利略通过在比萨斜塔所做的自由落体实验，推翻了亚里士多德关于物体的降落速度与物体的重量成正比的结论。这件事说明（　　）。

A. 感性认识只有上升到理性认识才能把握事物的本质

B. 实践是检验认识正确与否的唯一标准

C. 实践是认识发展的动力

D. 真理是对事物及其规律的正确反映

90. 下列属于马克思主义真理观的是（　　）。

A. 真理具有一元性

B. 有用即真理

C. 谎言说一百遍就成为真理

D. 真理和谬误没有严格的界限

91. 真理的绝对性是指（　　）。

A. 真理不能继续发展

B. 真理的无条件性

C. 真理的运用不受条件限制

D. 真理不需要检验

92. 真理的相对性应理解为（　　）。

A. 真理和谬误之间没有确定的界限

B. 对同一对象不同的乃至对立的认识都是真理

C. 真理的标准是多重的

D. 真理有待扩展和深化

93. 任何科学理论都不能穷尽真理，人们只能在实践中不断开辟认识真理的道路。这说明（　　）。

A. 真理具有客观性

B. 真理具有绝对性

C. 真理具有相对性

D. 真理具有全面性

94. 任何真理都有自己适用的条件和范围，这说明真理具有（　　）。

A. 不确定性

B. 主观性

C. 相对性

D. 绝对性

95. 把经过实践检验的理论看成绝对真理，并当作检验其他一切认识真理性的标准，这是一种（　　）。

A. 形而上学的观点

B. 唯物辩证法的观点

C. 相对主义的观点

D. 经验论的观点

96. "追求真理比占有真理更宝贵。"这一命题所包含的哲理是（　　）。

A. 认识经历着从感性认识到理性认识的发展

B. 认识的根本任务是通过现象认识本质

C. 认识不能停滞，而应该不断扩展和深化

D. 改造世界比认识世界更重要

97. 列宁指出："只要再多走一小步，哪怕是向同一方向迈的一小步，真理便会变成谬误。"这句话表明（　　）。

A. 真理和谬误是认识的两个阶段

B. 真理和谬误没有确定的区别

C. 真理具有相对性

D. 真理的标准是双重的

98. 真理和谬误的根本区别就在于（　　）。

A. 是否被大多数人所接受或同意

B. 主观与客观是否相符合、相一致

C. 是否能够满足人们的需要

D. 是否能够激励人和影响人

99. "真理和谬误的对立，只是在非常有限的范围内才有意义"是（　　）。

A. 形而上学的观点

B. 唯物辩证法的观点

C. 诡辩论的观点

D. 相对主义的观点

100. 真理与谬误之间的相互关系是（　　）。

A. 在任何情况下都是绝对对立的

B. 没有相互转化的可能性

C. 在一定条件下可以互相转化

D. 两者之间没有原则区别

101. 真理和谬误在一定条件下可以相互转化，这是（　　）。

A. 诡辩论的观点

B. 经验论的观点

C. 辩证唯物主义的观点

D. 旧唯物主义的观点

102. 真理与谬误在一定条件下可以相互转化，是因为（　　）。

A. 真理与谬误本身没有严格的界限

B. 真理与谬误的区别是主观错误造成的

C. 谬误中包含着真理的因素

D. 真理与谬误具有同一性

103. 检验真理的标准只能是（   ）。

A. 逻辑证明

B. 客观事物

C. 科学理论

D. 社会实践

104. 实践是检验真理的唯一标准，最根本的原因是因为实践具有（   ）。

A. 客观物质性

B. 社会历史性

C. 自觉能动性

D. 直接现实性

105. 2016 年 9 月，袁隆平领衔的超级杂交水稻第五期攻关项目第二次测产验收在湖南某地进行，攻关品种"广湘 24S/R900"的测产没有达到预期目标，未能通过验收。面对失败，袁隆平坦然接受。这一事例反映的认识道理是（   ）。

①实践是检验认识真理性的唯一标准

②认识主体对于获得真理性认识没有影响

③不成功的实践对认识的发展没有价值

④正确认识往往要经过实践和认识的多次反复才能完成

A. ①②

B. ①④

C. ②③

D. ③④

106. 实践是检验认识真理性的根本标准，这个标准是（   ）。

A. 绝对确定的

B. 不确定的

C. 既是确定的，又是不确定的

D. 既是历史的，又是逻辑的

107. 实践标准之所以具有不确定性，是因为（   ）。

A. 每个人的实践都不相同

B. 实践对真理的检验都具有历史性

C. 实践的形式是多种多样的

D. 实践是人的有意识有目的的活动

108. "实践标准实质上绝不能完全地证实或驳倒人类的任何表象。"这句话揭示了（   ）。

A. 实践标准并不是适用于任何人类认识的检验

B. 实践标准具有不确定性

C. 存在不可能检验的东西

D. 实践标准是确定的，它是检验认识真理性的唯一标准

109. 最初人们把文盲定义为"不识字的人"；后来又把文盲定义为"看不懂现代信息符号、图表的人"；而现在联合国把文盲定义为"不能用计算机交流的人"。从哲学上看，这表明（　　）。

　　A. 实践是检验认识正确与否的唯一标准

　　B. 实践是认识发展的动力

　　C. 实践是认识的目的

　　D. 认识具有反复性

110. 逻辑证明是（　　）。

　　A. 实践标准的一个重要补充

　　B. 实践标准以外的又一个检验真理的标准

　　C. 先于实践标准的检验真理的标准

　　D. 优于实践标准的检验真理的标准

111. 哲学上的价值是指（　　）。

　　A. 人类脑力和体力的耗费

　　B. 具有特定属性的客体对于主体需要的意义

　　C. 凝结在商品中的无差别的人类劳动

　　D. 某种活动的经济效益

112. 哲学上的价值概念具有（　　）。

　　A. 最小的效用性

　　B. 最大的效用性

　　C. 最小的普遍性

　　D. 最大的普遍性

113. 价值评价是（　　）。

　　A. 一种纯主观的认识活动

　　B. 没有任何客观标准的评价

　　C. 没有正确与错误区分的评价

　　D. 有正确与错误之分的评价

114. 评价性认识是（　　）。

　　A. 以客体和主体之间的价值关系为内容的

　　B. 以客体本身的状态为内容的

　　C. 以获得客体的"真"为目的的

　　D. 以获得主体的"善"为目的的

115. 认识的主体性原则是指（　　）。

　　A. 主观性原则

　　B. 主体的能动性原则

　　C. 主体决定客体的原则

　　D. 客体依赖主体的原则

116. 真理和价值在认识和实践中是（   ）。

A. 各自独立、毫不相干的

B. 相互冲突、无法统一的

C. 相互制约、相互引导、相互促进的

D. 合二为一、无法区分的

117. 主观和客观、认识和实践的统一是（   ）。

A. 必然和偶然的统一

B. 抽象的不变的统一

C. 本质和现象的统一

D. 具体的历史的统一

118. 辩证唯物主义认识论在本质上是（   ）。

A. 经验论

B. 反映论

C. 科学实验

D. 实践论

119. "人的感官是人认识外界事物的不可逾越的天然界限。"这种观点是（   ）。

A. 辩证反映论

B. 经验论

C. 辩证唯物论

D. 不可知论

120. 古希腊的怀疑论者们强调说："对同一事物，不同的人感觉是不同的，如同一盆水，有人感觉说温，有人感觉说凉。"这说明（   ）。

A. 世界的真实状况是人们无法知道的

B. 认识结果是由主体决定的

C. 认识具有主体差异性

D. 认识具有客观性

121. 主体和客体的关系，从根本上说是（   ）。

A. 认识关系和实践关系

B. 认识和被认识的关系

C. 改造与被改造的关系

D. 相互作用的关系

122. 正确理解主体与客体关系的关键在于（   ）。

A. 物质第一性的观点

B. 意识第一性的观点

C. 辩证的观点

D. 实践的观点

123. 马克思主义认为，主客体之间的价值关系是指（   ）。

A. 主体对客体的物质欲望和要求

B. 主体对客体的能动反映

C. 主体对客体的改造和变革的结果

D. 客体对于主体的有用性和效益性

124. 韩愈的《马说》论曰："世有伯乐，然后有千里马。千里马常有，而伯乐不常有。"这句论断在哲学上体现了主体和客体的（　　）。

A. 相互依存关系

B. 相互转化关系

C. 主体决定客体的关系

D. 客体决定主体的关系

125. "进行社会主义现代化建设必须尊重知识、尊重人才。"这一思想体现的辩证唯物主义认识论的原理是（　　）。

A. 理性认识依赖于感性认识

B. 理论来源于实践

C. 科学理论对实践有指导作用

D. 认识具有反复性、无限性、上升性

126. 我国选手刘翔在2004年奥运会上夺得男子110米栏冠军，为祖国和人民赢得了荣誉。但后来他也因此获得了高额的奖金和其他各种商业性收入。这说明（　　）。

A. 人的社会价值是体现为人的能力的大小

B. 人的社会价值是以自身的利益为归宿的

C. 人的社会价值就是通过其能力满足自己的需要

D. 人的社会价值与个人价值本质上是统一的

127. 奥古斯丁把全部社会历史说成是上帝信徒和魔鬼信徒之间斗争的历史，结局是上帝的信徒取胜，并在地上建立起永恒的王国，因此世俗统治者就是上帝在人间的代表。这一观点（　　）。

A. 真正理解和把握了社会历史的本质

B. 不能用实践的观点来看待社会

C. 把人类社会自然化

D. 正确认识了自然界与人类的关系

128. 人们认识世界的目的在于（　　）。

A. 发展个人的兴趣爱好

B. 实现对自身能力的改造

C. 满足人类的求知欲望

D. 实现对客观世界的改造

129. "没有理性，眼睛是最坏的见证人。"这句话强调的是（　　）。

A. 仅同事物的现象相符合的不一定是真相

B. 只要同事物的现象相符合的就是真理

C. 只要观察事物的外部联系就能获得真理

D. 只要观察事物的偶然联系就能获得真理

130. 恩格斯说:"人的智力是按照人如何学会改造自然界而发展的。"这说明（　　）。

A. 自然界是认识发展的动力

B. 实践是认识发展的动力

C. 人的认识具有主观能动性

D. 人具有认识自然的能力

131. 中国工程院院士袁隆平曾结合自己的科研经历,语重心长地对年轻人说:"书本知识虽然重要,电脑技术也很重要,但是书本电脑里面种不出水稻来,只有在田里才能种出水稻来。"这表明（　　）。

A. 实践是人类认识的基础和来源

B. 实践水平的提高有赖于认识水平的提高

C. 由实践到认识的第一次飞跃比认识到实践的第二次飞跃更重要

D. 理论对实践的指导作用没有正确与错误之分

132. 爱迪生在发明电灯之前做了两千多次实验,有个年轻的记者曾经问他为什么遭遇这么多次失败。爱迪生回答:"我一次都没有失败,我发明了电灯。这只是一段经历了两千步的历程。"爱迪生之所以说"我一次都没有失败",是因为他把每一次实验都看作（　　）。

A. 整个实践过程中的一部分

B. 对事物规律的正确反映

C. 认识中所获得的相对真理

D. 实践中可以忽略不计的偶然挫折

133. 恩格斯说:"鹰比人看得远得多,但是人的眼睛识别的东西远胜于鹰。狗比人具有锐敏得多的嗅觉,但是它连被人当作各种物的特定标志的不同气味的百分之一也辨别不出来。"人的感官的识别能力高于动物,除了人脑及感官发育得更完美之外,还因为（　　）。

A. 人不仅有感觉还有思维

B. 人不仅有理性还有非理性

C. 人不仅有直觉还有想象

D. 人不仅有生理机能还有心理活动

134. 毛泽东曾在不同的场合多次谈到,调查研究有两种方法:一是走马看花,一是下马看花。走马看花,不深入,还必须用第二种方法,就是下马看花,仔细看花,分析一朵花。毛泽东强调"下马看花"的实际意义在于（　　）。

A. 解决实际问题必须有先进理论的指导

B. 运用多种综合方法分析调查研究的材料

C. 马克思主义理论必须适合中国革命的具体实际

D. 只有全面深入地了解中国的实际,才能找出规律

135. 1978 年关于真理标准的大讨论是一场新的思想解放运动。实践之所以成为检验真理的唯一标准,是由（　　）。

A. 真理的主观性和实践的客观性所要求的

B. 真理的相对性和实践的绝对性所预设的

C. 真理的属性和实践的功能所规定的
D. 真理的本性和实践的特点所决定的

136. 在听完一位成功的企业家讲课后，一些来自企业的学员感到有些失望，便问他："你讲的那些内容我们也差不多知道，可为什么我们之间的差距会那么大呢?"这位企业家回答说："那是因为你们仅是知道，而我却做到了，这就是我们的差别。"这句话表明了实践高于理论认识，因为实践具有（　　）。

A. 普遍有效性
B. 客观规律性
C. 主体能动性
D. 直接现实性

二、多选题

1. 全面贯彻辩证唯物主义和历史唯物主义的思想路线，必须（　　）。

A. 把马克思主义作为永恒真理
B. 坚持一切从实际出发
C. 在实践中坚持真理和发展真理
D. 正确认识世界和改造世界

2. 马克思说："批判的武器当然不能代替武器的批判，物质的力量只能用物质力量来摧毁。但是理论一经群众掌握，也会变成物质力量。"该论断所包含的思想是（　　）。

A. 理论就是巨大的物质力量
B. 理论不能代替实践
C. 理论对实践具有指导作用
D. 理论只能解释世界，不能改造世界

3. 马克思主义哲学把实践纳入对物质的理解，实现了（　　）。

A. 唯物主义的自然观和历史观的统一
B. 唯物主义的本体论与能动的反映论的统一
C. 科学性与革命性的统一
D. 唯物论与辩证法的统一

4. 马克思主义认为，构成实践的是（　　）。

A. 实践主体
B. 实践客体
C. 实践手段
D. 实践过程

5. 实践的基本形式有（　　）。

A. 生产实践
B. 处理和变革社会关系的实践
C. 科学实验

D. 审美实践

6. 实践是人类的基本生存方式，这是因为（　　）。

A. 实践是人类赖以生存的前提

B. 实践创造了人的基本特征

C. 实践构成了人类的特殊的生命形式

D. 实践创造出了人之为人的一切特征

7. 实践是人与世界相互作用的中介，这是指通过实践活动（　　）。

A. 人与外部世界进行物质交换和精神交换

B. 使客体主体化

C. 主体把客体信息改造成主体需要的精神产品

D. 主体把信息进行思维加工，产生改造客体的目的计划和方法手段等实践观念

8. 马克思说："社会生活在本质上是实践的。"这一命题的主要含义是（　　）。

A. 实践是社会历史的客体

B. 实践是社会历史的主体

C. 实践构成了社会生活的现实基础

D. 实践是社会生活的本质内容

9. 实践是人的生存方式，是指（　　）。

A. 实践是人类生存和发展的基础

B. 在实践中形成人的本质和一切社会关系

C. 实践是人类特有的活动

D. 实践是一切生命的存在形式

10. 实践具有的基本特征是（　　）。

A. 直接现实性

B. 自觉能动性

C. 社会历史性

D. 客观性

11. 理性认识向实践飞跃的意义在于（　　）。

A. 理论接受实践的检验

B. 理论可以改变事物发展的总趋势

C. 理论可以指导实践

D. 理论在实践的发展中得到发展

12. 要正确实现从理性认识到实践的飞跃，必须做到（　　）。

A. 运用科学的思维方法对感性材料进行加工和创造

B. 把关于事物的认识与主体的需要结合起来，确定行动的目的和计划

C. 要从实际出发，坚持一般理论与具体实际相结合

D. 要使理论为群众所掌握，化为群众的自觉行动

13. 人们对一个复杂事物的认识，往往不是一次完成的，而是需要经过实践、认识、再实践、再认识的多次反复才能完成。这是因为（　　）。

A. 人们的认识受到客观事物发展过程的限制

B. 人们的认识受到一定社会历史条件的限制

C. 人们的认识受到科学技术水平和认识工具的限制

D. 人们一次性的认识往往是错误的认识

14. 人类对自然界的认识是一个长期的探索过程，在这个过程中，对自然界认识的深度和广度主要是与（　　）。

A. 社会实践水平相联系

B. 地理环境相联系

C. 科学技术水平相联系

D. 人口因素相联系

15. 一个正确的思想，往往需要经历由实践到认识、认识到实践的多次反复才能形成，这是因为（　　）。

A. 认识主体存在着自身的局限性

B. 事物的本质的暴露是一个过程

C. 人的认识受社会历史条件的限制

D. 认识是一个过程

16. 科学家对1994年夏发生的彗星撞击木星的天文现象进行了准确的预报和大量的观察研究，这一事实表明（　　）。

A. 世界是可以认识的

B. 人类已能预测一切自然现象

C. 人类对宇宙的认识正在不断深化

D. 人类对宇宙的认识是无止境的

17. 辨别一种认识是不是真理，就看（　　）。

A. 它是否有用

B. 它是否被公认

C. 它是否反映了事物的本质及其规律

D. 它是否经得起实践的检验

18. 真理的最根本特征在于（　　）。

A. 对客观事物的本质和规律的正确揭示

B. 思想与客观事物的本质和规律的一致性

C. 能满足人的需要，因而对人有用

D. 能够被大多数人所接受

19. 真理具有客观性，真理的客观性是指（　　）。

A. 真理是不依赖于意识的客观存在

B. 真理是不以人的意志为转移的客观规律

C. 真理中包含着不依赖于人的客观内容

D. 真理的检验标准是客观的社会实践

20. "是亦彼也，彼亦是也，彼亦一是非，此亦一是非"的观点是（　　）。

A. 相对主义真理观

B. 绝对主义真理观

C. 唯心主义真理观

D. 辩证唯物主义真理观

21. 真理具有相对性，真理的相对性是指（　　）。

A. 真理中都包含着错误成分，需要修正

B. 真理是对事物某些方面的正确反映，需要扩展

C. 真理是抽象的，需要与实践相结合

D. 真理是对事物一定程度近似正确的反映，需要深化

22. 列宁指出："没有抽象的真理，真理都是具体的。"这句话的含义是（　　）。

A. 真理是具体的、生动的、形象的

B. 真理的形成不需要进行抽象的概括

C. 真理不是抽象不变的公式

D. 真理有其适用的范围和条件

23. 关于真理的标准，下列说法属于唯心主义观点的有（　　）。

A. 多数人认为正确的就是真理

B. 有权人认为正确的就是真理

C. 能够满足人们需要的就是真理

D. 符合已被公认理论的就是真理

24. 下列说法中符合辩证唯物主义真理观的有（　　）。

A. 真理具有主观性，因而称之为"主观真理"

B. 真理具有客观性，因而称之为"客观真理"

C. 真理具有绝对性，因而称之为"绝对真理"

D. 真理具有相对性，因而称之为"相对真理"

25. 绝对真理和相对真理是辩证的统一，表现在（　　）。

A. 相对真理中包含着绝对真理的颗粒

B. 无数相对真理的总和构成绝对真理

C. 相对真理是向绝对真理转化的

D. 真理是一个由相对真理走向绝对真理的过程

26. 认识世界和改造世界是辩证的统一，表现在（　　）。

A. 认识的任务归根到底在于解释世界

B. 认识的任务不仅在于解释世界，更重要的在于改造世界

C. 要有效地改造世界，必须正确地认识世界

D. 认识和改造客观世界的过程也是认识和改造主观世界的过程

27. 尽管历史上罗马教廷把哥白尼的"日心说"当作"异端邪说"加以打击，但这既不能改变地球绕太阳运转的规律，也不能阻止人们接受"日心说"。这一事实说明（　　）。

A. 客观规律不以人的意志为转移

B. 人在客观规律面前无能为力

C. 规律是客观的

D. 真理中包含着不依赖于人的客观内容

28. 任何真理都是（   ）。

A. 客观内容和主观形式的统一

B. 绝对性和相对性的统一

C. 一元与多元的统一

D. 正确和错误的统一

29. 辩证唯物主义认识论认为（   ）。

A. 认识是对客观世界的反映

B. 世界是可以认识的

C. 认识的基础是实践

D. 认识是曲折反复的过程

30. 辩证唯物主义认为，认识是（   ）。

A. 主体对各种认识要素的建构

B. 主体对客体的能动的反映

C. 主体对客体信息的选择

D. 主体对客体信息的加工

31. 认识主体的属性有（   ）。

A. 生物性

B. 意识性

C. 社会性

D. 实践性

32.《韩非子·说林上》记载：一年春天，管仲跟随齐桓公去打仗，冬天返回时迷失了路。管仲说："老马之智可用也。"于是，他们让老马在前面走，军队在后面跟着，果然顺利地找到了返回的路。下列观点中正确的是（   ）。

A. 老马识途功能的客观实在性取决于人的发现

B. 正确认识老马识途的功能是解决迷路问题的关键

C. 用老马找到返回的路体现了人的意识活动的能动性

D. 老马之"智"与人之"智"归根到底都源于实践

33. 孙中山先生指出，认识过程是"以行而求知，因知以进行""行其所不知以致其所知""因其已知而更进于行"。这表明（   ）。

A. 知行相互促进

B. 行先知后

C. 知行不可分割

D. 知行合一

34. 下列属于中国传统哲学中唯心主义知行观的有（   ）。

A. 生而知之（孔子）

B. 不虑而知（孟子）

C. 不行而知（老子）

D. 不登高山，不知天之高也，不临深溪，不知地之厚也（荀子）

35. 马克思主义认为，认识的辩证过程是（　　）。

A. 从间接经验到直接经验的转化

B. 从抽象到具体再到抽象的上升运动

C. 实践——认识——实践的无限循环往复

D. 从相对真理到绝对真理的发展

36. 感觉是认识起点的观点（　　）。

A. 可以是可知论的观点，也可以是不可知论的观点

B. 可以是反映论的观点，也可以是先验论的观点

C. 可以是唯物主义的观点，也可以是唯心主义的观点

D. 可以是辩证唯物主义的观点，也可以是机械唯物主义的观点

37. 下列选项中，正确表述感性认识和理性认识关系的有（　　）。

A. 理性认识依赖于感性认识

B. 感性认识有待于发展到理性认识

C. 理性认识比感性认识真实可靠

D. 感性认识和理性认识相互渗透

38. 下列选项中属于感性认识和理性认识区别的有（　　）。

A. 感性认识反映事物的外部联系，理性认识反映事物的内部联系

B. 感性认识反映事物的各个片面，理性认识反映事物的整体

C. 感性认识包含着错误的认识成分，理性认识是正确的认识

D. 感性认识具有直接性和形象性，理性认识具有间接性和抽象性

39. "单凭观察所得的经验，是绝不能充分证明必然性的。这是如此正确，以至于不能从太阳总是在早晨升起来判断它明天会再升起。"恩格斯这段话的含义是（　　）。

A. 感性认识有待于上升为理性认识

B. 感性认识具有局限性

C. 事物的必然性与感性认识、经验性毫无关系

D. 归纳方法不是万能的

40. "感觉到了的东西，我们不能立刻理解它，只有理解了的东西，才能更深刻地感觉它。"这一观点说明（　　）。

A. 感性认识对于认识事物的本质没有任何帮助

B. 感性认识具有局限性，有待于上升为理性认识

C. 感性认识是认识的初级阶段，理性认识是认识的高级阶段

D. 感性认识和理性认识是相互依存和渗透的

41. "按图索骥"的错误在于（　　）。

A. 理论脱离实际

B. 经验论

C. 教条主义

D. 唯理论

42. "跟着感觉走"在本质上是（　　）。

A. 唯心主义经验论的观点

B. 唯物主义反映论的观点

C. 唯我主义观点

D. 反理性主义观点

43. 经验论的错误在于（　　）。

A. 否认世界是可以被认识的

B. 否认认识是一个过程

C. 否认感性认识依赖于理性认识

D. 否认感性认识有待于上升为理性认识

44. 教条主义是（　　）。

A. 片面夸大理论和书本知识的作用

B. 重视感性经验，重视实践

C. 一切从本本出发，把理论当成万古不变的教条

D. 认为只有理性认识是可靠的

45. 割裂感性认识和理性认识的统一会导致（　　）。

A. 唯理论

B. 诡辩论

C. 经验论

D. 反映论

46. 对于同一棵大树，在木匠眼中是木材，画家看到的是色彩和色调，植物学家看到的是它的形态特征，这是由于（　　）。

A. 人的感觉受理性指导

B. 理性认识是感性认识的基础

C. 已有的认识影响感觉活动

D. 意识建构认识对象

47. 从理性认识到实践的飞跃是一次更重要的飞跃，这是因为（　　）。

A. 实践是认识的来源

B. 实践是认识的目的

C. 实践需要理论的指导

D. 实践是检验认识真理性的标准

48. 关于"真理和谬误在一定条件下可以相互转化"命题含义的正确表述有（　　）。

A. 谬误不能转化为真理，真理可以转化为谬误

B. 真理超出自己的适用范围就会转化为谬误

C. 谬误回归自己的适用范围就转化为真理

D. 真理和谬误在同一范围内可以相互转化

49. 列宁说："只要再多走一小步，仿佛是向同一方向迈的一小步，真理便会变成错

误。"这说明（　　）。

A. 真理和谬误没有确定的界线

B. 真理和谬误的对立只有在非常有限的领域内才有绝对的意义

C. 真理和谬误在一定条件下可以转化

D. 沿着真理的方向继续前行会使真理变成谬误

50. 真理和谬误是（　　）。

A. 没有本质区别的

B. 相比较而存在的

C. 相斗争而发展的

D. 在一定条件下相互转化的

51. 实践是检验真理的唯一标准，在于（　　）。

A. 实践具有直接现实性的品格

B. 实践具有普遍性的特点

C. 实践是联系主观和客观的桥梁

D. 实践是主观见之于客观的活动

52. 十月革命胜利后，列宁指出："对俄国来说，根据书本争论社会主义纲领的时代已经过去了，我深信已经一去不复返了。今天只能根据经验来谈社会主义。"对这句话的理解正确的是（　　）。

A. 社会主义建设不需要任何纲领

B. 应该在实践中不断丰富发展社会主义理论

C. 必须由实践来检验社会主义理论

D. 对社会主义的认识应该由经验代替理论

53. 如果只看到实践标准的确定性、绝对性，否认实践标准的不确定性、相对性，就会导致（　　）。

A. 绝对主义

B. 相对主义

C. 教条主义

D. 不可知论

54. "实事求是"中包含着的哲学思想有（　　）。

A. 主观与客观的统一

B. 认识和实践的统一

C. 唯物主义和辩证法的统一

D. 尊重客观规律和发挥主观能动性的统一

55. 人类活动的两个基本原则是（　　）。

A. 真理原则

B. 价值原则

C. 效率原则

D. 公平原则

56. 价值的特性是（　　）。
A. 客观性
B. 主体性
C. 社会历史性
D. 多维性

57. 价值的客观性在于（　　）。
A. 真理的客观性决定了价值的客观性
B. 人的需要具有客观性
C. 满足人的需要的对象具有客观性
D. 满足人的需要的过程和结果具有客观性

58. 下列观点体现真理和价值的辩证关系的有（　　）。
A. 真理也是实践追求的价值目标之一
B. 遵循真理尺度就要按科学规律办事，遵循价值尺度就要满足人的需要
C. 价值的形成和实现以坚持真理为前提，真理又必然是具有价值的
D. 实现价值是人们追求真理的目的，价值追求引导人们去探索真理

59. 真理原则和价值原则的区别是（　　）。
A. 真理原则侧重于主观性，价值原则侧重于主体性
B. 真理原则侧重于客体性，价值原则侧重于主体性
C. 真理原则表明人的活动的客观制约性，价值原则表明人的活动的目的性
D. 真理原则体现了人的活动中的统一性，价值原则体现了社会活动中的多样性

60. 下列观点正确反映了真理和价值关系的有（　　）。
A. 追求真理和创造价值是人类两项既相互联系又相互区别的基本活动
B. 真理与价值相互贯通，互为前提
C. 真理与价值在发展中相互引导
D. 实践是真理和价值共同的检验标准

61. 真理和价值的对立统一关系表现在（　　）。
A. 实践是检验真理和价值的共同标准
B. 实践与价值在实践和认识活动中是相互制约、相互引导、相互促进的
C. 真理原则侧重于客体性、条件性、统一性，价值原则侧重于主体性、目的性、多样化
D. 价值的形成和实现以坚持真理为前提，而真理又必然是具有价值的

62. 实践的中介系统包括（　　）。
A. 人的肢体延长、体能放大的工具系统
B. 人的感官和大脑延伸、智力放大的工具系统
C. 进入主体认识和实践范围的各种物质系统
D. 主体实践和认识活动指向的对象

63. 马克思主义认识论认为，认识的主体与客体之间的关系包括（　　）。
A. 实践关系

B. 认识关系

C. 价值关系

D. 主从关系

64. 主体与客体相互作用的过程包括以下哪些环节？（　　）

A. 确定实践目的和实践方案

B. 通过一定的实践手段，把实践方案变成实际的实践活动

C. 通过反馈和调节，使实践目的、手段和结果按一定方向运行

D. 通过改造主观世界而支配客观世界的运行

65. 马克思主义认识论与唯心主义认识论的区别在于是否承认（　　）。

A. 世界的可知性

B. 客观事物是认识的对象

C. 认识发展的辩证过程

D. 社会实践是认识的基础

66. 为了摆脱贫困，巴村炼过铁、办过化肥厂，但经济状况并没有好转，环境污染问题却日益严重。该村吸取教训，改变思路，在茶叶专家的帮助下，根据当地自然资源禀赋，带领村民种茶，形成茶叶种植、加工、销售的整体发展格局，实现了"百姓富、生态美"。该村的转型发展表明（　　）。

A. 成功的实践是基于对事物的本质和规律的把握

B. 失败与成功相互渗透和转化，没有明确的界限

C. 善于总结经验教训是实践取得成功的重要条件

D. 通过实践总能把观念中的东西变成现实的东西

67. 马克思主义认识论区别于旧唯物主义认识论的显著特点有（　　）。

A. 把可知论引入认识论

B. 把唯物主义引入认识论

C. 把科学的实践观引入认识论

D. 把辩证法应用于认识论

68. 信息科学在高速发展，但信息安全举步维艰，量子通信是迄今唯一被严格证明为无条件安全的通信方式。十多年来潘建伟团队一直在为此努力并取得重大突破，已经为60周年国庆阅兵等国家重要政治活动提供了信息安全保障。材料说明（　　）。

A. 实践是一种直接现实性活动

B. 真理是具体的有条件的

C. 实践是有目的有意识的活动

D. 真理的内容和形式具有客观性

69. 认识是主体对客体能动的反映，是摹写与创造的统一，把二者割裂开来会导致（　　）。

A. 唯心主义认识论

B. 直观被动的反映论

C. 经验论

D. 唯理论

70. 习近平强调，要从推动科学决策、民主决策，推进国家治理体系和治理能力现代化，增强国家软实力的战略高度，把中国特色新型智库建设作为一项重大而紧迫的任务切实抓好。重视智库建设的认识论依据是（　　）。

　A. 脑力劳动者的认识活动越来越具有直接现实性

　B. 任何具体的认识主体总是具有自身的局限性

　C. 不同认识主体相互取长补短有利于发现真理

　D. 得到不同认识主体认同的知识才具有真理性

71. 实践是认识发展的动力，主要表现在（　　）。

　A. 实践不断给人们提出新的认识课题

　B. 实践不断为人们认识的发展提供经验材料

　C. 实践不断为人们提供新的认识工具

　D. 实践不断提高人们的认识能力

72. 实践对认识的决定作用表现在（　　）。

　A. 实践提出了认识的课题

　B. 实践创造出必要的物质条件和手段，使认识成为可能

　C. 实践是认识的唯一来源

　D. 实践是检验认识真理性的唯一标准

73. 下列观点中包含实践对认识的决定作用原理的是（　　）。

　A. 没有调查，就没有发言权

　B. 百闻不如一见，百见不如一干

　C. 不登高山，不知天之高也；不临深溪，不知地之厚也

　D. 机遇偏爱有准备的头脑

74. 下列说法正确的有（　　）。

　A. 真理是具体的，就是说真理是多变的

　B. 价值是抽象的，就是说价值是多维的

　C. 主体结构和规定的复杂性导致主体的价值关系的全面性、多维性

　D. 真理的具体性是说真理有其适用的具体范围和条件

75. 马克思主义坚持认识和实践、主观和客观的具体的历史的统一，是因为（　　）。

　A. 真理都是具体的，没有抽象的真理

　B. 超越历史时代的永恒的真理是不存在的

　C. 对真理必须采取相对主义的态度

　D. 实践是不断变化的，因而任何真理都具有相对性

76. 价值评价的特点是（　　）。

　A. 价值评价是以主客体的价值关系为认识对象的

　B. 价值评价结果与评价主体有直接关系

　C. 价值评价结果的正确与否不依赖于相关的知识性认识

　D. 价值评价结果的正确与否依赖于相关的知识性认识

77. 生物学史可说是显微镜的发展史。17世界中叶，英国科学家使用诞生不久的显微镜观察软木塞，发现了植物细胞。开启了近现代生物学的内门。此后，显微镜的放大能力和成像质量不断提升，人类对细胞的认知也随之深刻和全面。20世纪中叶，科学家们利用X射线晶体学发现了DNA（双螺旋结构），人类的观察极限从亚细胞结构推向了分子结构。我国科学家们的重要科研成果：剪接体的高分辨三维结构的背后，也站着一个默默无闻的英雄——冷冻电子显微镜。显微镜在生物科学发现中的作用表明（   ）。

   A. 探索未知世界的科学实验是人类最基本的实践活动
   B. 实践的主体和客体正是依靠中介系统才能够相互作用
   C. 人类认识水平的提高与实践条件的进步有直接的关系
   D. 主体、客体和中介三者有机统一构成实践的基本结构

78. 显微摄影是一门使用照相机拍摄显微镜下一般用肉眼无法看清的标本的技术。肉眼中千篇一律的细沙，在显微镜下，却是"一沙一世界"。有的晶莹剔透像宝石，有的金黄酥脆像饼干。即使是司空见惯的柴米油盐，在显微镜下也会展现神奇而充满魅力的另一面。显微镜下的"一沙一世界"表明（   ）。

   A. 任何事物都具有无限多样的属性
   B. 事物的本质随着人们认识的变化而改变
   C. 人们可以通过制造和使用工具日益深化对客观世界的认识
   D. 人们能够通过对个别事物的认识而达到对世界整体的把握

79. 1971年迪士尼乐园的路径设计获得了"世界最佳设计"奖，设计师格罗培斯格却说："其实那不是我的设计。"原因是在迪士尼乐园主题工程完后，格罗培斯格暂停修筑乐园里的道路，并在空地上撒上草种，五个月后，乐园里绿草茵茵，草地上被游客走出了不少宽窄不一的小路，格罗培斯格根据这些行人踏出来的小路铺设了人行道，成了"优雅自然、简捷便利、个性突出"的优秀设计，格罗培斯格的设计智慧对我们的认识和实践活动的启示是（   ）。

   A. 要从生活实践中获取灵感
   B. 要尊重群众的实际需求
   C. 不要对自然事物作任何改变
   D. 要对事物的本来面目做直观反应

80. 19世纪英国作家惠兹里特说："一个除了书本以外一无所知的纯粹学者，必然对书本也是无知的。"与这句话在内涵上相一致的名言还有（   ）。

   A. 纸上得来终觉浅，绝知此事要躬行
   B. 尽信书，则不如无书
   C. 感觉到了的东西我们不能立刻理解它，只有理解了的东西才能更深刻地感觉它
   D. 饱经风霜的老人与缺乏阅历的少年对同一句格言的理解是不同的

81. 马克思主义哲学中的辩证法、认识论、历史观在本质上是一致的，体现这种一致性的公式有（   ）。

   A. 个别——一般——个别
   B. 实践——认识——实践

C. 群众——领导——群众
D. 团结——批评——团结

三、判断题

1. 辩证唯物主义认为，真理是标志主观和客观相符合的范畴。（ ）
2. 在感性认识和理性认识的关系上，唯理论的错误在于把感性认识和理性认识等同起来。（ ）
3. 认识的客体就是客观存在的事物。（ ）
4. "谬误在一定的条件下可以转化为真理。"这是相对主义的观点。（ ）
5. "彼亦一是非，此亦一是非"是对客观真理的否定。（ ）
6. 马克思主义并没有结束真理。（ ）
7. "真理没有阶级性"是指认识是不是真理与持有者的阶级立场无关。（ ）
8. 凡是亲眼所见，亲耳所听都是直接经验，是对客观事物本质的真实反映。（ ）
9. 认识是一个不断反复和无限发展的过程。（ ）
10. 就真理的发展过程以及人们对它的认识和掌握程度来说，我们可以将所有真理划分为绝对性的真理和相对性的真理两种。（ ）
11. 一切唯物论在认识论上都坚持认识是主体对客体的能动反映。（ ）
12. 辩证唯物主义认识论认为，客体是客观存在的一切事物。（ ）
13. 真理的首要的基本的属性是真理的客观性。（ ）
14. 检验认识的真理性就是检验认识和理论是否一致。（ ）
15. "从物到感觉和思想"与"从思想和感觉到物"是可知论和不可知论的对立。（ ）
16. 马克思主义之前的一切认识论是非科学的根本原因是，否认物质第一性、意识第二性。（ ）
17. 群体意识不能离开个人意识而独立存在。（ ）
18. 一些古代的优秀艺术作品之所以能流传到现在，是因为艺术是超阶级的和超社会的。（ ）
19. 道德是平等的象征。（ ）
20. 宗教是自然压迫和社会压迫的产物。（ ）
21. 认识的真正任务在于获得感性经验。（ ）
22. 割裂感性认识与理性认识会犯经验主义的错误，但可以避免犯教条主义的错误。（ ）
23. 古希腊哲学家说："没有理性，眼睛就是最坏的见证人。"（ ）
24. 错误思想是对客观存在的反映。（ ）
25. 人的思维是至上的，又是非至上的。（ ）
26. 思想本身不能实现什么东西，为了实现思想，就必须通过有实践力量的人。（ ）

27. 实践标准的不确定性是由于不同的人、不同的阶级各有不同的实践标准。（ ）

四、辨析题

1. 主体和客体就是主观和客观。
2. 古希腊哲学家说："没有理性，眼睛就是最坏的见证人。"
3. 认识的真正任务在于获得感性经验。
4. 凡是亲眼所见，亲耳所听都是直接经验，是对客观事物本质的真实反映。
5. 认识是一个不断反复和无限发展的过程。
6. 马克思主义并没有结束真理。

五、简答题

1. 蚂蚁能看见我们看不见的光线，但我们能证明蚂蚁看见而我们看不见的东西，且这种证明只能以人眼睛所造成的知觉为基础，这就说明人眼的特殊构造不是人的认识的绝对界限。结合以上事实说明实践对认识的决定作用。
2. 互联网既可用来传播先进文化与观念，也可用来散布文化垃圾。运用实践和认识相互关系的原理，分析互联网对人们思想观念发生了哪些影响？当代大学生对互联网的发展应树立怎样的价值观？
3. "每一种事物好像都包含有自己的反面。我们的一切发现和进步，似乎结果是使物质力量成为有智慧的生命，而人的生命则化为愚钝的物质力量。"结合马克思的论述，谈谈如何理解哲学上的价值和价值评价的含义？
4. 为什么说实践是检验认识真理性的唯一标准？
5. 如何理解真理与价值、科学精神与人文精神的辩证统一关系？
6. 如何看待感性认识和理性认识的相互关系？
7. 简述实践与认识的辩证关系。
8. 如何理解认识运动是一个不断反复和无限发展的过程？

六、论述题

1. 试用辩证唯物主义认识论的认识和实践的辩证关系，说明大学生为什么一方面要参加社会实践，一方面要学习理论知识？
2. 用理论与实践关系的原理，说明树立和落实科学发展观对社会主义建设的重要意义。
3. 结合认识辩证发展的过程谈谈对社会主义进行再认识的必要性。
4. 用理论和实践的关系原理，说明学习邓小平理论对社会主义现代化建设的重要意义。
5. 用真理的绝对性和相对性辩证统一的原理，说明对马克思主义应持的正确态度。

七、材料分析题

1. 结合材料回答问题。

【材料1】

今者臣来，见人于太行，方北面而持其驾，告臣曰："我欲之楚。"臣曰："君之楚，将奚为北面？"曰："吾马良。"臣曰："马虽良，此非楚之路也。"

曰："吾用多。"臣曰："用虽多，此非楚之路也。"曰："吾御者善。"此者愈善，而离楚愈远耳。

【材料2】

有过于江上者，见人方引婴儿而欲投之江中，婴儿啼。人问其故，曰："此其父善游。"其父虽善游，其子岂遽善游哉？此任物亦必悖矣！

请回答："南辕北辙"和"引婴投江"犯了认识论上的什么错误？

2. 结合材料回答问题。

【材料1】

恩格斯指出："就一切可能看来，我们还差不多处在人类历史的开端，而将来纠正我们错误的后代，大概比我们可能经常以极为轻视的态度纠正其认识错误的前代要多得多。"他进一步指出："科学史就是把这种谬误逐渐消除或者改为新的、但终归是比较不荒诞谬误的历史。"

【材料2】

波普尔在《科学知识进化论》一书中说道："衡量一种理论的科学地位是它的可证伪性或可反驳性。"

"我所想到的科学知识增长并不是指观察的积累，而是指不断推翻一种科学理论，由另一种更好的或者更合乎要求的理论取而代之。"

"科学史也像人类思想史一样，只不过是一些靠不住的梦幻史、顽固不化史、错误史。但科学却是这样一种少有的、也许是唯一的人类活动，有了错误可以系统加以批判，并且还往往可以及时改正。"

【材料3】

正当相对论得到普遍称誉时，爱因斯坦却冷静地说："如果引力势场不能使光谱线向红端位移，广义相对论就站不住脚。""从它推出的许多结论中，只要有一个被证明是错误的，它就必然被抛弃。"请回答：

（1）上述材料对科学理论发展问题的共同观点是什么？

（2）恩格斯与波普尔对科学的发展有什么不同认识？

（3）简述波普尔"衡量一种理论的科学地位是它的可证伪性"的观点。

3. 结合材料回答问题。

2016年3月，世界围棋冠军李世石与谷歌围棋人工智能程序AlphaGo（阿尔法围棋）的人机大战吸引了全世界的目光。AlphaGo最终以4∶1击败李世石，此次AlphaGo的胜利被业界认为是人工智能发展史上的一个重要的里程碑。

人工智能一般被认为是通过模拟、延伸和扩展人类智能，产生具有类人智能的计算系统。经过半个多世纪的努力，人类在人工智能技术的诸多领域取得了一连串重要突破。1968年，斯坦福大学的计算机科学家设计出了第一个专家系统；1982年，加州理工学院物理学家提出了新的神经网络模型；1997年，IBM"深蓝"电脑战胜国际象棋世界冠军卡斯帕罗夫；2011年，IBM超级计算机"沃森"在美国电视答题节目中战胜两位人类冠军；2013年，机器在人脸识别上超过人类；仅一年后，机器人在物体识别上也获胜……未来人工智能继续超越人类的可能性很高。

在人工智能应用前景充满无限可能的情况下，其潜在风险也引发了广泛讨论。2016年2月，在美国加州发生了一起无人驾驶汽车因躲避路上障碍物而撞上公交车的交通事故，这凸显出人工智能设备在应对人类社会各种场景时面临的挑战。人们还担心人工智能技术成熟后的问题，比如将机器人用于战争是否会带来像核武器一样的后果。

有学者表示，人机对弈是人类思考自身作用的契机，人工智能的目的是帮助人类，创造出比李世石更优秀的棋手应该是人类的胜利。也有学者认为，在面对复杂的伦理问题时，人工智能技术可能会陷入不可预知的选择困境。著名物理学家霍金也发出警告："我不认为人工智能的进步一定会是良性的。"

德国人工智能研究所柏林分所所长汉斯·乌斯克莱特强调说，人工智能的研究方向不是要取代人类，而是要与人类互补，增强人类的能力。人工智能不会取代人类，因为只有人类才具有创造力和目标，而机器只关注如何解决眼前遇到的问题。要让人工智能避免犯下道德层面的错误，关键在于人类自己。在美国《连线》杂志创始主编凯文·凯利看来，每个发明都不可避免地带来新问题，但同时也会带来新的解决方案。解决这些问题的方式不是减少技术的使用，而是通过改进技术来提供解决方案。他认为，即使新的科技发明带来的49%是问题，但它首先带来了51%的好处。这正是人类进步的动力。

从这个意义上讲，"阿尔法围棋"和李世石无论谁胜谁败，人类都是最后的赢家。总之，用好人工智能，关键还在人类自身。

摘自《人民日报》（2016年4月12日）、《参考消息》（2016年6月30日）

请回答：

（1）从真理和价值辩证关系的视角看，为什么人们对人工智能技术会产生多种多样的看法和评价？

（2）如何理解"用好人工智能，关键还在人类自身"？

4. 结合材料回答问题。

【材料1】

要着力服务全面建成小康社会、全面深化改革、全面依法治国、全面从严治党的战略布局。"四个全面"的战略布局是从我国发展现实需要中得出来的，从人民群众的热切期待中得出来的，也是为推动解决我们面临的突出矛盾和问题提出来的。

摘自习近平：《同党外人士共迎新春时的讲话》（2015年2月11日）

【材料2】

辩证唯物主义是中国共产党人的世界观和方法论，我们党要团结带领人民协调推进全面建设小康社会、全面深化改革、全面依法治国、全面从严治党，实现"两个一百年"奋斗目标，实现中华民族伟大复兴的中国梦，必须不断接受马克思主义哲学智慧的滋养，更加自觉地坚持和运用辩证唯物主义世界观和方法论，增强辩证思维、战略思维能力，努力提高解决我国改革发展基本问题的本领。

摘自习近平《在十八届中央政治局第二十次集体学习时的讲话》（2015年1月23日）

【材料3】

全面建成小康社会是党的十八大提出来的，它是从党的十六大、十七大全面建成小康社会目标任务的基础上发展而来。它们之间虽有一字之差，但内涵却发生了深刻的变化，外延大大拓展了。全面建设小康社会是正在进行时，全面建成小康社会则是将来完成时，全面深化改革是党的十八届三中全会所确定的主题，是三中全会对我国改革作出的战略部署。全面依法治国是党的十八届四中全会所确定的主题，是四中全会对我国依法建设提出的战略任务。全面从严治党是在党的群众路线教育实践活动总结大会上，习近平总书记对教育实践活动以及对党的十八大以来党风廉政建设和反腐败斗争、党的各项工作所取得的成效、获得的经验、形成的成果进行的概括和总结，又是对今后党的建设进一步提出的新要求。"四个全面"则是重大的战略布局，也是治国理政的重要战略思想。从哲学的高度来讲，"四个全面"是一个过程，不仅是因为它的提出和形成是一个过程，而且它的协调推进也将是一个过程。

摘自《光明日报》（2015年4月1日）

请回答：

（1）从认识的本质及其发展规律的视角，分析为什么"四个全面"是一个过程？

（2）"四个全面"的重要战略思想体现了怎样的辩证思维？

（3）上述两例对我们增强创新意识有何启示？

5. 结合材料回答问题。

【材料1】

小学老师雷夫·艾斯奎斯在其所著的热门教育畅销书《第56号教室的奇迹》中讲过这样一个故事：

一位从事特殊教育的优秀教师获得了一个宝贵的签名球，上面有美国著名棒球队——红袜队1967年全体队员的签名，这些球员都是他的偶像，对这样一个签名球，这位教师别提有多珍爱了。当年幼的儿子找他一起玩球时，他理所当然地警告儿子：绝对不能拿签名球来玩。儿子问他理由，他觉得儿子还太小，对球队和球员一无所知，说多了，儿子也不会明白。于是，他没有解释原委，只对儿子说，不能用那颗球，是因为"球上写满了字"。

过了几天，儿子又找他一起玩球，当老爸再次提醒儿子不要拿写满字的球来玩时，小男孩满不在乎说："我已经把问题解决了。"爸爸问怎么回事，儿子说："我把球上所有的字都擦掉了。"老爸气得想痛打儿子，但他转念一想，觉得儿子根本没有做错事，因为自己并没有告诉儿子上面的字有什么意义。从那天起，他无论去什么地方，都带着那颗空白的签名球。这颗球提醒他，不管是教导学生还是子女，一定要时时从孩子的角度看事情。

不论是家长还是教师，常常用成人的眼光看待孩子，用成人的思维理解孩子，用成人的标准要求孩子。岂不知，从孩子的角度看事情，用孩子的眼睛看世界，正是儿童教育应当遵循的基本规律。

摘自《人民日报》（2012年3月16日）

【材料2】

某大学一研究生凭借着设计"醒目药瓶"，摘得了素有"设计界奥斯卡"美誉的2011年度"国际红点奖"概念设计类奖。

在他提供的设计图上，常见的塑料瓶盖的顶上一圈，变身为一块圆圆的玻璃。"这是一面凹凸镜，有放大的功能。"他解释说，有了这个药瓶盖，老年人不需要带上老花镜来区别药的类别、服用量等。他的灵感来源于生活中对中老年人群体的关注。有一天，有位老人要吃药，可是药瓶上的字太小了，原本挂在脖子上的老花镜不见了，急得这位老人团团转。就这样，该同学很长一段时间沉浸在老人世界中，突然有一天灵感迸发，想到"醒目药瓶"这个点子。

有了灵感后，从设计到写英文翻译说明，再到制作动画，一共才三天时间。也许有人要问，这样的设计看上去很简单，为什么能拿"国际红点奖"呢？他坦言，设计很简单，关键在于设计前把自己想象成老人，这一设计胜在实用。按照测算，不会给药品本身带来额外的成本，推广起来很容易，实用方便。"希望将来这款设计能推向市场，让更多的人得到帮助。"

这位研究生说他没有想当名人的"野心"。只期望能从生活中的小处入手，用自己的设计改变生活，让生活更加美好。正如"红点"主席Peter Zec博士在颁奖晚会上说的那样：从同学们优秀的设计中，他高兴地看到的是他们所描绘的未来更加美好的世界。

摘自《扬州晚报》（2012年3月17日）

请回答：

（1）分析"用孩子的眼睛看世界"和"设计前把自己想象成老人"两个事例所体现的认识主体的能动作用。

（2）"用自己的设计改变生活，让生活更美好"对我们从事实践活动有何意义？

6. 结合材料回答问题。

早年，梅兰芳与人合演《断桥》，也就是《白蛇传》，剧情是白娘子和许仙两个人悲欢离合的爱情故事，梅兰芳在剧中饰演白娘子。剧中，白娘子有一个动作就是面对负心的丈夫许仙追赶、跪在地上哀求她的时候，她爱恨交加、五味杂陈，就用一根手指头去戳许仙的脑门儿，不想，梅兰芳用力过大，跪在那里扮演许仙的演员毫无防备地向后仰去。这是剧情里没有设计的动作，可能是梅兰芳入戏太深，把对许仙的恨全都聚集在了手指头上，才造成了这样的失误。眼见许仙就要倒地，怎么办？梅兰芳下意识地用双手去扶许仙。许仙是被扶住了，没有倒下。可梅兰芳马上意识到，我是白娘子，他是负心郎许仙，我去扶他不合常理，这戏不是演砸了吗？大师到底是大师，梅兰芳随机应变，在扶住他的同时，又轻轻地推了他一下。所以，剧情就由原来的一戳变成了一戳、一扶和一推，更淋漓尽致地表现出了白娘子对许仙爱恨交织的复杂心情。这个动作，把险些造成舞台事故的错误演得出神入化，得到了大家的认可。从此，在以后的演出中，梅兰芳就沿用了这个动作，而且，其他剧种也都移植采用了这个动作处理，这个动作成了经典之作。

由此可见，不仅在舞台上，在各行各业，在各个岗位，在工作中，在生活中，无论是大师还是普通人，失误和错误都是难免的，关键是出现失误和错误以后怎么去对待，怎么去处理。处理不当，会酿成事故，导致全盘失败；处理得当，能败中取胜，化腐朽为神奇。

请回答：

（1）为什么"无论是大师还是普通人，失误和错误都是难免的"？

（2）梅兰芳为什么能"把险些造成舞台事故的错误"变为成功的"经典之作"？

（3）当我们在认识和实践活动中出现错误或失败时，该怎样对待和处理？

7．阅读以下材料：

【材料1】

对于在职干部和干部学校的教育，应确立以研究中国革命实际问题为中心，以马克思列宁主义基本原则为指导的方针，废除静止地孤立地研究马克思列宁主义的方法。研究马克思列宁主义……是一百年来全世界共产主义运动的最高的综合和总结。

摘自《毛泽东选集》第三卷第 802 页

【材料2】

我们改革开放的成功，不是靠本本，而是靠实践，靠实事求是……农村搞改革中的好多东西，都是基层创造出来的，我们把它加工提高作为全国的指导。实践是检验真理的唯一标准。我读的书并不多，就是一条，相信毛主席讲的实事求是。

摘自《邓小平文选》第三卷第 382 页

【材料3】

实际生活总是在不停地变动中，这种变动的剧烈和深刻，近一百多年来达到了前人难以想象的程度。因此，马克思主义必定随着时代、实践和科学的发展而不断发展，不可能一成不变。对待马克思主义，有个学风问题：究竟是从本本出发，还是用马克思主义的立场观点方法来研究和解决中国的现实问题。

摘自江泽民《在中国共产党第十五次全国代表大会上的报告》第三部分

请回答：

（1）贯串于三个材料之中的主要思想是什么？

（2）根据材料1回答毛泽东是从什么角度提出必须废除静止地孤立地研究马克思列宁主义的方法的？

（3）根据材料2、材料3回答马克思主义提倡怎样的学风？

第三章

人类社会及其发展规律

一、单选题

1. 全部人类社会关系中，最基础的关系是（ ）。
   A. 血缘亲族关系
   B. 社会生产关系
   C. 政治思想关系
   D. 阶级压迫关系
2. 地理环境在社会发展中的作用主要通过（ ）。
   A. 对人的心理素质的影响才能实现
   B. 对人的生理结构的影响才能实现
   C. 对生产过程的影响才能实现
   D. 对民族气质的影响才能实现
3. 最有利于社会发展的人口状况是（ ）。
   A. 人口多、密度大
   B. 人口少、密度小
   C. 人口不增也不减
   D. 与物质的生产相适应
4. 人类社会发展的一般规律是（ ）。
   A. 生产方式内部的矛盾规律
   B. 生产力和生产关系、经济基础和上层建筑之间的矛盾运动规律
   C. 社会存在和社会意识的矛盾规律
   D. 物质生产和精神生产的矛盾规律
5. "在共同生活和共同劳动中，需要有一个为公共利益服务的机构，这就是国家。国家

的目的是利用社会力量去谋求社会的福利。"这段话（　　）。

  A. 指明了国家对内职能和对外职能的界限

  B. 抹杀了国家的阶级本质

  C. 指明了国家的社会职能

  D. 指明了国家是具有强制力的机构

6. 民主共和制既在资本主义国家实行，也在社会主义国家实行，在历史上的古希腊、古罗马奴隶制国家也实行过。这种情况表明（　　）。

  A. 政体独立于国体

  B. 政体不具有阶级性

  C. 政体决定国体

  D. 政体和国体既有联系又有区别

7. 奥古斯丁把全部社会历史说成是上帝信徒和魔鬼信徒之间斗争的历史，结局是上帝的信徒取胜，并在地上建立起永恒的王国，因此世俗统治者就是上帝在人间的代表。这一观点（　　）。

  A. 真正理解和把握了社会历史的本质

  B. 不能用实践的观点来看待社会

  C. 把人类社会自然化

  D. 正确认识了自然界与人类的关系

8. 马克思主义产生以前，长期占统治地位的历史观是（　　）。

  A. 唯物史观

  B. 唯心史观

  C. 激变论

  D. 庸俗进化论

9. 生产资料是指（　　）。

  A. 劳动资料与劳动工具之和

  B. 劳动资料与劳动对象之和

  C. 劳动对象与生产工具之和

  D. 劳动对象与劳动工具之和

10. 资产阶级意识形态的核心是（　　）。

  A. 文学、艺术和宗教

  B. 道德、伦理

  C. 政治思想和法律思想

  D. 哲学、历史

11. 在马克思主义哲学产生以前不曾存在（　　）。

  A. 唯物主义和唯心主义的斗争

  B. 唯物史观和唯心史观的斗争

  C. 辩证法和形而上学的斗争

  D. 可知论和不可知论的斗争

12. "旧唯物主义是半截子的唯物主义",这是指（　　）。

　A. 旧唯物主义是形而上学的唯物主义

　B. 旧唯物主义在社会历史观上是唯心主义

　C. 旧唯物主义是机械唯物主义

　D. 旧唯物主义是割裂了运动与静止的辩证法

13. 在社会发展中起决定作用的因素是（　　）。

　A. 地理环境的优劣

　B. 人口增长的快慢

　C. 社会风气的好坏

　D. 物质生活的生产方式

14. 理解整个人类发展史的钥匙是（　　）。

　A. 阶级斗争发展史

　B. 生产劳动发展史

　C. 宗教信仰变迁史

　D. 政治制度演变史

15. 历史唯物主义的生产力范畴是标志人类（　　）。

　A. 认识和改造主观世界与客观世界的能力的范畴

　B. 改造旧的社会制度、创立新的社会制度的能力的范畴

　C. 利用、改造自然，从自然获取物质资料能力的范畴

　D. 进行政治斗争、生产斗争和科学实验能力的范畴

16. "生产力标准"的哲学依据是（　　）。

　A. 生产方式是社会发展决定力量的原理

　B. 生产力是社会发展最终决定力量的原理

　C. 社会存在决定社会意识的原理

　D. 人民群众是创造历史的决定力量的原理

17. 生产关系包括多项内容，其中起决定作用的是（　　）。

　A. 劳动者的分工形式

　B. 生产资料所有制形式

　C. 产品的分配方式

　D. 商品的交换方式

18. 国家的本质是（　　）。

　A. 管理社会各项事业

　B. 保卫社会秩序的安定

　C. 保卫国家领土主权的完整

　D. 统治阶级压迫被统治阶级的工具

19. 社会意识是（　　）。

　A. 社会的精神生活过程

　B. 社会的政治生活过程

C. 人类改造自然的过程

D. 人类改造社会的过程

20. 下列各组社会意识诸形式中，全部属于非意识形态范围的是（　　）。

A. 政治思想、语言学、道德

B. 技术科学、语言学、哲学

C. 自然科学、逻辑学、语言学

D. 法律思想、逻辑学、宗教

21. 下列各组社会意识诸形式中，全部属于意识形态范围的是（　　）。

A. 自然科学、道德、宗教

B. 法律思想、逻辑学、宗教

C. 政治思想、艺术、语言学

D. 法律思想、哲学、宗教

22. 先进的社会意识之所以能对社会的发展起促进作用，是由于（　　）。

A. 它正确地反映了社会发展规律

B. 它是社会存在的反映

C. 它具有相对独立性

D. 它具有历史继承性

23. 错误的社会意识之所以错误，主要是由于（　　）。

A. 它纯粹是主观臆想，其内容与社会存在无关

B. 它落后于客观实际，不适合时代发展的需要

C. 它脱离多数人的觉悟程度，不能被多数人接受

D. 它是对社会存在的虚幻的、歪曲的反映

24. 一定的上层建筑由两部分构成，即（　　）。

A. 政治法律制度和设施

B. 军队警察等武装力量和政府组织部门

C. 经济制度和政治制度

D. 政治上层建筑和思想上层建筑

25. 党的十一届三中全会以来，由于党的路线、方针、政策的正确，我国经济得到迅速发展，这说明（　　）。

A. 上层建筑对经济基础有能动反作用

B. 上层建筑的进步可以决定经济基础发展的根本方向

C. 经济基础发展的总趋势是由上层建筑决定的

D. 经济发展规律是可以改变的

26. 社会主义上层建筑先于它的经济基础而产生（　　）。

A. 这是上层建筑和经济基础辩证发展规律的特殊表现

B. 这表明上层建筑和经济基础的辩证发展规律不适用于社会主义社会

C. 这表明社会主义经济基础是由上层建筑决定的

D. 这表明社会主义经济基础和上层建筑是相互决定的

27. 作为上层建筑的社会意识形式包括（ ）。

A. 个人意识和群体意识

B. 社会心理

C. 自然科学、语言学和普通逻辑学等

D. 政治法律思想、文艺、道德、宗教、哲学等各种服务于统治阶级的思想体系

28. 经济基础决定上层建筑，就是说（ ）。

A. 一切社会的上层建筑都要在它的经济基础建立之后才能产生

B. 一切社会的上层建筑都根源于经济基础

C. 一切社会的上层建筑的变化都是同经济基础变化同步的

D. 社会中一切经济基础成分都决定着社会的上层建筑的性质

29. 上层建筑反作用的性质取决于（ ）。

A. 它是否适应自己的经济基础

B. 社会意识的性质

C. 它所服务的经济基础的性质

D. 国家政权的性质

30. 上层建筑对经济基础的反作用集中表现为（ ）。

A. 对社会生活、经济生活的控制

B. 保护自己的经济基础，排除异己

C. 既可以促进也可以阻碍经济基础的发展

D. 为自己的经济基础服务

31. 阶级作为一种社会现象，首先是一个（ ）。

A. 政治范畴

B. 经济范畴

C. 思想范畴

D. 文化范畴

32. 划分阶级的根本标志是（ ）。

A. 人们的政治态度和立场

B. 分配的多少

C. 对生产资料的占有关系不同所造成的不同经济地位

D. 人们在生产过程中所起的不同作用

33. 严格意义上的社会革命是指（ ）。

A. 思想、文化、技术领域的重大变革

B. 革命阶级推翻反动阶级的政治统治

C. 统治阶级内部政权更替

D. 反动阶级重新篡夺政权

34. 社会革命的最深刻根源是（ ）。

A. 对抗阶级之间的矛盾

B. 生产力和生产关系矛盾的尖锐化

C. 经济基础和上层建筑的矛盾

D. 生产力内部人与物的矛盾

35. 英雄史观的理论出发点是（   ）。

A. 人是社会运动的主体

B. 社会意识决定社会存在

C. 社会意识有能动的反作用

D. 社会运动是受偶然性支配的

36. 英雄人物的活动是理解历史发展的基本线索，这种观点是（   ）。

A. 历史唯心主义

B. 唯物史观的观点

C. 历史主义的观点

D. 唯物史观和唯心史观都能接受的观点

37. 人民群众创造历史的活动，首先是（   ）。

A. 政治活动

B. 科学活动

C. 生产活动

D. 艺术活动

38. 我国实行的"依法治国"与"以德治国"相结合的方针，其哲学依据是（   ）。

A. 生产力是社会发展的最终决定力量原理

B. 生产关系一定要适合生产力发展状况规律

C. 上层建筑一定要适合经济基础发展状况规律

D. 阶级斗争是阶级社会发展的直接动力原理

39. 下列各项承认人民群众是历史创造者的观点是（   ）。

A. 一切唯物主义者

B. 某些唯心主义者

C. 马克思主义者

D. 二元论者

40. 人民群众对历史的创造作用总是受到社会历史条件的制约，其根本的条件是指（   ）。

A. 生产力和生产关系的状况

B. 人们头脑中的传统观念

C. 科学文化水平

D. 人们的生活水平

41. 人民群众的活动受着历史条件的制约这一前提所引出的结论是（   ）。

A. 人民群众的创造力是有限的

B. 人民群众的创造力是无限的

C. 人民群众不能随心所欲地创造历史

D. 人民群众的创造力有时是有限的，有时是无限的

42. "英雄和人民群众共同创造历史"这个观点的实质是（   ）。

   A. 历史唯物主义

   B. 历史唯心主义

   C. 历史主义

   D. 自然主义

43. 历史上杰出人物的产生是（   ）。

   A. 矛盾的普遍性和特殊性的统一

   B. 理论活动和政治活动的统一

   C. 必然性和偶然性的统一

   D. 社会政治条件和思想条件的统一

44. "任何英雄人物的历史作用都不能超出他们所处历史条件所许可的范围。"这种看法是（   ）。

   A. 宿命论观点

   B. 机械论观点

   C. 历史循环论观点

   D. 历史唯物主义观点

45. 坚持无产阶级政党的群众观点，就是坚信（   ）。

   A. 群众的意见总是正确的

   B. 群众都有高度的共产主义觉悟

   C. 群众自己解放自己

   D. 群众运动都是合理的

46. "科学技术是第一生产力。"这是因为（   ）。

   A. 它是构成生产力最重要的独立要素

   B. 它是直接现实的生产力要素

   C. 它能把生产力系统诸要素组合起来构成现实生产力

   D. 它渗透于现代生产力系统各要素之中，从而转化为现实的生产力

47. 人类社会发展的基本动力是（   ）。

   A. 阶级矛盾和阶级斗争

   B. 社会基本矛盾

   C. 社会革命和改革

   D. 科学技术的发展和进步

48. 人类社会历史发展的决定力量是（   ）。

   A. 生产方式

   B. 地理条件

   C. 社会意识

   D. 人口因素

49. 社会意识相对独立性的最突出表现是它（   ）。

   A. 同社会存在发展的不同步性

B. 具有历史的继承性

C. 对社会存在具有能动的反作用

D. 同社会经济的发展具有不平衡性

50. "手推磨产生的是封建主的社会，蒸汽磨产生的是工业资本家的社会。"这句话揭示了（　　）。

A. 生产工具是衡量生产力水平的重要尺度

B. 科学技术是第一生产力

C. 社会形态的更替有其一定的顺序性

D. 物质生产的发展需要建立相应的生产关系

51. 人类区别于动物的根本标志是（　　）。

A. 制造使用工具

B. 具有宗教信仰

C. 具有语言文字

D. 具有思想意识

52. 社会主义改革的根本目的在于（　　）。

A. 改变社会主义制度

B. 完善社会主义制度

C. 解放和发展生产力

D. 实现社会公平

53. "蒸汽、电力和自动纺织机甚至是比巴尔贝斯、拉斯拜尔和布朗基诸位公民更危险万分的革命家。"这一论断的含义是（　　）。

A. 科技革命是对统治阶级的极大威胁

B. 科技革命对变革社会制度具有直接的决定作用

C. 滥用科技革命的成果会对人类造成"危险"

D. 科技革命导致社会政治革命

54. 人民群众既是历史的"剧中人"，又是历史的"剧作者"，这是（　　）。

A. 唯心主义的观点

B. 折中主义的观点

C. 历史唯物主义的观点

D. 历史循环论的观点

55. 理解人类社会发展的钥匙是（　　）。

A. 阶级斗争史

B. 思想发展史

C. 劳动发展史

D. 文化发展史

56. 人民群众是历史的创造者，其根本原因在于人民群众（　　）。

A. 占人口大多数

B. 是社会生产力的体现者

C. 具有先进思想

D. 掌握历史发展规律

57. "事实雄辩地证明，改革开放是决定当代中国命运的关键抉择，是发展中国特色社会主义、实现中华民族伟大复兴的必由之路……只有改革开放才能发展中国、发展社会主义、发展马克思主义。"这表明（　　）。

A. 改革是社会主义社会发展的最终动力

B. 改革只是推动社会主义社会发展的重要动力

C. 改革对于社会主义社会的发展具有重要意义

D. 社会主义中国所取得的所有成就都归功于改革

58. 历史观的基本问题是（　　）。

A. 物质和精神的关系问题

B. 历史主体和历史客体的关系问题

C. 社会存在和社会意识的关系问题

D. 生产力和生产关系的关系问题

59. 社会存在和社会意识的关系问题是划分（　　）。

A. 唯物主义和唯心主义的标准

B. 历史唯物主义和历史唯心主义的标准

C. 可知论和不可知论的标准

D. 唯意志论和宿命论的标准

60. 马克思主义哲学产生之前，无论是唯物主义还是唯心主义，其历史观都是唯心的，关键在于没有正确解决（　　）。

A. 历史的主体和历史的客体的关系问题

B. 生产力和生产关系的关系问题

C. 社会存在和社会意识的关系问题

D. 人民群众在历史上的作用问题

61. 生产力范畴反映的是（　　）。

A. 人与社会之间的关系

B. 人与自然之间的关系

C. 人与劳动产品的关系

D. 人与劳动资料的关系

62. 在劳动资料中最能标志生产力发展水平的因素是（　　）。

A. 劳动对象系统

B. 生产工具系统

C. 信息传递系统

D. 能源动力系统

63. 自然科学属于生产力范畴，这是因为（　　）。

A. 它是对自然界的现象及其发展规律的正确认识

B. 它把生产力系统中的各要素组成统一的整体

C. 它渗透到生产力诸要素中并转化为现实的生产力

D. 它是构成现代生产力系统的最重要的独立因素

64. 生产关系范畴反映的是（　　）。

A. 人与自然之间的关系

B. 人与人之间的政治关系

C. 人与人之间的经济关系

D. 人与人之间的思想关系

65. "社会形态的发展是一种自然历史过程。"这句话说的是（　　）。

A. 社会规律与自然规律完全相同

B. 社会规律是纯粹自发的过程

C. 社会发展不受人的思想动机的影响

D. 社会发展具有不以人的意志为转移的客观规律性

66. 主体选择是指作为历史主体的人，从自身的需要和知识结构、经验、技能出发，根据历史的客观条件和发展趋势确定自己行为的方式和方向的行动。这种观点说明（　　）。

A. 承认主体选择作用必然否定历史决定论

B. 承认主体选择作用与承认历史决定论不矛盾

C. 任何一种社会制度的产生都根源于主体的选择

D. 历史决定论是根本错误的

67. 历史唯物主义的决定论，是承认历史发展具有客观规律性、必然性和因果制约性的理论，它建立在唯物主义和辩证法基础之上，是能动的决定论。这说明历史唯物主义的决定论（　　）。

A. 排斥主体选择的作用

B. 是历史宿命论

C. 是旧唯物主义理论

D. 与承认主体选择的作用不矛盾

68. 美国跨越了奴隶社会和封建社会，从原始社会直接过渡到资本主义社会；日耳曼人没有经过奴隶社会直接过渡到封建社会；中国一些少数民族由前资本主义社会直接过渡到社会主义社会。这些历史事实说明（　　）。

A. 五种社会形态划分的理论是错误的

B. 社会形态更替没有规律可以遵循

C. 它们违背了历史发展的客观规律

D. 它们是以世界范围内五种社会形态依次更替为前提的

69. 社会基本矛盾是（　　）。

A. 社会存在和社会意识之间的矛盾

B. 社会物质生产和精神生产之间的矛盾

C. 生产和消费的矛盾

D. 生产力和生产关系、经济基础和上层建筑之间的矛盾

70. 推动人类社会由低级到高级发展的最深刻的原因是（　　）。

A. 生产力的发展

B. 生产关系的变革

C. 上层建筑的变革

D. 社会形态的更替

71. 人们借以进行生产的社会关系是随着（　　）。

A. 社会阶级关系的不断变化而变化的

B. 生产力的发展而变化的

C. 社会精神文明提高的程度而相应变化的

D. 产品分配关系的改革而变化的

72. 在生产力和生产关系的矛盾运动中，生产关系是（　　）。

A. 相对稳定的因素

B. 最活跃、最革命的因素

C. 决定生产力性质的因素

D. 以生产力为物质基础的精神因素

73. 所谓先进的生产关系能够促进生产力的发展是指（　　）。

A. 它内部的诸环节或方面相互联系、相互制约

B. 它决定生产力的性质和发展趋势

C. 它能为生产力的发展开辟道路、扫清障碍、提供可能性

D. 它同生产力没有矛盾

74. 我国目前实行以公有制为主体、多种所有制经济共同发展的基本经济制度，这是由（　　）。

A. 我国现阶段生产力状况决定的

B. 我国社会主义制度优越性决定的

C. 党的发展经济的政策决定的

D. 我国社会基本矛盾决定的

75. 当前我国进行经济体制改革的客观依据是（　　）。

A. 自然规律

B. 人民的需要

C. 生产关系一定要适合生产力性质的规律

D. 阶级斗争规律

76. 经济基础是（　　）。

A. 一个社会中生产力的总和

B. 一个社会中生产力和生产关系的总和

C. 一个社会中科学技术和经济管理的总和

D. 一个社会中占统治地位的生产关系各方面的总和

77. 经济基础在社会关系中属于（　　）。

A. 物质关系

B. 阶级关系

C. 政治关系

D. 思想关系

78. 经济基础是生产关系的总和，这个总和是指（　　）。

A. 社会中现存各种生产关系的总和

B. 占统治地位的生产关系各方面的总和

C. 一定社会生产力和生产关系的总和

D. 生产资料所有制和生产工具的总和

79. 经济基础决定上层建筑，这种情况（　　）。

A. 只存在于封建社会

B. 只存在于资本主义社会

C. 只存在于社会主义社会

D. 存在于一切社会形态

80. 上层建筑是（　　）。

A. 建立在一定经济基础之上的社会意识形态以及与之相应的制度、设施的总和

B. 经济、政治制度和设施

C. 社会意识形态

D. 全部精神生产和精神生活

81. 社会各种矛盾中最基本的矛盾是（　　）。

A. 生产力与生产关系的矛盾

B. 物质生产和精神生产的矛盾

C. 经济基础和上层建筑的矛盾

D. 阶级与阶级之间的矛盾

82. 社会意识是对社会存在的反映，主要是对（　　）。

A. 物质资料生产方式的反映

B. 科学文化的反映

C. 统治阶级意志的反映

D. 社会发展规律的科学反映

83. 由于社会历史是有意识、有目的的活动着的人创造的，因此（　　）。

A. 社会规律是由人所创造的

B. 人们可以改造或消灭社会规律

C. 社会发展规律只能通过人的自觉活动起作用

D. 人的活动都体现社会规律

84. 社会基本矛盾运动的最终原因是（　　）。

A. 生产力的发展

B. 生产关系的发展

C. 经济基础的发展

D. 上层建筑的发展

85. 人类社会发展的根本规律是（　　）。

A. 对立统一规律

B. 上层建筑适合经济基础的规律

C. 生产关系一定要适合生产力状况的规律

D. 阶级斗争规律

86. 科学技术革命作为社会动力体系中一种动力，它是（   ）。

A. 社会发展的直接动力

B. 社会发展的根本动力

C. 社会发展的一般动力

D. 历史的有力杠杆

87. 人们自己创造自己的历史，因此历史发展的方向是由人自觉选定的，这是（   ）。

A. 历史唯物主义的观点

B. 唯意志论观点

C. 宿命论观点

D. 机械唯物主义观点

88. 唯物史观和唯心史观在谁是历史创造者问题上的根本对立在于是否承认（   ）。

A. 人的意识在历史活动中有能动作用

B. 个别人物在历史上的突出作用

C. 人民群众是历史的创造者

D. 知识分子在历史上起决定作用

89. 社会形态发展道路的统一性，根源在于（   ）。

A. 社会基本矛盾的运动

B. 生产力与生产关系的矛盾运动

C. 经济基础和上层建筑的矛盾运动

D. 主体和客体的矛盾运动

90. 社会发展过程中的主体选择性是指主体以一定的方式在可能性空间中所表现的自主性、目的性。这个"可能性空间"（   ）。

A. 是由人们不能自由选择的生产力等既定条件决定的

B. 是由社会历史过程中的多种随机现象构成的

C. 体现了历史发展中偶然因素的重要作用

D. 体现了历史发展中必然因素的重要作用

91. 马克思主义揭示人的本质的出发点是（   ）。

A. 人的自身需要

B. 人类的共同利益

C. 人的社会关系

D. 人的自然属性

92. 19 世纪经济上落后的德国却成为欧洲最先进思想的发源地，这一事件最突出地表明（   ）。

A. 社会意识对社会存在具有能动的反作用

B. 社会意识不完全由社会存在决定
C. 社会意识与社会经济发展水平存在不平衡性
D. 社会意识与社会存在不一致

93. "无数相互交错的力量产生出一个总的结果,即历史事实,这个结果又可以看作一个作为整体的、不自觉地和不自主地起作用的力量的产物。所以以往的历史总是像一种自然过程一样地进行。"这说明（   ）。

A. 社会发展是自发的
B. 社会发展的规律是可以被认识的
C. 社会发展有客观规律
D. 社会规律同自然过程的规律是相通的

94. 在阶级社会中,社会形态更替的决定性环节是（   ）。

A. 社会革命
B. 阶级斗争
C. 改革
D. 生产力发展

95. "人创造环境,同样环境也创造人"是（   ）。

A. 环境决定论的观点
B. 唯心主义的观点
C. 旧唯物主义的观点
D. 辩证唯物主义的观点

96. 在人类全部社会关系中,最基本的关系是（   ）。

A. 生产关系
B. 血缘关系
C. 思想关系
D. 法律关系

97. 人类社会存在和发展的物质基础是（   ）。

A. 社会生产
B. 自然环境的物质基础
C. 从事生产活动的人
D. 物质资料的生产方式

98. 社会形态是（   ）。

A. 社会存在和社会意识的统一
B. 生产力和生产关系的统一
C. 物质文明和精神文明的统一
D. 经济基础和上层建筑的统一

99. 社会意识就是（   ）。

A. 一切意识因素和精神活动的总和
B. 经济上占统治地位的阶级的意识

C. 人民群众的意识

D. 政治上占统治地位的阶级的意识

100. 民法典是市场经济的基本法，也是"社会生活的百科全书"。编纂民法典不是制定全新的民事法律，而是对现行的民事法律规划进行科学整理、修改完善，对经济社会生活中出现的新情况、新问题作出有针对性的新规定。这说明（　　）。

A. 经济基础决定上层建筑

B. 实践是检验认识真理性的唯一标准

C. 价值观对人们的行为有规范和引导作用

D. 上层建筑一定要适合经济基础的状况

101. 大众心理影响经济走势，能正确解释这一现象的观点是（　　）。

A. 社会意识对社会存在具有决定作用

B. 社会心理可以左右社会发展方向

C. 只有正确的社会意识才能影响社会发展

D. 社会意识反作用于社会存在

102. 区分社会制度性质的根本标准是（　　）。

A. 生产力的发展水平

B. 科学技术的发展程度

C. 占统治地位的生产关系的性质

D. 国家政权的性质

103. 在人的意志对社会发展的作用这一问题上，历史唯物主义认为（　　）。

A. 任何人的意志对社会发展的总结果都起着作用，因而都包括在这个总结果之中

B. 任何人的意志都必然是合乎社会发展规律的意志

C. 任何人的意志都不能完全改变社会发展的过程

D. 任何人的意志都只能受社会发展规律的支配，而不能有自由

104. 社会有机体存在和发展的基础是（　　）。

A. 生产实践

B. 劳动工具

C. 语言

D. 精神文明

105. 卢梭在《论人类不平等的起源和基础》中说道："我认为，在人类的一切知识中，最有用但也最不完善的知识就是关于人的知识。"马克思的唯物史观破解了人是什么这一"司芬克斯之谜"。马克思在《关于费尔巴哈的提纲》中指出，人的本质在其现实性上是（　　）。

A. 自然属性和社会属性的内在统一

B. 所有人共同属性的概括

C. 一切社会关系的总和

D. 自由理性的外化

106. 邓小平同志指出，"改革也是一场革命。"这是指（　　）。

A. 改革是社会形态的质变

B. 改革是社会制度的深刻变革

C. 改革是解决所有社会矛盾的唯一途径

D. 改革是社会制度的质变

107. 人的本质是（   ）。

A. 社会属性和自然属性的统一

B. 一切社会关系的总和

C. 有意识有目的的自由活动

D. 由个人自己的选择决定的

108. 历史唯物主义认为人的价值在于（   ）。

A. 个人的自我创造和自我实现

B. 个人的自我选择和自由发展

C. 个人主体性的增强和摆脱社会的制约

D. 个人对社会的贡献和社会对个人的尊重

109. 人的价值中的基本关系是（   ）。

A. 工具和目的的关系

B. 普遍性和特殊性的关系

C. 反映和创造的关系

D. 具体和抽象的关系

110. 人生价值之所以是社会价值和自我价值的统一，是由于人的存在具有两重性，这两重性是指（   ）。

A. 人既具有自然性属性，又具有社会属性

B. 人既是作为个体而存在，又作为社会成员而存在

C. 人既存在正当的个人利益，又存在自私观念

D. 人既有社会性，又具有阶级性

111. 人类对自然界的全部"统治"力量在于（   ）。

A. 人类必须依赖自然界，因为自然环境是人类社会存在和发展的前提

B. 人类能征服和改造自然界

C. 人类能够维护生态平衡

D. 人类能认识和利用自然规律

112. 人的本质决定于它的（   ）。

A. 生物性

B. 社会性

C. 历史性

D. 阶级性

113. 马克思主义认为，人的本质是（   ）。

A. 永恒不变的

B. 可随主观意志而任意改变的

C. 随着社会关系的变化而变化的

D. 随着个性的改变而改变的

114. 改革在社会发展中的作用表现在（　　）。

A. 改革是实现社会形态更替的决定性环节

B. 改革是历史的火车头

C. 改革是被压迫者被剥削者的盛大节日

D. 改革是一种社会形态发展过程中的量变

115. 马克思主义历史观与自然主义历史观争论的焦点问题是（　　）。

A. 如何理解自然的本质

B. 如何理解精神的本质

C. 如何理解宗教的本质

D. 如何理解社会的本质

116. 恩格斯指出："经济上落后的国家在哲学上仍然能够演奏第一提琴。"这句话所指的是（　　）。

A. 社会存在决定社会意识

B. 社会意识的变化同经济基础的变化不完全同步

C. 社会意识发展水平同社会经济发展水平的不平衡性

D. 哲学的发展具有其历史继承性

117. 著名现代德国思想家马克斯·韦伯在《新教伦理与资本主义精神》等著作中指出，民众的精神价值取向和社会风俗等会深刻地影响到社会的经济发展。这在哲学上的解释是（　　）。

A. 社会意识对社会存在具有决定作用

B. 社会意识能反作用于社会存在

C. 社会心理可以左右社会的发展

D. 人们的精神世界决定了人们的物质生活

118. 有国外学者R·纳什指出："人们对自然了解越多，就越难以接受那种认为宇宙是为人类而存在的观点。与其说人类是自然的主人，不如说他是自然共同体的一个成员。"这个论断说明（　　）。

A. 人类是受到自然规律支配的群体

B. 人类应与自然界协调发展

C. 人类既是自然的主人，又是自然界的成员

D. 人类是宇宙的主宰

119. 历史唯物主义主张社会存在决定社会意识，这即是指（　　）。

A. 人类的生产力决定其生产方式

B. 人类的物质生活方式决定其精神生活

C. 人类的自然条件决定其社会条件

D. 人类的实践能力决定其认识能力

120. 近年来，我国在原有的基础上修改了若干法律，并出台了一批新的法律，如2007

年通过的《物权法》和《企业所得税法》。法律出台的目的是为适应新的经济社会发展状况，以推动社会经济的发展。这些事例说明（　　）。

A. 上层建筑要适应经济基础的发展状况

B. 科学技术是第一生产力

C. 人民群众是历史发展的决定力量

D. 交往有利于推动社会的发展

121. 中国特色的社会主义实践深化了对人类社会历史发展规律的认识。历史唯物主义认为，社会历史规律（　　）。

A. 就是人的实践活动的规律

B. 不承认人的主体选择性

C. 是人民群众在历史活动中所创造的规律

D. 能够准确地预见未来事件的发生

122. 马克思主义的历史唯物主义认为，社会规律是（　　）。

A. 脱离于人的精神活动而客观存在的

B. 通过人的活动而实现

C. 具有鲜明的阶级性

D. 由生产力的发展决定

123. 下列关于历史观的命题正确的有（　　）。

A. 历史方向是由人自觉选定的

B. 每个人都是推动历史前进的力量

C. 人人创造历史

D. 人们自己创造自己的历史

124. 关于历史人物的作用有着不同的观点，比如有一种说法是"李杜文章在，光焰万丈长"；又有一种说法是"天不生仲尼，万古如长夜"。这两种说法（　　）。

A. 前者肯定了历史人物的作用，后者是英雄史观

B. 二者都是主观唯心主义

C. 前者是历史唯物主义，后者是历史唯心主义

D. 二者都是主张人民群众是历史创造者的唯物史观

125. 马克思主义的历史唯物主义指出，改革和革命是人类社会发展的重要动力。以下属于改革和革命共同之处的有（　　）。

A. 都是社会的质变

B. 都给社会带来了巨大的变化

C. 都是对原有经济、政治、文化制度的根本性变革

D. 其根本问题都是国家政权问题

126. 在历史进程中关于人的作用的问题上，有一种观点认为："谋事在人，成事在天。"这种观点归根到底属于（　　）。

A. 唯物史观

B. 英雄史观

C. 辩证历史观

D. 宿命论

127. 中国传统蒙学书籍《三字经》里说:"人之初,性本善。性相近,习相远。"这种关于人的观点是( )。

A. 历史主义人性论

B. 抽象人性论

C. 马克思主义的人的本质观点

D. 资产阶级的利己主义人性论

128. "昼出耕田夜绩麻,村庄儿女各当家;童孙未解供耕织,也傍桑荫学种瓜。"这首诗蕴含的哲理是( )。

A. 社会意识与社会存在无关

B. 社会存在决定社会意识

C. 人的意识与自然环境无关

D. 自然环境决定人的意识

129. 我国农村推广多种形式的承包责任制,之所以促进了生产力的发展,在于它遵循了( )。

A. 生产关系适合生产力状况的规律

B. 上层建筑适合经济基础的规律

C. 社会存在决定社会意识的规律

D. 阶级斗争推动阶级社会发展的规律

130. 物质资料生产方式所体现的关系是( )。

A. 自然物质和社会存在的关系

B. 物质和意识的关系

C. 主体与客体的关系

D. 人与自然、人与人的关系

131. 判断一种生产关系是否先进的标志是( )。

A. 公有制还是私有制

B. 公有制水平的高低

C. 是否适合生产力的状况

D. 劳动产品分配是否公平

132. 地理环境对社会的作用和影响是通过( )。

A. 生产发展水平表现出来的

B. 社会心理表现出来的

C. 社会制度表现出来的

D. 社会革命表现出来的

133. 决定社会面貌的基本因素是( )。

A. 上层建筑

B. 精神文明

C. 物质资料生产方式

D. 文化教育水平

134. "爆竹声中一岁除"是传承千百年的中国春节习俗，然而2018年春节期间，许多人选择少放甚至不放烟花爆竹，北京、上海等许多城市的烟花爆竹燃放量较往年大幅减少，人们的环保意识不断增强。绿色环保过春节正在成为"新年俗"。年俗的这种变化说明（　　）。

A. 社会意识是随着时间的推移而自主变化的

B. 社会意识决定社会存在

C. 社会意识的变化归根到底是社会存在变化的反映

D. 社会意识的变化总是滞后于社会存在的变化

135. 先进的社会意识之所以对社会存在能起促进作用，是因为（　　）。

A. 它不完全受具体的社会存在和社会实践的制约

B. 它有相对独立性

C. 意识形态诸形式之间的相互协调

D. 它符合社会发展的客观规律

136. 划分唯物史观和唯心史观的根本标准是（　　）。

A. 是否承认个人在历史上的作用

B. 是否承认社会意识的能动作用

C. 是否承认阶级和阶级斗争

D. 是否承认社会存在决定社会意识

137. 广西壮族自治区的"左江花山岩画文化景观"是世界上迄今发现的画面最大、数量最多的涂绘类岩画。花山岩画主要描绘了各式各样的人物和剑、钟、铜鼓等器物，以及日月星辰等天体图形，记录了古代先民的社会生产和社会生活。材料表明（　　）。

A. 生产方式制约社会发展进程

B. 社会关系是对生产力的反映

C. 上层建筑反作用于经济基础

D. 社会意识是对社会存在的反映

138. 民族精神是一个民族赖以生存和发展的精神支撑，全面建设小康社会要坚持弘扬和培育民族精神。这是因为（　　）。

A. 社会意识对社会存在有反作用

B. 精神能够决定事物的发展

C. 正确的思想意识才能反作用于事物

D. 错误的思想意识没有事实的根据

139. 马克思说："意识在任何时候都只能是被意识到了的存在，而人们的存在就是他们的实际生活过程。"这说明（　　）。

A. 意识形态的发展具有历史继承性

B. 社会意识是社会存在的反映

C. 意识形态对社会经济结构、政治结构具有能动的反作用

D. 意识形态的变化发展同社会存在的变化发展不一定完全同步

140. 一种社会意识对社会存在作用的大小主要取决于（   ）。

A. 它实际掌握人民群众的广度和深度

B. 反映统治阶级利益的程度

C. 反映被统治阶级利益的程度

D. 它与社会经济发展水平是否相平衡

141. 改革在人类历史上具有普遍性，它是（   ）。

A. 社会制度更替的一种形式

B. 对社会体制进行改善和革新

C. 统治阶级向被统治阶级妥协

D. 革命阶级反对反动统治阶级的斗争

142. 下列各项中属于社会心理的是（   ）。

A. 政治与法律

B. 哲学与宗教

C. 科学与艺术

D. 风俗与习惯

143. 阶级斗争的根源在于两个阶级之间（   ）。

A. 物质利益的对立

B. 政治立场的不同

C. 思想观念的对立

D. 社会分工的不同

144. 唯心史观在历史创造者问题上的根本错误在于（   ）。

A. 否认个人在历史发展中的作用

B. 否认思想动机在历史发展中的作用

C. 否认少数英雄人物是推动历史发展的决定力量

D. 否认广大人民群众是推动历史发展的决定力量

145. 在生产关系中起决定作用的是（   ）。

A. 生产资料所有制

B. 产品的分配和交换

C. 在生产中人与人的关系

D. 管理者和生产者的不同地位

146. 阶级斗争对阶级社会发展的推动作用突出表现在（   ）。

A. 生产力的发展

B. 生产关系的变革

C. 社会形态的更替

D. 科技的进步

147. 社会革命根源于（   ）。

A. 人口太多

B. 少数英雄人物组织暴动
C. 先进思想和革命理论的传播
D. 社会基本矛盾的尖锐化

148. 阶级实质上是一个（　　）。
A. 思想范畴
B. 经济范畴
C. 政治范畴
D. 文化范畴

149. 制约人民群众创造历史的决定性条件是（　　）。
A. 经济条件
B. 法律制度
C. 传统观念
D. 文化水平

150. 正确评价历史人物的方法是（　　）。
A. 古为今用方针
B. 历史分析方法
C. 彻底批判的革命精神
D. 全盘否定的分析方法

151. 人口因素在社会发展中的作用是可以（　　）。
A. 决定社会制度的性质
B. 决定社会制度的更替
C. 制约和影响社会发展
D. 决定国家的贫富强弱

152. 地理环境对社会发展的作用主要通过（　　）。
A. 对人的心理素质的影响才能实现
B. 对人的生理结构的影响才能实现
C. 对民族气质的影响才能实现
D. 对生产过程的影响才能实现

153. 劳动过程是劳动一般性质和劳动的社会形式的统一。劳动的一般性质是指（　　）。
A. 个人与社会之间的相互作用过程
B. 劳动者相互之间的信息交流过程
C. 人与自然之间的物质变换过程
D. 社会与自然之间的物质变换过程

154. 联结人与自然的中介是（　　）。
A. 地理环境
B. 生产劳动
C. 社会关系

D. 社会意识

155. 物质资料的生产方式包括（　　）。

　　A. 劳动者和劳动工具两个方面

　　B. 劳动资料和劳动对象两个方面

　　C. 生产关系和生产资料两个方面

　　D. 生产力和生产关系两个方面

156. 社会存在决定社会意识，社会意识是社会存在的反映。社会意识具有相对独立性，即它在反映社会存在的同时，还有自己特有的发展形式和规律。社会意识相对独立性最突出的表现是（　　）。

　　A. 社会意识与社会存在发展的不完全同步性

　　B. 社会意识内部各种形式之间的相互作用和影响

　　C. 社会意识对社会存在具有能动的反作用

　　D. 社会意识各种形式各自具有其历史继承性

157. 与第二次世界大战前的资本主义相比，当代资本主义在许多方面已经并正在发生着深刻的变化。正确分析这些新变化发生的原因，有利于我们科学而全面地认识当代资本主义社会。导致当代资本主义新变化发生的根本推动力量是（　　）。

　　A. 工人阶级争取自身权利的斗争

　　B. 科学技术革命和生产力的发展

　　C. 改良主义政党对资本主义制度的改革

　　D. 社会主义制度的优越性对资本主义的影响

158.《资本论》中有这样的表述："对上衣来说，无论是裁缝自己穿还是他的顾客穿，都是一样的。"这主要是因为，无论谁穿（　　）。

　　A. 上衣都起着使用价值的作用

　　B. 上衣都起着价值的作用

　　C. 上衣都是抽象劳动的结果

　　D. 上衣都是社会劳动的结果

159. 社会存在是指社会的物质生活条件，它有多方面的内容，其中最能集中体现人类社会物质性的是（　　）。

　　A. 社会形态

　　B. 地理环境

　　C. 人口因素

　　D. 生产方式

160. 近来，马克思的《资本论》在西方的一些国家销量大增。列宁曾说："马克思的《资本论》的成就之所以如此之大，是由于这本书使读者看到整个资本主义社会形态是个活生生的形态，既有'骨骼'，又有'血肉'。"人类社会作为一种活的有机体，其"骨骼"系统是指（　　）。

　　A. 地理环境、人口因素和生产方式等社会物质生活条件

　　B. 与一定的生产力相适应的生产关系

C. 建立在一定经济基础之上的政治法律制度及设施

D. 由政治法律思想、道德、宗教、哲学等构成的社会意识形态

二、多选题

1. 社会的物质性体现在（　　）。

A. 人类社会依赖于自然界，是整个物质世界的组成部分

B. 在社会中不存在精神的现象和活动

C. 物质资料的产生是社会历史的前提

D. 全部社会生活在本质上是实践的

2. 下列各项属于社会物质生活条件的有（　　）。

A. 国家政权

B. 人口因素

C. 地理环境

D. 阶级构成

3. 生产资料所有制形式是生产关系的基础。这是因为（　　）。

A. 它决定整个生产关系的性质

B. 它决定人们在生产中的地位及相互关系

C. 它决定生产力水平的高低

D. 它决定产品的分配方式

4. 下列各项属于生产关系内容的有（　　）。

A. 历史主体与历史客体的关系

B. 生产资料所有制形式

C. 产品的分配形式

D. 人们在生产中的地位及其相互关系

5. "时势造英雄"和"英雄造时势"（　　）。

A. 是两种根本对立的历史观

B. 这两种观点是相互补充的

C. 前者是历史唯物主义，后者是历史唯心主义

D. 前者是科学历史观，后者是唯心史观

6. 党的群众路线的理论依据是（　　）。

A. 上层建筑反作用原理

B. 主观能动性和客观规律性辩证关系原理

C. 人民群众创造历史的原理

D. 辩证唯物主义认识论原理

7. 社会存在包括（　　）。

A. 社会生活的各种物质条件

B. 社会生活的物质生产活动

C. 经济关系

D. 全部社会关系

8. 社会意识的相对独立性表现为（　　）。

A. 它的发展变化与社会存在的发展变化不完全同步

B. 它与社会经济水平之间发展上的不平衡性

C. 它的发展往往具有历史继承性

D. 各种社会意识形式之间的相互作用和影响

9. 18世纪，经济上落后的法国在哲学上和政治思想领域方面取得的成就，超过了当时经济上先进的英国，这表明（　　）。

A. 社会意识的发展不依赖社会经济

B. 社会意识并不决定社会存在

C. 社会意识具有相对独立性

D. 社会意识的发展和经济的发展并不是完全对应的

10. 马克思说："无论哪一种社会形态，在它所能容纳的全部生产力发挥出来以前，是决不会灭亡的；而新的更高的生产关系，在它存在的物质条件在旧社会的细胞里成熟以前，是决不会出现的。"这段话说明（　　）。

A. 生产力的发展是促使社会形态更替的最终原因

B. 一种新的生产关系的产生需要客观的物质条件的成熟

C. 无论哪一种社会形态，当它还能够促进生产力发展时，是不会灭亡的

D. 社会形态总是具体的、历史的

11. 生产关系的客观性是指（　　）。

A. 人们不能自由选择生产关系

B. 人们不能随意创造或消灭某种生产关系

C. 生产关系是社会有机体中客观实在的组成部分

D. 生产关系是社会上层建筑的物质基础

12. 科学技术也是生产力，因为（　　）。

A. 它能引起劳动对象的变革，促进劳动者素质的提高

B. 它属于上层建筑

C. 它可以提高劳动生产率

D. 它可以提高管理效率

13. 马克思主义的社会形态理论指出（　　）。

A. 社会形态是具体的、历史的

B. 社会形态是有机的统一整体

C. 社会形态是永恒的、不变的

D. 社会形态是超社会的、超历史的

14. 马克思对阶级斗争学说的新贡献是（　　）。

A. 发现阶级和阶级斗争的存在

B. 指出阶级斗争的长期性

C. 论证了阶级的存在与生产发展的一定历史阶段相联系

D. 说明阶级斗争必然导致无产阶级专政

15. "如果资本主义的灭亡是由科学保证了的，为什么还要费那么大的力气去为它安排葬礼呢？"这种观点的错误在于（　　）。

　　A. 抹杀社会规律实现的特点

　　B. 否认革命在社会质变中的作用

　　C. 否认历史观上的决定论原则

　　D. 否定科学是推动历史前进的革命力量

16. 科学技术在高度发展的同时，也带来了全球性问题，这一观点表明（　　）。

　　A. 全球性问题是科学技术的直接结果

　　B. 全球性问题不是科学技术的直接结果

　　C. 科学技术的进步是主要的

　　D. 科学技术是当代人的"非人化"的根源

17. "历史不过是追求着自己目的的人的活动而已。"这一观点表明（　　）。

　　A. 人们自己创造自己的历史

　　B. 历史不是神创造的

　　C. 历史是人们任意创造的

　　D. 历史是人的思想发展史

18. 历史发展是"合力"作用的结果，这就是说（　　）。

　　A. 历史发展无规律可循

　　B. 历史发展是无法认识的

　　C. 历史发展的因素是复杂的

　　D. 社会中的每个人都是"合力"的一部分

19. 马克思指出："批判的武器当然不能代替武器的批判，物质的力量只能用物质的力量来摧毁；但理论一经掌握群众，也会变成物质的力量。"这段话说明（　　）。

　　A. 理论的力量不能代替物质的力量

　　B. 社会变革必须依靠广大人民群众的革命实践活动

　　C. 社会意识对社会存在具有能动的反作用

　　D. 理论与精神的力量可以转化为物质的力量

20. 社会存在和社会意识的关系问题是历史观的基本问题。这是因为（　　）。

　　A. 它是一切历史观无法回避的问题

　　B. 它是哲学基本问题在社会历史领域的延伸

　　C. 它是划分唯物史观和唯心史观这两种对立的历史观的根本标准

　　D. 对二者关系的回答决定对其他历史观问题的解决

21. 唯心主义历史观之所以没有正确解决社会存在和社会意识的关系问题，主要是由于（　　）。

　　A. 不懂得物质生产实践在社会生活中的地位和作用

　　B. 夸大了社会意识的社会作用

C. 夸大了社会存在的社会作用

D. 不理解社会的本质

22. 下列事物中，属于历史唯物主义"社会存在"范畴的有（　　）。

A. 人们的物质生产实践活动

B. 人们的实践活动所利用的自然资源

C. 人们在实践活动中所形成的各种社会关系

D. 人们的实践活动所创造的生产力

23. 以下哪些观点说明了社会存在决定社会意识？（　　）

A. 社会意识随着社会存在的产生而产生，随着社会存在的发展而发展

B. 随着社会存在的变化发展，社会意识或迟或早必然要相应变化

C. 有什么样的社会存在，就有什么样的社会意识

D. 在阶级社会中，同社会经济基础相联系的那部分社会意识形式具有阶级性

24. 历史唯物主义认为，生产力的客观性是指（　　）。

A. 生产力是人们不能自由选择的既得的物质力量

B. 生产力是前人实践活动的客观结果

C. 生产力是当代人实践活动的物质基础和出发点

D. 生产力的状况是由既定的客观历史条件和社会条件所决定的，因而是客观的物质力量

25. 历史唯物主义把社会意识理解为（　　）。

A. 社会精神生活的总和

B. 社会存在的反映

C. 个体意识和群体意识的统一、社会心理和社会意识形式的统一

D. 主观精神和客观精神的统一

26. 马克思指出："一个社会即使探索到本身运动的自然规律……它还是既不能跳过也不能用法令取消自然的发展阶段。但是它能缩短和减轻分娩的痛苦。"这表明（　　）。

A. 人类社会的发展是合规律性与合目的性的统一

B. 社会发展过程与自然界演变过程一样都是自觉的

C. 人的自觉选择在社会发展中具有重要作用

D. 人类总体历史进程是不可超越的

27. 有一幅广告幽默画，画的是几个行人在看一家饭店外贴的告示，上写："快进来吃饭吧，否则你我都得挨饿。"这幅广告画的寓意有（　　）。

A. 生产者和消费者是相互依存的

B. 生产和消费具有直接的同一性

C. 商品交换活动背后隐藏着人与人的关系

D. 生产关系本质上是人与人之间的物质利益关系

28. 下列观点中正确表达了人的自觉活动和社会发展规律的关系的是（　　）。

A. 社会规律是人们自己行动的规律

B. 人既是社会主体，又是社会客体

C. 人既是历史的"剧中人"，又是历史的"剧作者"

D. 不存在某种凌驾于人类实践活动之上或之外的社会规律

29. 人口因素不是社会发展的决定力量。这是因为（   ）。
   A. 人口因素不能决定社会制度的性质
   B. 人口生产受生产力发展水平的制约
   C. 人口生产不能决定社会制度的更替
   D. 人口生产不能加速或延缓社会的发展

30. 下列各项属于生产方式构成内容的有（   ）。
   A. 生产关系
   B. 政治关系
   C. 思想关系
   D. 生产力关系

31. 下列各组社会意识形式，有一组是全部属于意识形态性的，一组是全部属于非意识形态性的。它们分别是（   ）。
   A. 自然科学、语言学、逻辑学
   B. 政治思想、语言学、艺术
   C. 法律思想、逻辑学、哲学
   D. 政治思想、法律思想、宗教

32. 社会心理和社会意识形式既有联系又有区别。下列各项反映二者区别的有（   ）。
   A. 前者错综复杂，后者简单清晰
   B. 前者不定型、不系统，后者已经系统化、理论化
   C. 前者有鲜明的阶级性，后者阶级性不明显
   D. 前者是社会意识的低级层次，后者是社会意识的高级层次

33. 下列各项属于社会意识相对独立性表现的有（   ）。
   A. 社会意识与社会存在变化发展的非完全同步性
   B. 社会意识有根本不同于社会存在的独立的历史
   C. 社会意识与经济发展水平的不平衡性
   D. 社会意识各种形式之间相互影响

34. 生产力和生产关系的矛盾、经济基础和上层建筑的矛盾，之所以构成社会的基本矛盾，是因为它们（   ）。
   A. 贯穿于人类社会发展过程的始终
   B. 决定着其他一切社会矛盾
   C. 是社会发展的基本动力
   D. 决定着整个社会面貌、社会发展的必然阶段和客观趋势

35. 在生产力和生产关系的相互作用中，（   ）。
   A. 生产力是矛盾的主要方面，起着决定作用
   B. 生产力与生产关系互相决定、互相制约
   C. 生产关系是矛盾的主要方面，起着决定作用
   D. 生产关系对生产力的发展有巨大的反作用

36. 生产力对生产关系的作用主要表现在（　　）。
   A. 生产力的性质决定生产关系的性质
   B. 生产力的发展变化决定生产关系的改革
   C. 生产力的任何发展都会引起生产关系的根本变革
   D. 生产力可以离开一定的生产关系而且独立存在

37. "一个社会形态，在它所能容纳的全部生产力发挥出来以前，是决不会灭亡的。"这个论断适用于下列哪些社会？（　　）
   A. 原始社会
   B. 奴隶社会
   C. 封建社会
   D. 资本主义社会

38. 先进的生产关系之所以能够促进生产力的发展，就在于（　　）。
   A. 它能为生产力的发展开辟道路、扫清障碍、提供可能性
   B. 它决定生产力的性质和发展趋势
   C. 它为生产力诸要素的有机结合提供较好的形式
   D. 它一经建立，生产力就会自然而然地向前发展

39. 否认社会规律同人的自觉活动的统一会导致（　　）。
   A. 宿命论
   B. 唯意志论
   C. 庸俗进化论
   D. 英雄史观

40. 下列属于社会发展的一般规律的有（　　）。
   A. 社会存在决定社会意识的规律
   B. 生产方式决定社会基本结构、性质和面貌的规律
   C. 生产关系一定要适合生产力状况的规律
   D. 阶级斗争发展的规律

41. 生产力是社会发展的最终动力，因为（　　）。
   A. 生产力的发展归根到底决定了一切社会关系的变化
   B. 生产力决定生产关系，并通过生产关系决定上层建筑的变化
   C. 生产力直接决定社会意识形态的变化
   D. 生产力的发展是社会制度变革的最终原因

42. 以人为本是科学发展观的本质和核心。以人为本中的"人"是指（　　）。
   A. 具体的、现实的人
   B. 广大人民群众
   C. 作为个体的人
   D. 社会全体成员

43. 下述有关历史创造者的观点中，属于唯物史观的有（　　）。
   A. 人人创造历史

B. 历史活动是群众的事业
C. 人们自己创造自己的历史
D. 人们总是在既定的条件下创造历史

44. 社会形态是（　　）。
A. 经济基础和上层建筑的统一
B. 社会物质关系和社会思想关系的统一
C. 社会经济结构和社会政治结构的统一
D. 社会存在和社会意识的统一

45. 马斯洛说："自我实现的动力来自人性的一种内压力，指向人格的同一和自发的表现……指向探索真理的、成为有创造力的、成长美好的人。"自我实现的评价标准是"人的潜能的充分发挥"。以下对这种说法的评价正确的有（　　）。
A. 错误地认为人的需要及其发展仅仅来自人性的要求
B. 没有看到人的需要主要来自人的实践发展和社会进步的要求
C. 没有看到人的自我价值和社会价值的实现才是自我实现的标准
D. 错误地认为人性的要求才是人发展的根源、人的潜力充分发挥是个人发展的评价标准

46. "必然王国"作为历史观的范畴（　　）。
A. 实际上指以私有制为基础的社会形态
B. 是指人们的思想和活动受着客观必然性的支配
C. 是指人们仅仅受自己所创造的社会关系奴役这样一种状态
D. 是指物支配人而不是人支配物的社会状态

47. "自由王国"作为历史观的范畴是（　　）。
A. 指人们完全认识了社会历史的客观规律而获得了自由
B. 指人们摆脱了社会历史的客观必然性的制约而实现了自由
C. 指人们摆脱了盲目必然性的奴役成为自然的主人，成为自己社会关系的主人
D. 指共产主义社会这样一种理想的社会状态

48. 从社会发展的主体选择性的角度看，中国人民走上社会主义道路，其原因在于（　　）。
A. 社会主义符合中国人民根本利益的要求
B. 中国人民在国际交往中受到俄国十月社会主义革命的历史启示
C. 中国共产党对历史必然性及本国国情的正确把握
D. 人们可以自由选择社会制度并决定社会发展的方向

49. "科学技术是第一生产力。"这是因为（　　）。
A. 科学技术是社会存在和发展的基础
B. 科学技术渗透到现代生产力系统各类要素中
C. 科学技术对物质生产具有主导作用和超前作用
D. 科学技术是推动生产力发展的巨大杠杆

50. 在下列事物中，属于历史唯物主义的"社会存在"的有（　　）。
A. 人们实践活动所利用的自然资源
B. 人们在实践活动中所形成的各种生产方式

C. 人们的实践活动所创造的生产力

D. 规范人们实践活动的法律制度

51. 面临环境日益被污染的状况，人类越来越重视环境问题，这是因为（   ）。

A. 地理环境是人类物质生活的必要条件

B. 地理环境直接决定社会的发展

C. 地理环境能决定社会的性质

D. 地理环境通过物质生产制约社会发展

52. 社会发展的客观规律和人的自觉活动的关系是（   ）。

A. 社会发展的客观规律不能被人们所驾驭

B. 人的自觉活动受社会发展客观规律的制约

C. 社会发展的客观规律通过人的自觉活动得到实现

D. 人的自觉活动可以改造社会发展的客观规律

53. 唯物主义历史观认为，人类的历史归根到底是（   ）。

A. 劳动发展的历史

B. 物质资料生产发展的历史

C. 社会形态更替和精神文明发展的历史

D. 物质资料生产者活动的历史

54. 先进的社会意识之所以能对社会的发展起促进作用，是由于（   ）。

A. 它具有历史继承性

B. 它是对先进生产力的反映

C. 它具有相对独立性

D. 它正确反映了社会发展规律

55. 科学技术推动社会发展主要表现为（   ）。

A. 直接改变意识形态

B. 直接改变生产方式

C. 直接改变生活方式

D. 直接改变政治结构

56. 有人说："世界历史好比一百个大钱，你可以摆成两座五十的，也可以摆成四座二十五的，也可以摆成十座十个的。"这段话的错误在于（   ）。

A. 把个人意志看成历史发展的最终原因

B. 把历史看成是偶然事件的堆积

C. 否定社会历史的客观性和规律性

D. 否定了意识的能动作用

57. 在当今时代，出现了危及人类生存和持续发展的"全球问题"。科技发展与"全球问题"的关系是（   ）。

A. "全球问题"是科技发展造成的，科技越发展，"全球问题"越严重

B. 对科技的使用不当是造成"全球问题"的重要原因

C. 科技发展为解决"全球问题"创造了条件

D. 要把科技发展同变革、调整社会关系、社会组织管理、更新观念结合起来，综合解决"全球问题"

58. 在科学技术高度发展的同时，也带来了全球性问题，下列说法正确的是（   ）。
A. 必须走可持续发展的道路
B. 全球性问题不是科学技术的直接结果
C. 科学技术的进步作用是主要的
D. 科学技术是当代人的"非人化"的根源

59. 党的群众路线的理论基础有（   ）。
A. 人民群众是历史发展的决定力量的原理
B. 人民群众和杰出人物共同创造历史的原理
C. 实践、认识、再实践、再认识循环往复以至无穷的人类认识的规律原理
D. 从个别到一般，再从一般到个别的认识过程原理

60. 生产关系适合生产力性质的规律之所以是社会发展根本的普遍规律，是因为（   ）。
A. 它揭示了生产方式运动发展的源泉、动力和一般过程
B. 它规定和制约着社会历史发展中的全部规律
C. 它是在人类社会发展中始终都起作用的规律
D. 它决定并制约着自然界发展的客观规律

61. 物质生活的生产方式是人类社会存在和发展的基础。其表现有（   ）。
A. 生产方式是生活资料的谋得方式
B. 生产方式是全部社会关系的总和
C. 生产方式决定整个社会的面貌
D. 生产方式决定社会制度的性质

62. 在马克思主义的历史观中，社会经济结构这个概念有广义和狭义两种界定。广义的社会经济结构包括两项内容，它们分别是（   ）。
A. 所有制结构
B. 生产力结构
C. 劳动资料结构
D. 生产关系结构

63. 下列哪些现象属于我国的经济基础？（   ）
A. 社会主义国有化铁路
B. 社会主义商品交换
C. 中华人民共和国的《森林法》
D. 社会主义的按劳分配制度

64. 在阶级社会中，上层建筑的科学含义是指（   ）。
A. 建立在一定经济基础之上的社会意识形态以及与之相应的制度、设施的总和
B. 经济、政治制度和设施
C. 生产方式和生活方式的统一

· 143 ·

D. 建立在一定经济基础之上的政治上层建筑和思想上层建筑的统一
65. 上层建筑在下列哪些方面为经济基础服务？（　　）
   A. 在服务方向上，保护自己的经济基础，排除异己
   B. 在服务方式上，通过对社会生活和经济生活的控制实现其职能
   C. 在服务效果上，既可以促进也可以阻碍经济基础的发展
   D. 在服务手段上，一切通过国家行政命令
66. 经济基础与上层建筑的辩证关系主要表现为（　　）。
   A. 上层建筑不能先于经济基础而产生
   B. 上层建筑的变化决定经济基础的变化
   C. 经济基础决定上层建筑的产生、性质和发展变化
   D. 上层建筑反作用于经济基础并为它服务
67. 上层建筑必须适合经济基础发展要求的规律的内容是（　　）。
   A. 经济基础与上层建筑相互决定、相互促进
   B. 经济基础决定上层建筑的产生、性质和发展变化
   C. 上层建筑的反作用取决于经济基础的性质和要求
   D. 经济基础与上层建筑的矛盾运动是由基本适合到基本不适合再到新的基本适合的过程
68. 阶级的实质是（　　）。
   A. 经济收入不同的社会集团
   B. 社会分工不同的社会集团
   C. 一个集团能够占有另一个集团的劳动
   D. 不同社会集团之间剥削与被剥削的关系
69. 阶级斗争产生的根源在于（　　）。
   A. 社会政治关系的发展
   B. 经济基础和上层建筑的关系
   C. 阶级之间物质利益的根本对立
   D. 统治阶级对被统治阶级的压迫和剥削
70. 社会革命的实质是（　　）。
   A. 国家政权在各个阶级之间的相互转移
   B. 国家政权在统治阶级内部各集团之间相互转移
   C. 革命阶级推翻反动阶级的统治
   D. 用新的社会形态代替旧的社会形态
71. "一言可以兴邦，一言可以丧邦"，英雄人物的个别举动可以改变历史发展的方向。这种观点是（　　）。
   A. 否认历史偶然性的机械决定论
   B. 否认历史必然性的唯意志论
   C. 唯心主义非决定论在历史观上的表现
   D. 重视必然性作用的历史唯物主义
72. 历史唯心主义的主要缺陷是（　　）。

A. 承认杰出人物在历史发展中的重大作用

B. 承认意识的能动作用

C. 没有考察人们历史活动的思想动机的原因

D. 没有客观地说明人民群众是创造历史的动力

73. 马克思主义产生以前唯心史观占统治地位的原因是（　　）。

A. 人们不能正确认识人的自觉活动与社会客观规律性的关系

B. 由于剥削阶级的偏见有意歪曲历史

C. 社会本身没有客观规律可遵循

D. 社会生产规模的狭小限制了人们的眼界

74. 人民群众创造历史的活动是（　　）。

A. 和社会发展规律相一致的

B. 在具体历史条件下进行的

C. 按理性原则进行的

D. 按领袖意志实现的

75. 关于人民群众和杰出人物在历史中的作用问题上，唯物主义认为（　　）。

A. 人民群众和杰出人物在历史的作用上是等同的

B. 人民群众可以改变历史发展规律，杰出人物不能改变历史发展规律

C. 人民群众是历史发展的决定力量，杰出人物对历史发展可以起加速或延缓的作用

D. 人民群众需要杰出人物，杰出人物来自群众

76. 杰出人物的出现是（　　）。

A. 纯粹历史的必然性

B. 纯粹历史的偶然性

C. 既是必然的又是偶然的

D. 历史潮流发展之需要

77. 正确认识和评价杰出人物历史作用的基本观点和方法是（　　）。

A. 历史主义的科学原则

B. 阶级分析

C. 必然性与偶然性相统一的观点

D. 肯定一切

78. "如果偶然性不起任何作用的话，世界历史就会带有非常神秘的性质。"这种观点是（　　）。

A. 历史唯物主义的观点

B. 历史唯心主义的观点

C. 历史辩证法的观点

D. 历史发展中偶然性和必然性相统一的观点

79. 马克思指出："历史事件似乎总的来说同样是由偶然性支配着的。但是，在表面上是偶然性在起作用的地方，这种偶然性始终是受内部的隐蔽着的规律支配的。而问题只是在于发现这些规律。"这些论述表明（　　）。

A. 历史是偶然性和必然性的统一
B. 历史的发展是有规律的
C. 历史事件的偶然性由历史发展的必然性所决定，历史的必然性通过偶然性表现出来
D. 人类历史的发展规律是可以被认识的

80. 在各种大灾大难面前，我国各级部门都以抢救受灾群众的生命和保障人民的生命安全为救援工作的第一目标。这说明了（　　）。
A. 人的价值是一切价值中的最高价值
B. 人是社会存在和发展的前提，又是社会存在和发展的目标
C. 社会发展要以人为本
D. 人是目的

81. 在讨论人类社会生活规范的问题上，有一种观点提倡"人人为我，我为人人"。这其中包含的主张有（　　）。
A. 个人的价值和利益应该得到社会的肯定
B. 人在为他人和社会的贡献中实现自我价值
C. 社会利益和个人利益不存在冲突
D. 人的价值是工具性和目的性的统一

82. 有人指出："在历史转折时期，只要充分认识历史的必然之路和自己的历史责任，做出正确的选择，就可以在历史进程中大有作为。"这句话（　　）。
A. 它是历史唯物主义的观点
B. 说明了社会历史过程是客观规律性与人的自觉活动的统一
C. 说明历史的必然性是通过人的活动来实现的
D. 历史必然性取决于人的选择

83. 根据马克思主义哲学的人学理论，以下关于人的理解正确的有（　　）。
A. 人的本质是社会性
B. 人是目的又是手段
C. 人的价值体现了人的能力大小
D. 人的全面发展是一个永无止境的历史过程

84. 在20世纪80年代，一个名叫张华的大学生为搭救一个淘粪工人而献出生命。这当时在社会上引发了广泛的讨论。后来大多数人还是认为，张华的行为是值得肯定和提倡的。这说明（　　）。
A. 人的价值体现了人的能力的大小
B. 人的价值不仅体现为物质层面价值，而且体现为精神层面价值
C. 人的价值主要体现在对社会和他人的贡献上
D. 人的价值的实现同人的自我目标的实现是矛盾的

85. 现代生物科技证明，人类的 DNA 结构中有 90% 以上与现代类人猿相同。这些事实说明了（　　）。
A. 人的本质是社会性
B. 人具有自然属性

C. 人类起源于动物界

D. 人的本质是动物性

86. 在谁是历史的创造者的问题上，主观唯心主义和客观唯心主义者都（　　）。

A. 认为历史的发展是个人意志的体现

B. 主张精神的力量主宰历史

C. 主张英雄人物是神意或绝对精神的受托者

D. 否定人民群众创造历史的作用

87. "各种经济时代的区别，不在于生产什么，而在于怎样生产，用什么劳动资料生产。劳动资料不仅是人类劳动力发展的测量器，而且是劳动借以进行的社会关系的指示器。"马克思在《资本论》中的这段话表达的观点是（　　）。

A. 劳动资料是测量生产力的客观尺度

B. 劳动资料是生产关系的指示器

C. 劳动资料是划分不同经济发展阶段的指标

D. 生产方式区分不同的经济时代

88. 下列事例表现了社会意识反作用的有（　　）。

A. 对平均主义思想的破除推动了我国经济的发展

B. 传统的商品观念阻碍社会主义商品经济的发展

C. 社会主义事业的发展坚定了人们的社会主义信念

D. 实行"穷过渡"无助于消除资本主义的私有观念

89. 鲁迅先生说："穷人绝无开交易所折本的懊恼，煤油大王哪会知道北方拾煤渣老婆子身受的酸辛，灾区的饥民，大约总不去种兰花，像阔人老太爷一样……"这段话包含的历史唯物主义的道理是（　　）。

A. 社会意识是社会存在在人们头脑中的反映

B. 社会意识对社会存在具有反作用

C. 每个人的意识，要受到社会生活的制约，取决于他们的社会地位、生活环境

D. 在阶级社会中，人们的意识具有阶级性

90. 社会规律是人们自己的"社会行动的规律"，是因为（　　）。

A. 人是社会历史的主体

B. 人们自己创造自己的历史

C. 社会规律存在和实现于实践活动之中

D. 历史不过是追求着自己目的的人的活动而已

91. 某些资产阶级思想家认为，阶级的出现是由于人们在社会生产组织中分为"组织者"和"执行者"的结果，这种"分工论"的错误在于（　　）。

A. 从经济领域中分析阶级现象

B. 掩盖生产资料所有制是划分阶级的主要依据

C. 否认阶级的实质是一部分人无偿占有另一部分人的劳动

D. 把阶级划分与生产分工相联系

92. 历史唯物主义的基本原理包括（　　）。

A. 人类社会也是一个自然历史过程
B. 社会基本矛盾是社会发展的动力，人民群众是历史的创造者
C. 社会存在决定社会意识，社会意识反作用于社会存在
D. 阶级斗争是阶级社会发展的根本动力

93. 人民群众创造历史的作用表现在，他们是（　　）。
A. 社会物质财富的创造者
B. 社会精神财富的创造者
C. 受任何条件的制约
D. 社会历史变革的决定力量

94. 革命在社会发展中的重要作用是（　　）。
A. 革命是实现社会形态变更的决定性环节
B. 革命能使人民群众创造历史的积极性和主动性得到充分发挥
C. 革命能改造和教育群众和革命阶级本身
D. 革命可以解放生产力，促进生产力的发展

95. 历史唯心主义的抽象人性论主张（　　）。
A. 超历史的人与人性是历史发展的动力
B. 人的本质是单个人所固有的抽象物
C. 人的本质在其现实性上是一切社会关系的总和
D. 不受任何制约的个人意志是人性的体现

96. 马克思主义认为人的本质是一切社会关系的总和。这揭示了（　　）。
A. 人的本质是相同的，是与生俱来的
B. 不同社会关系的人具有不同的本质
C. 人的本质具有社会性
D. 人的本质是发展变化的

97. 从个人和社会统一的观点出发，人的自我价值在于通过自己的活动（　　）。
A. 满足个人对物质财富和社会地位的需要
B. 实现不受社会制约的自由选择
C. 满足社会和自我的多方面的需要
D. 在对社会奉献中实现自我需要的满足

98. 下列各项中属于个人价值实现的条件和途径的有（　　）。
A. 个人的主观条件
B. 人所处的环境
C. 社会的需要
D. 个人主观愿望

99. 历史唯物主义认为人的价值在于（　　）。
A. 对规律的掌握
B. 道德价值
C. 个人对社会的贡献

D. 社会对个人的尊重

100. 人的全面发展与社会发展的关系是（　　）。

A. 人的全面发展是社会发展的必要条件和重要内容

B. 人的全面发展与社会发展具有相互促进的内在联系

C. 社会发展促使人向着全面性的方向发展

D. 社会发展丰富着人的全面发展的本质

101. 对人的价值的正确看法是（　　）。

A. 人是价值的主体又是价值的客体

B. 人的价值是自我价值和社会价值的统一

C. 人的价值首先在于劳动、创造

D. 评价人的价值应以对社会的贡献为主

102. 2008年年初的中国南方暴雪灾害，对我国的经济社会带来重大影响。在风雪灾害期间，交通受阻、通信中断、作物遭灾、设施损毁，等等。这次事件，推动人们更加重视和认真思考自然界与人类社会的关系。以上给我们的启示有（　　）。

A. 人与自然界必须协调发展

B. 自然地理环境是人类社会存在和发展的基础

C. 自然地理环境对人类社会的发展起着重要的影响和制约作用

D. 自然地理环境决定着人类社会的发展

103. 在社会主义现代化建设过程中，有一种观点认为，只要物质文明搞好了，精神文明就自然上去了。这种观点（　　）。

A. 误解了物质文明和精神文明的辩证关系

B. 否认了社会意识对社会存在的能动反作用

C. 没有看到精神文明建设的重要战略意义

D. 是夸大精神作用的唯心史观

104. 18世纪末法国的哲学和政治思想超过了当时经济上先进的英国；18—19世纪经济上落后、政治上分裂的德国却产生了黑格尔哲学并孕育了马克思主义。这些现象在哲学上体现了（　　）。

A. 社会意识的相对独立性

B. 文化文明的历史继承

C. 社会意识与社会存在发展的不平衡性

D. 文化与经济发展的不平衡性

105. 有一些历史学家，或者把世界历史比作历史人物上演剧目的舞台，或者把其中的历史事件比作各种五颜六色的积木。而后人可以对这些剧目进行自己所理解的排列，或者把这些积木进行自己所理解的堆砌。这些观点（　　）。

A. 没有看到人民群众的历史作用

B. 把历史看成是偶然事件的堆积

C. 否定社会历史的客观性

D. 否定社会历史的规律性

106. 意大利历史学家克罗齐认为："一切历史都是思想史。"这种观点（   ）。
   A. 夸大了思想因素在历史中的作用
   B. 本质上是唯心史观
   C. 承认了人民群众在历史发展中的决定作用
   D. 肯定了历史发展的客观规律性

107. 邓小平同志指出："改革是中国的第二次革命。"依据历史唯物主义相关原理，以下关于改革的理解正确的是（   ）。
   A. 改革是社会主义发展的重要动力
   B. 改革是社会形态的自我发展和自我完善
   C. 改革就是改变不适合生产力发展的经济政治文化制度
   D. 改革体现了生产关系一定要适应生产力发展状况、上层建筑一定要适应经济基础发展状况的人类社会基本规律

108. "社会的物质生产力发展到一定阶段，便同它们一直在其中活动的现存生产关系或财产关系发生矛盾。于是这些关系便由生产力的发展形式变成生产力的桎梏。那时社会革命的时代就到来了。"这段话表明（   ）。
   A. 生产力的发展必然引起生产关系的变化
   B. 生产力是生产方式的内容，生产关系是生产方式的社会形式
   C. 生产力必须在一定生产关系中存在和发展
   D. 生产力和生产关系的矛盾是社会革命的根本原因

109. "资产阶级在它的不到一百年的阶级统治中所创造的生产力，比过去一切世代创造的全部生产力还要多，还要大。"这说明（   ）。
   A. 当生产关系适合生产力状况时，生产力会得到迅速发展
   B. 资本主义生产关系代替封建制度是历史的进步
   C. 在资本主义社会，资产阶级是历史的创造者
   D. 资本主义生产关系的建立在一定程度上解放了社会生产力

110. 生产关系一定要适合生产力状况的规律（   ）。
   A. 体现了社会存在和社会意识的辩证关系
   B. 是生产力和生产关系之间的内在的、本质的必然联系
   C. 是人类社会发展的普遍规律
   D. 是马克思主义政党制定方针、政策的重要客观依据

111. 下列各项正确反映人对地理环境的依赖关系的有（   ）。
   A. 地理环境的优劣可以决定社会制度的性质
   B. 地理环境的变化可以决定社会制度的更替
   C. 地理环境为人类提供社会生产和生活的场所
   D. 地理环境为人类提供生产和生活的自然资源

112. 地理环境不是社会发展的决定性因素。这是因为（   ）。
   A. 不能影响人的生理特点和心理变化
   B. 不能决定一个国家社会制度的性质

C. 不能决定一个国家社会制度的更替
D. 对社会发展的作用受生产力发展水平的制约

113. 下列各项正确反映人口因素对社会发展制约和影响作用的有（　　）。
    A. 人口密度的大小决定社会制度的性质
    B. 人口增长的快慢决定社会制度的更替
    C. 人口状况的优劣可以加速或延缓社会的发展
    D. 一定数量的人口是社会物质生产的必要前提

114. 经济基础在社会关系中属于（　　）。
    A. 物质关系
    B. 经济关系
    C. 伦理关系
    D. 政治关系

115. 既承认人民群众的决定作用，又承认英雄人物对历史的重大影响作用的观点是（　　）。
    A. 坚持人民群众和英雄人物共同创造历史
    B. 说明对群众作用的肯定内在地包含了对个人作用的肯定
    C. 坚持人民群众创造历史的唯物史观
    D. 把群众史观与英雄史观调和起来

116. "在现代历史中，国家的愿望总的说来是由市民社会的不断变化的需要，是由某个阶级的优势地位，归根到底，是由生产力和交换关系的发展决定的。"这段话说明（　　）。
    A. 上层建筑的变化发展决定于经济基础
    B. 国家的产生和发展是由经济基础所决定的
    C. 生产力是社会发展的最终决定力量
    D. 经济基础不仅推动了上层建筑的变化发展，而且也决定着上层建筑变化发展的方向

117. "人们自己创造自己的历史。"这一命题表明（　　）。
    A. 人是社会的主体
    B. 历史是由追求着自己目的的人的活动构成的
    C. 历史规律实现于人的自觉活动之中
    D. 社会中每个人都是推动历史前进的力量

118. （2008年第20题）随着科学技术和经济全球化的发展，人类的交往活动日益普遍和深化，交往作为人类特有的活动和存在方式，对社会发展具有越来越重要的作用。主要表现在（　　）。
    A. 交往促进生产力的发展
    B. 交往推动社会关系的变革和改善
    C. 交往是科学文化传承和发展的重要途径
    D. 交往促进人自身的发展

119. 我国实行经济体制改革是由（　　）。
    A. 社会主义国家政权的性质决定的
    B. 社会生产力发展的状况决定的

C. 社会主义生产关系的性质决定的

D. 社会主义社会基本矛盾运动的客观要求决定的

120. 下列正确反映人口因素对社会发展的制约和影响作用的有（　　）。

　　A. 人口增长的快慢可以决定社会制度的更替

　　B. 人口状况的优劣可以加速或延缓社会发展

　　C. 一定数量的人口是社会物质生产的必要前提

　　D. 人口分布状况是否合理可以决定国家的强弱

121. 唯物史观在坚持人民群众是历史的创造者这一基本前提下，高度重视个人在历史上的作用。历史人物是一定历史事件的主要倡导者、组织领导者或思想理论、科学文化的重要代表人物。下列关于历史人物作用的正确认识是（　　）。

　　A. 历史人物对历史发展的作用都是积极的

　　B. 历史人物会因其智慧、性格等因素对社会过程发生影响

　　C. 具有进步意义的历史人物往往能够首先发现或提出历史进程中新的历史任务

　　D. 历史人物无论发挥什么样的历史作用都不能决定和改变历史发展的总进程和总方向

122. 马克思主义从必然性与偶然性的辩证统一中理解杰出人物的历史作用，认为（　　）。

　　A. 杰出人物能修改历史发展的基本方向

　　B. 杰出人物的历史作用受到一定历史条件的制约

　　C. 杰出人物历史作用的形成和发挥与其顺应人民群众的意愿密不可分

　　D. 杰出人物会因其智慧、性格因素对社会进程发生影响

123. 作家史铁生在《奶奶的星星》中讲道，奶奶告诉他的故事与通常的说法不同：一般人说，地上死一个人，天上就熄灭了一颗星星；而奶奶说，地上死一个人，天上又多了一个星星，人死了就会升到天空，变成星星给走夜道的人照个亮了。于是他"慢慢相信，每一个活过的人，都能给后人的路途上添些光亮，也许是一颗巨星，也许是一把火炬，也许只是一支含泪的烛光……"这对我们理解个人在社会历史中的作用的启示有（　　）。

　　A. 杰出个人决定历史发展的走向

　　B. 人人都是历史的创造者

　　C. 历史是无数个人相互作用的合力的结果

　　D. 每个人对社会发展都有或大或小的作用

124. 唯物史观第一次科学地解决了历史创造者的问题，认为人民群众是历史的创造者。人民群众（　　）。

　　A. 从量上说是指社会人口的绝大多数

　　B. 从质上说是指一切对社会历史发展起推动作用的人

　　C. 在任何历史时期都不包括剥削阶级

　　D. 最稳定的主体部分始终是从事物质资料生产的劳动群众及其知识分子

125. 2011年4月，耶鲁大学出版了《马克思为什么是对的》一书，书中列举了当前西方社会10个典型的歪曲马克思主义的观点。其中一种观点认为："马克思主义将世间万物都归结于经济因素，艺术、宗教、政治、法律、道德等都被简单地视为经济的反映，对人类历

史错综复杂的本质视而不见,而试图建立一种非黑即白的单一历史观。"上述观点是对马克思主义关于经济基础和上层建筑辩证关系思想的严重歪曲,其表现为(　　)。

A. 把社会历史发展多重因素的综合作用歪曲为单一因素决定论
B. 把上层建筑与经济基础的相互作用歪曲为机械的单向作用
C. 把经济作为社会的"基础"所具有的归根到底的决定作用歪曲为唯一决定作用
D. 把意识形态对社会历史始终具有的积极能动作用歪曲为消极被动作用

126. 历史经验表明,经济危机往往孕育着新的科技革命,1857年世界经济危机引发了电气革命,推动人类社会从蒸汽时代进入电气时代。1929年的世界经济危机,引发了电子革命,推动人类社会从电气时代进入电子时代,由此证明(　　)。

A. 科技革命是摆脱社会危机的根本出路
B. 科学技术是社会形态更替的根本标志
C. 社会实践的需要是科技发展的强大动力
D. 科技创新能够推动社会经济跨越式发展

127. "随着新生产力的获得……人们也就会改变自己的一切社会关系,手推磨产生的是封建主义的社会,蒸汽磨产生的是工业资本家的社会。"这段话表明科学技术是(　　)。

A. 历史上起推动作用的革命力量
B. 历史变革中的唯一决定性力量
C. 推动生产方式变革的重要力量
D. 一切社会变革中的自主性力量

三、判断题

1. "人权高于主权。" (　　)
2. 马克思主义产生以前,长期占统治地位的历史观是唯物史观。 (　　)
3. 唯物主义都承认社会存在决定社会意识。 (　　)
4. 历史决定逻辑,逻辑"修正"历史。 (　　)
5. 现代科学思维方法的产生与辩证思维方法无关。 (　　)
6. 人工智能的出现可以替代人类的思维。 (　　)
7. 社会主义的根本任务是解放生产力、发展生产力。 (　　)
8. 暴力革命是无产阶级革命的唯一形式。 (　　)
9. 先有辩证唯物主义,后有历史唯物主义。 (　　)
10. 生产力发展到一定历史阶段,生产关系就会自然而然地发生变化。 (　　)
11. 生产力和生产关系的统一构成经济基础。 (　　)
12. 自然科学是一种意识形式,但不属于上层建筑。 (　　)
13. 经济基础和上层建筑矛盾的解决影响和制约着生产力和生产关系矛盾的解决。 (　　)
14. 社会主义制度优越性的集中表现在于社会主义上层建筑和社会主义经济基础之间不再发生矛盾。 (　　)

15. 阶级产生的根源是战争和暴力。（　）
16. 社会阶级在任何时候都是自己时代的经济关系的产物。（　）
17. 政治态度和思想体系是划分阶级的标准。（　）
18. 国家是全体社会成员经过协议订立契约而产生的。（　）
19. 任何国家实质上都是本国所有社会成员的利益的保护者。（　）
20. 社会革命根源于贫穷落后。（　）
21. 阶级的消灭并不意味着国家完全消亡。（　）
22. 既然社会存在决定社会意识，那么社会主义社会就不会存在资本主义的社会意识。（　）
23. 社会主义必然代替资本主义的主要依据是生产的社会化与资本主义私人占有制之间的矛盾。（　）
24. 按劳分配的对象是生产资料。（　）
25. 主体和客体就是主观和客观。（　）
26. 旧唯物主义与辩证唯物主义在认识论上的根本区别在于是否承认世界是可以认识的。（　）
27. 社会离不开有主观愿望的人，社会活动离不开人的主观愿望，因此社会规律有别于自然规律，具有主观性。（　）
28. 人类社会是一种物质存在形式。（　）
29. 人口因素只能决定落后国家的社会性质。（　）
30. 旧唯物主义的历史观从总体上来说都是唯心论的。（　）
31. 生产力表明人与人之间的关系。（　）
32. 生产关系是一种客观的物质关系。（　）
33. 社会主义生产关系不能在资本主义社会内部组成。（　）
34. 在社会主义时期，只有不停顿地变革生产关系的各个方面和各个环节，才能促进生产力的发展。（　）
35. 在社会主义条件下，生产关系的公有化程度越高，就越能促进生产力的发展。（　）
36. 时势造英雄。（　）
37. 英雄造时势。（　）
38. 人民群众推动历史发展，杰出人物阻碍历史发展。（　）
39. 谁成为杰出人物完全由历史预先确定。（　）
40. 历史唯物主义为人们认识社会的各个方面提供了具体答案。（　）
41. 唯心史观之所以是唯心的，就是因为它承认社会意识对历史发展有重大作用。（　）
42. 承认人的意志和意识对历史有作用不一定是唯心主义历史观。（　）
43. 社会规律是通过人的有目的的活动存在的，因此社会规律不具有客观性。（　）
44. 社会主义比资本主义具有优越性的重要表现是社会主义可以改造社会规律，而资本主义不能改造社会规律。（　）

45. 生产力是不断发展的，这就要求我们必须不停顿地变革生产关系。（ ）
46. 社会主义社会的上层建筑完全适合于经济基础。（ ）
47. 生产力和生产关系的矛盾、经济基础和上层建筑的矛盾都是社会的基本矛盾，所以它们的地位是相同的，没有主次之分。（ ）
48. 阶级主要是根据人们的收入的多少而划分的。（ ）
49. 社会存在决定社会意识，所以旧的社会意识形态将随着旧经济基础的消失而立即消失。（ ）
50. 社会意识形态诸形式对经济基础的反映，有些是直接的，有些是间接的。（ ）
51. 与以往社会不同，在社会主义条件下，人民群众创造历史的活动完全是自觉的，不再有盲目性。（ ）
52. 是"时势造英雄"，而不是"英雄造时势"，因此谁成为领袖人物完全是由历史必然性决定的。（ ）
53. 一种进步的社会历史现象永远是进步的。（ ）
54. 科学就是技术，技术也是科学，二者没有什么区别。（ ）
55. 一切社会意识都是社会意识形式。（ ）
56. 无产阶级不仅可以用物质手段摧毁反动的剥削制度，而且可以用物质手段消灭反动的社会意识形态。（ ）
57. 阶级的消灭是历史的必然。（ ）
58. 改革就是社会革命。（ ）
59. 经济基础是现实存在的一切生产关系的总和。（ ）
60. 在社会物质生活条件中，只有生产方式才是社会发展的决定力量。（ ）
61. 马克思主义产生以前的一切社会历史理论都是唯心主义。（ ）
62. 人类社会和自然界有着本质不同，因而二者毫无联系可言。（ ）
63. 历史唯物主义和各门具体社会科学既相互区别，又相互联系。（ ）
64. 社会意识依赖于社会存在，因此，社会生产力愈发达，社会意识也愈先进。（ ）
65. 否认人民群众创造历史是一切旧社会历史理论的共同特征。（ ）
66. 杰出人物对社会历史发展起了重大的影响作用，所以历史是由杰出人物和人民群众共同创造的。（ ）
67. 人民群众创造历史的力量是有限和无限的辩证统一。（ ）
68. 历史人物对历史发展的影响作用具有促进和阻碍两种性质。（ ）
69. 改革是社会主义制度的革命性过程。（ ）

四、辨析题

1. 只有先进的社会意识对社会存在才具有反作用。
2. 改革是社会主义制度的自我完善和发展。
3. 社会发展有不以人的意志为转移的必然趋势，因而人的意识无法在其中起作用。
4. 生产力决定生产关系，因而生产力的变化会自然而然地引起生产关系的变革。

5. 上层建筑只要适合自己的经济基础，就能对社会发展起推动作用。
6. 历史发展的总的合力是人民群众共同作用的结果，其中不包含个人意志的作用。

五、简答题

1. 如何理解社会存在与社会意识的辩证关系？
2. 运用生产力和生产关系辩证关系的原理，说明我国经济体制改革的重要意义。
3. 为什么说劳动发展史是理解全部社会发展史的"钥匙"？
4. 简述唯心史观的根本缺陷。
5. 简述生产力与生产关系的辩证关系。
6. 简述经济基础与上层建筑的辩证关系。
7. 如何理解社会基本矛盾是社会发展的根本动力？
8. 简述改革在社会发展中的作用。
9. 如何正确理解科学技术的社会作用和它的两重性？

六、论述题

1. 试分析：既然社会存在决定社会意识，那么，为什么同一时代条件下人们的思想、观念却丰富多彩、差异很大甚至产生对立呢？搞清这些道理，对于提高自己思想道德修养的自觉性会有什么帮助？
2. 社会发展是社会基本矛盾运动的结果，可历史事件又是人们意志的"合力"造成的，两者不矛盾吗？这与"国家兴亡，匹夫有责"是怎样的关系？
3. 运用生产力和生产关系辩证关系的原理，说明我国社会主义初级阶段实行以公有制为主体、多种所有制经济共同发展的基本经济制度的正确性。
4. 运用上层建筑一定要适合经济基础状况规律的原理，说明当前我国进行政治体制改革的必要性、重要性。
5. 什么是生产关系必须适合生产力性质的规律？这一规律有什么现实指导意义？

七、材料分析题

1. 中国近代资产阶级思想家梁启超说："历史者英雄之舞台也，舍英雄几无历史。"
英国的 T·卡莱尔（1795—1881）认为：全世界的历史"实际上都是降生到这个世界上来的伟大人物的思想外在的、物质的结果"，"这些伟人的历史真正构成了全部世界历史的灵魂"。
请根据材料分析其观点。
2. 结合材料回答问题。
【材料1】
唯物主义历史观从下述原理出发：生产以及随生产而来的产品交换是一切社会制度的基础；在历史上出现的每个社会中，产品分配以及和它相伴随的社会之划分为阶级或等级，是由生产什么、怎样生产以及怎样交换产品来决定的。所以,一切社会变迁和政治变革的终极原因,不应当到人们的头脑中,到人们对永恒的真理和正义的日益增进的认识中去寻找,而应当到生产方式和交换方式的变更中去寻找;不应当到有关时代的哲学中去寻找,而应当到有关时代的经济中去寻找……在生产方法和交换形式中已经不知不觉地发生了变化,适合于早先的经济条件的社会制度已经不再同这些变化相适应了。同时这还说明,用来消除已经发现的弊病的手段,也必然以或多或少发展了的形式存在于已经发生变化的生产关系本身中。

摘自《反杜林论》

【材料2】

马克思说:"无论哪一个社会形态,在它所能容纳的生产力发挥出来之前。是决不会灭亡的,而新的更高的生产关系,在它存在的物质条件在旧社会的细胞里成熟以前,是决不会出现的,所以人类始终只提出自己能够解决的任务,因为只要仔细考察就可以发现,任务本身,只有在解决它的物质条件已经存在或者基本至少是在生成过程中的时候才会产生。"

摘自《马克思恩格斯选集》第2卷

【材料3】

人类的各个时期彼此借以区别的,仅仅是宗教的变迁。某一历史运动,只有在它深入人心的时候,才是根深蒂固的。心不是宗教的形式,因而宗教也不应当存在于心中;心是宗教的本质。

摘自《西方哲学原著选读》

请回答:

(1)材料1、2的基本观点是什么?请说明二者的共同之处。

(2)怎样理解材料3中"人类的各个时期彼此借以区别的,仅仅是宗教的变迁"这句话?这句话的观点与材料1和材料2的观点有何区别?

3. 结合材料回答问题。

【材料1】

在生态方面,人类的繁衍,使地球不堪重负,破坏性的开采使地球有限的资源几近枯竭。由于温室效应导致海平面上升,太平洋岛国图瓦卢在2001年被迫全民移居新西兰。人类的种种行为,已经违背了自然界的生存法则,人类社会的发展前景已蒙上了一层挥之不去的阴影。"保护生态环境,实现可持续发展"已成为全人类紧迫而又艰巨的任务。

摘自金鑫《世界问题报告》

【材料2】

爱因斯坦说:"科学是一种强有力的工具。怎样用它,究竟是给人带来幸福还是灾难,全取决于人自己,而不是取决于工具。刀子在人类生活中是有用的,但它也能用来杀人。"

摘自《马克思主义哲学原理》(中国人民大学出版社)

请回答:

结合材料1和材料2,判断"环境问题是科学技术的直接结果"这个观点的对错。

4. 在社会历史发展问题上,不同思想家有不同的理解。

【材料1】

不同的气候产生了不同的需要,不同的需要产生了不同的生活方式,不同的生活方式产生了不同种类的法律。热带民族的怯懦常常使这些民族成为奴隶,而寒冷气候地带的民族的勇敢使他们能够维护自己的自由。这是自然的原因所产生的后果。居住在山地的人坚决主张要平民政治,平原上的人则要求由一些上层人物领导的政体,近海的人则希望一种二者混合的政体。

摘自孟德斯鸠《论法的精神》

【材料2】

马克思说:"一切社会变迁和政治变革的终极原因,不应当到人们的头脑中,到人们对永恒真理和正义的日益增进的认识中去寻找;而应当到生产方式和交换方式的变革中去寻找;不应当到有关的时代的哲学中去寻找,而应当到有关的时代的经济中去寻找。"

《马克思恩格斯选集》第3卷(人民出版社1995年版,第741页)

请回答:

(1) 对材料1中的观点加以评析。

(2) 对材料2中的观点加以评析。

5. 结合材料回答问题。

【材料1】

1978年我国作出改革开放的战略决策时,美国《时代》杂志曾质疑说:"他们的目标几乎不可能按期实现,甚至不可能实现。"经过30多年的改革开放,我国国内生产总值、外贸进出口总额均已达到世界第二位,经济总量占世界经济的份额提升到10%左右,对世界经济增长的贡献率年平均超过20%。据世界银行统计,我国已进入中高收入国家行列。

在物质文化生活得到提高之后,人民群众对未来期待更高。过去施工建厂,首先考虑的是经济利益,今天引进项目,担心的却是环境污染;过去期盼吃饱穿暖,今天却追求吃得健康、安全;过去梦想有车有房,现在则忧虑PM2.5排放。城乡居民收入整体都有提高,但城乡区域发展差距和居民收入分配差距依然较大,近10年来中国基尼系数始终处于0.4以上,超出国际公认"警戒线"……这个经济飞速发展、财富不断积累的世界第二大经济体,在创造着"中国式奇迹"的同时,仍有一些"中国式难题"亟待破解。

"改革开放是我们党的历史上一次伟大觉醒,正是这个伟大觉醒孕育了新时期从理论到实践的伟大创造。"习近平在党的十八大之后首次到地方调研就选择了广东,并向深圳莲花山顶的邓小平铜像敬献了花篮。习近平表示,之所以到广东来,就是要到在我国改革开放中得风气之先的地方,现场回顾我国改革开放的历史进程,将改革开放继续推向前进。我们来瞻仰邓小平铜像,就是要表明我们将坚定不移推进改革开放,奋力推进改革开放和现代化建设,取得新进展、实现新突破、迈上新台阶。

摘自《人民日报》(2013年3月22日)、新华网(2012年12月11日)等

【材料2】

1992年,邓小平同志在南方谈话中说:"不坚持社会主义,不改革开放,不发展经济,不改善人民生活,只能是死路一条。"回过头来看,我们对邓小平同志这番话就有更深的理解了。所以,我们讲,只有社会主义才能救中国,只有改革开放才能发展中国、发展社会主义、发展马克思主义。

正是从历史经验和现实需要的高度考虑，党的十八大以来，中央反复强调，改革开放是决定当代中国命运的关键一招，也是决定实现"两个一百年"奋斗目标、实现中华民族伟大复兴的关键一招。实践发展永无止境，解放思想永无止境，改革开放也永无止境。停顿和倒退没有出路，改革开放只有进行时、没有完成时。

摘自习近平《关于〈中共中央关于全面深化改革若干重大问题的决定〉的说明》

请回答：

（1）如何看待改革开放进程中的"中国式奇迹"与"中国式难题"？

（2）运用社会基本矛盾原理分析为什么"改革开放只有进行时、没有完成时"？

资本主义的本质及规律

一、单选题

1. 资本主义的生产关系在西欧封建社会内部已开始孕育成长的时间大约为（　　）。
   A. 14 世纪末 15 世纪初
   B. 15 世纪末 16 世纪初
   C. 16 世纪末 17 世纪初
   D. 17 世纪末 18 世纪初

2. 以资本主义机器大工业代替以手工技术为基础的工场手工业的工业革命兴起于（　　）。
   A. 17 世纪 60 年代
   B. 18 世纪 60 年代
   C. 19 世纪 60 年代
   D. 16 世纪 60 年代

3. 19 世纪 30 年代末 40 年代初，第一个从工场手工业占统治地位转变为机器大工业占优势的国家是（　　）。
   A. 英国
   B. 德国
   C. 法国
   D. 美国

4. 商品经济中最经常、最大量、最普遍的经济行为是（　　）。
   A. 市场竞争关系
   B. 商品交换关系
   C. 劳动力买卖关系

D. 追求利润最大化

5. 劳动产品和商品的关系是（　　）。

A. 劳动产品一定是商品

B. 商品一定是劳动产品

C. 劳动产品和商品都具有使用价值和价值

D. 两者都要经过交换才能进入消费领域

6. 社会经济的两种基本形态是（　　）。

A. 商品经济和市场经济

B. 公有制经济和非公有制经济

C. 自然经济和商品经济

D. 计划经济和自然经济

7. 经济规律与自然规律的区别在于（　　）。

A. 自然规律是客观的，经济规律是主观的

B. 自然规律有重复性，经济规律没有重复性

C. 自然规律有阶级性，经济规律没有阶级性

D. 自然规律通过盲目的、自发的力量起作用，经济规律是通过人的活动实现的

8. 商品经济产生和存在的条件是（　　）。

A. 自然经济的存在和发展

B. 社会化大生产和资本主义私有制

C. 社会化大生产和社会主义公有制

D. 社会分工的出现以及生产资料和劳动产品属于不同所有者

9. 资本原始积累的实质是（　　）。

A. 资本家靠自身勤劳致富，兴办资本主义企业

B. 劳动者自愿脱离土地到城市做工，为资本家进行积累

C. 资本家用经济手段诱使农民脱离土地成为雇佣劳动者

D. 通过暴力手段迫使劳动者与生产资料分离，把大量财富集中在资本家手中

10. 市场经济是（　　）。

A. 和商品经济相对应的一种经济形式

B. 市场对资源配置起基础性作用的一种经济形式

C. 由国家干预和调节的一种经济形式

D. 属于社会基本制度范畴的一种经济形式

11. 马克思在研究商品时，之所以考察商品的使用价值，是因为使用价值是（　　）。

A. 人类生存、发展的物质条件

B. 构成财富的物质内容

C. 满足人们需要的物质实体

D. 商品交换价值的物质承担者

12. 马克思主义政治经济学的理论基础是（　　）。

A. 剩余价值理论

B. 劳动价值论

C. 英国古典政治经济学

D. 辩证唯物主义和历史唯物主义

13. 商品的本质因素是（　　）。

A. 使用价值

B. 交换价值

C. 价值

D. 使用价值和价值

14. 加快资本周转，可以增加年剩余价值量和提高年剩余价值率，根本是因为（　　）。

A. 预付的资本总量增加了

B. 实际发挥作用的可变资本增加了

D. 流通对生产的反作用

D. 剩余价值率提高了

15. 资本主义经济细胞和包括资本主义一切矛盾的萌芽是（　　）。

A. 劳动商品的出现

B. 雇佣劳动的存在

C. 资产阶级和无产阶级的存在

D. 以交换为目的的商品的存在

16. 生产商品的劳动分具体劳动和抽象劳动，其中具体劳动的作用是（　　）。

A. 创造新价值

B. 创造剩余价值

C. 创造必要价值

D. 创造使用价值

17. 劳动生产率提高了，同一社会必要劳动时间里创造的价值（　　）。

A. 增加

B. 减少

C. 不变

D. 增减不定

18. 马克思说："我们不可能从对小麦的品尝中，来判定它是由封建社会的农奴生产的，还是由资本主义制度下雇佣的劳动者生产的。"这句话说明（　　）。

A. 使用价值是商品的自然属性，不反映社会的经济关系

B. 使用价值取决于物品的自然属性，与劳动量无关

C. 无论社会形式如何，使用价值总是财富的物质内容

D. 使用价值是商品与其他物品的共同属性

19. 马克思说："一切商品对它的所有者是非使用价值，对它们的非所有者是使用价值。"这句话的含义是（　　）。

A. 商品生产者并不关心商品的使用价值

B. 商品所有者的物品不一定有价值

C. 有使用价值的物品不一定有价值
D. 商品所有者为取得价值必须让渡使用价值

20. 商品的使用价值和价值的矛盾，其完备的外在表现形式是（   ）。
A. 商品与商品的对立
B. 商品与货币的对立
C. 私人劳动和社会劳动的对立
D. 具体劳动和抽象劳动的对立

21. 马克思说："如果物没有用，那么其中包含的劳动也就没有用，不能算作劳动，因此不形成价值。"这句话表明（   ）。
A. 只要物有使用价值，也就有价值
B. 使用价值是价值的物质承担者
C. 使用价值与价值是不可分离的
D. 价值是由使用价值决定的

22. 单位商品价值量与劳动生产率变动之间的关系是（   ）。
A. 劳动生产率提高时单位商品价值量不变
B. 劳动生产率降低时单位商品价值量降低
C. 单位商品价值量与劳动生产率的变动成反比
D. 单位商品价值量与劳动生产率的变动成正比

23. 对"劳动是财富之父，土地是财富之母"这句话的正确解释是（   ）。
A. 劳动和土地都是价值的源泉
B. 劳动创造使用价值，土地形成价值
C. 劳动是创造价值的外部条件，土地是价值的真正源泉
D. 劳动必须和自然物相结合才能创造出物质财富

24. 商品的价值量由生产商品的社会必要劳动时间决定，它是在（   ）。
A. 同一种商品的生产者之间的竞争中实现的
B. 不同商品的生产者之间的竞争中实现的
C. 商品的生产者和消费者之间的竞争中实现的
D. 商品的生产者和销售者之间的竞争中实现的

25. 商品生产者要获得更多的收益，必须使生产商品的（   ）。
A. 个别劳动时间等于多倍的社会必要劳动时间
B. 个别劳动时间等于社会必要劳动时间
C. 个别劳动时间大于社会必要劳动时间
D. 个别劳动时间小于社会必要劳动时间

26. 货币的五种职能中最基本的是（   ）。
A. 世界货币和贮藏手段
B. 贮藏手段和支付手段
C. 价值尺度与流通手段
D. 价值尺度与价格标准

27. 投入某种物质商品生产过程中的劳动量不变，如果劳动生产率提高，在单位劳动时间内生产的商品数量和单位商品的价值量之间，两者的变化表现为（　　）。

　　A. 商品数量增加，单位商品价值量不变

　　B. 商品数量不变，单位商品价值量增大

　　C. 商品数量增加，单位商品价值量减少

　　D. 商品数量增加，单位商品价值量增大

28. 马克思说："货币作为价值尺度，是商品的内在价值尺度即劳动时间的必然表现形式。"这句话的意思是（　　）。

　　A. 劳动时间是商品的内在价值尺度，而货币不过是商品的外在价值尺度

　　B. 货币直接代表劳动时间，所以，可以衡量各种商品的价值

　　C. 货币出现以后，有了共同尺度，各种商品才可以作为价值相互比较

　　D. 货币执行价值尺度的职能，只需要观念上的货币

29. 资本主义政党制度的实质是（　　）。

　　A. 允许工人阶级及其政党参与国家政治生活

　　B. 允许马克思主义政党独立执政

　　C. 不受资本主义国家政权的资本主义性质制约

　　D. 资产阶级选择自己的国家管理者，实现其内部利益平衡的政治机制

30. 雇佣劳动者在生产商品的劳动中新创造的全部价值是（　　）。

　　A. 剩余价值

　　B. 劳动力价值

　　C. 商品的全部价值由劳动时间决定

　　D. 劳动力价值和剩余价值

31. 货币转化为资本的决定性条件是（　　）。

　　A. 劳动力成为商品

　　B. 生产资料可以买卖

　　C. 货币是一般等价物

　　D. 货币是社会财富的一般代表

32. 在货币和资本的关系上，正确的论断是（　　）。

　　A. 货币本身就是资本

　　B. 任何数量的货币都能成为资本

　　C. 凡是用来购买生产资料的货币都是资本

　　D. 只有能增殖自身价值的货币，才是资本

33. 生产资本区分为不变资本和可变资本的依据是（　　）。

　　A. 资本不同部分的物质形态不同

　　B. 资本不同部分在剩余价值生产过程中的作用不同

　　C. 不变资本不体现剥削关系，可变资本体现剥削关系

　　D. 资本不同部分的价值周转方式不同

34. 资本主义再生产过程的实质是（　　）。

A. 劳动过程和价值形成过程的统一

B. 劳动过程和价值增殖过程的统一

C. 物质资料再生产与资本主义生产关系再生产的统一

D. 物质资料再生产与劳动力再生产的统一

35. 商品价值的货币表现形式是（　　）。

A. 利息

B. 利润

C. 成本

D. 价格

36. 商店里出售的各种商品，都有价格标签。这些价格标签表明货币是在（　　）。

A. 执行价值尺度的职能

B. 充当价格手段的职能

C. 发挥支付手段的职能

D. 作为社会财富的代表

37. 通货膨胀的迹象是（　　）。

A. 货币供应量增长速度增加，物价普遍上涨

B. 货币供应量增长速度下降，物价持续下降

C. 货币供应量增长速度增加，物价持续下降

D. 货币供应量增长速度下降，物价普遍上涨

38. 资本主义国家的政权组织形式是（　　）。

A. 分权制衡

B. 权力分散

C. 民主集中

D. 政治协商

39. 企业向职工发放工资时，货币执行的职能是（　　）。

A. 价值尺度

B. 流通手段

C. 贮藏手段

D. 支付手段

40. 在商品买卖中起媒介作用的货币，执行的是（　　）。

A. 价值尺度的职能

B. 流通手段的职能

C. 贮藏手段的职能

D. 支付手段的职能

41. 在商品经济条件下，调节和配置社会资源主要依靠（　　）。

A. 价值规律

B. 有计划按比例发展规律

C. 行政手段

D. 法律手段

42. 从本质上看，决定两种商品之间交换数量比例的是商品的（　　）。

   A. 使用价值

   B. 供求关系

   C. 价值

   D. 自然属性

43. 在一切社会里，社会财富是由（　　）。

   A. 价值构成的

   B. 各种各样的使用价值构成的

   C. 资本构成的

   D. 货币构成的

44. 商品的二因素是对立的、统一的，这对矛盾解决有赖于（　　）。

   A. 劳动生产率的不断提高

   B. 货币的出现并充当交换媒介

   C. 商品的出现

   D. 商品物质实体的消亡

45. 两种商品可以按一定比例相互交换的原因，在于他们（　　）。

   A. 有不同的使用价值

   B. 都是具体劳动的产物

   C. 对人们有共同的效应

   D. 在生产中都耗费了一般的人类劳动

46. 生产商品的劳动二重性即具体劳动和抽象劳动是指（　　）。

   A. 两种独立存在的劳动

   B. 同一劳动过程中先后出现的两种不同劳动

   C. 同一劳动过程的两个方面

   D. 不同劳动过程的不同劳动形式

47. 价值的实体是（　　）。

   A. 具体劳动

   B. 抽象劳动

   C. 私人劳动

   D. 社会劳动

48. 简单商品经济的基本矛盾是（　　）。

   A. 脑力劳动和体力劳动的矛盾

   B. 具体劳动和抽象劳动的矛盾

   C. 简单劳动和复杂劳动的矛盾

   D. 私人劳动和社会劳动的矛盾

49. 在商品价值的形式发展中，一切商品的价值通过贵金属表现出来的价值形式是（　　）。

A. 简单价值形式

B. 扩大价值形式

C. 一般价值形式

D. 货币形式

50. 在下列经济行为中，属于货币执行流通手段职能的是（   ）。

A. 水果店给苹果标价每斤 2 元

B. 顾客购买 5 斤苹果，一周后付款 10 元

C. 顾客向水果店以每斤 2 元的价格预订 5 斤苹果

D. 顾客用 10 元现金购买了 5 斤苹果

51. 形成通货膨胀的原因是（   ）。

A. 纸币发行量少于社会商品价值总额

B. 纸币发行量超过社会商品价值总额

C. 纸币发行量少于流通中所需要的金属货币量

D. 纸币发行量超过流通中所需要的金属货币量

52. 剩余价值率不能用以下算式表示（   ）。

A. 剩余价值/可变资本

B. 剩余劳动/必要劳动

C. 剩余劳动时间/必要劳动时间

D. 可变资本/不变资本

53. 价值规律的作用借助市场机制实现，市场机制的核心是（   ）。

A. 供求机制

B. 价格机制

C. 竞争机制

D. 激励机制

54. 个别劳动的社会性质，通过（   ）。

A. 商品的有用性来体现

B. 商品的广告传播来体现

C. 商品的交换来体现

D. 商品质量的鉴定来体现

55. 就货币的起源来说，货币是（   ）。

A. 在商品没有出现以前就已经存在的

B. 由贵金属的自然属性决定的

C. 由少数经常交换商品的人发明的

D. 商品内在矛盾发展的必然产物

56. 价值规律调节社会劳动在各部门的分配是通过（   ）。

A. 价格始终同价值相等实现的

B. 价格高于价值实现的

C. 价格低于价值实现的

D. 价格围绕价值上下波动实现的

57. 理解马克思主义政治经济学的枢纽是（   ）。

A. 剩余价值学说

B. 生产价格理论

C. 劳动二重性理论

D. 劳动力商品理论

58. 马克思在劳动价值理论上的贡献在于（   ）。

A. 创立了劳动价值论

B. 提出了劳动二重性原理

C. 扩展了创造价值的劳动的内容和范围

D. 提出了生产要素参与价值分配的问题

59. 劳动力商品与其他商品不同的最根本特征是（   ）。

A. 劳动力存在于人的身体之内

B. 劳动力在一定条件下可以转化为商品

C. 劳动力使用价值是价值的源泉

D. 劳动力价值受历史道德因素影响

60. 劳动力成为商品是（   ）。

A. 一切社会经济制度共有的

B. 简单商品经济的前提

C. 自然经济转化为商品经济的决定性条件

D. 货币转化为资本的决定性条件

61. 劳动力商品的价值是由（   ）。

A. 劳动者为资本家创造的剩余价值决定的

B. 劳动者的劳动强度和熟练程度决定的

C. 生产劳动力商品的社会必要劳动时间决定的

D. 劳动者劳动时间的长短决定的

62. 资本主义商品的成本价格或生产成本是用（   ）。

A. 劳动耗费计量

B. 劳动的时间计量

C. 资本的耗费计量

D. 价格标准计量

63. 平均利润率是（   ）。

A. 剩余价值和预付总资本的比率

B. 剩余价值和预付可变资本的比率

C. 剩余价值总量和社会总资本的比率

D. 剩余价值总量和预付可变资本总量的比率

64. 绝对剩余价值和相对剩余价值都是依靠（   ）。

A. 延长工人工作日而获得的

B. 提高劳动生产率而获得的

C. 降低工人的工资而获得的

D. 增加剩余劳动时间而获得的

65. 相对剩余价值的获得是（　　）。

A. 个别企业提高劳动生产率的结果

B. 一个生产部门提高劳动生产率的结果

C. 社会劳动生产率提高的结果

D. 个别企业劳动生产率高于部门的结果

66. 绝对剩余价值是（　　）。

A. 个别资本家改进技术、提高劳动生产率的结果

B. 社会劳动生产率普遍提高的结果

C. 必要劳动时间不变，延长工作日的结果

D. 工作日不变，缩短必要劳动时间的结果

67. 由于提高劳动强度而生产的剩余价值属于（　　）。

A. 绝对剩余价值

B. 相对剩余价值

C. 超额剩余价值

D. 利润

68. 剩余价值率反映的是（　　）。

A. 不变资本价值的增殖程度

B. 资本家的赚钱程度

C. 固定资本价值的增殖程度

D. 资本家对工人的剥削程度

69. 资本主义基本经济规律是指（　　）。

A. 竞争和生产无政府状态的规律

B. 价值规律

C. 资本主义积累的一般规律

D. 剩余价值规律

70. 劳动力商品的价值是（　　）。

A. 由它劳动所创造的价值所决定的

B. 直接由生产它的劳动时间决定的

C. 由资本家支付给工人工资的多少决定的

D. 由生产、发展、维持和延续劳动力所必需的生活资料价值决定的

71. 劳动力商品使用价值的重要特点是，随着其使用价值的消费（　　）。

A. 劳动力商品的价值会全部丧失

B. 劳动力商品的价值会转移到新产品中

C. 只会创造新的大于劳动力价值的价值

D. 会创造新价值，并且创造出大于劳动力价值的价值

72. 资本积累和资本主义扩大再生产的关系是（　　）。

A. 资本积累是资本主义扩大再生产的源泉

B. 扩大再生产是资本积累的源泉

C. 资本积累本身就是扩大再生产

D. 扩大再生产与资本积累无内在联系

73. 分析资本有机构成的理论前提是（　　）。

A. 劳动力成为商品

B. 剩余价值转化为资本

C. 资本分为不变资本和可变资本

D. 剩余价值转化为利润

74. 资本的技术构成是指在一定技术水平下（　　）。

A. 固定资本和流动资本的比例关系

B. 所用资本和所费资本的比例关系

C. 生产资料和劳动力的比例关系

D. 厂房、设备和原材料的比例关系

75. 资本的有机构成是指（　　）。

A. 反映生产资料和劳动力比例关系的资本技术构成

B. 反映不变资本和可变资本比例关系的资本价值构成

C. 以技术构成为基础并反映其变化的资本价值构成

D. 以价值构成为基础并反映其变化的资本技术构成

76. 资本有机构成的提高意味着在不变资本和可变资本的比重中（　　）。

A. 不变资本的比重增大

B. 可变资本的比重增大

C. 不变资本和可变资本按相同的比例扩大

D. 不变资本和可变资本按相同的比例下降

77. 下列实物形态的资本中，同时属于生产资本、不变资本和固定资本的是（　　）。

A. 原料和燃料

B. 辅助材料

C. 机器设备

D. 商业设施

78. 社会再生产的核心问题是（　　）。

A. 价值的创造

B. 价值的转移

C. 价值的分配

D. 社会总产品的实现问题

79. 社会总产品是（　　）。

A. 当年新创造价值的总和

B. 一定时期（通常为一年）社会各物质生产部门生产的物质资料的总和

C. 当年生产的全部生产资料

D. 当年生产的全部消费资料

80. 社会总产品在价值形式上表现为（   ）。

A. 货币资本

B. 生产资本

C. 流通资本

D. 社会总产值

81. 社会再生产的核心问题是社会总产品的实现问题，包括（   ）。

A. 物质补偿和精神补偿

B. 价值补偿和实物补偿

C. 有形补偿和无形补偿

D. 商品补偿和货币补偿

82. 资本主义生产过程的二重性是指（   ）。

A. 生产使用价值的劳动过程和生产剩余价值的价值增殖过程

B. 转移价值的过程和创造价值的过程

C. 生产使用价值的劳动过程和生产价值的价值形成过程

D. 价值形成过程和价值增殖过程

83. 分析资本主义生产过程是劳动过程和价值增殖过程的统一，关键是运用（   ）。

A. 商品二因素原理

B. 资本区分为不变资本和可变资本的原理

C. 资本区分为固定资本和流动资本的原理

D. 劳动二重性原理

84. 价值增殖过程是超过一定点而延长了的价值形成过程，这里的"一定点"是指（   ）。

A. 工人补偿劳动力价值所需要的时间

B. 资本主义生产过程的起点

C. 剩余劳动时间的起点

D. 必要劳动时间的终点

85. 在资本主义价值增殖过程中（   ）。

A. 具体劳动创造出新价值，抽象劳动转移生产资料价值

B. 抽象劳动创造出新的使用价值，具体劳动创造出新的价值

C. 具体劳动转移生产资料的价值，抽象劳动创造出大于劳动力价值的新价值

D. 具体劳动转移生产资料的价值，抽象劳动创造出相当于劳动力价值的新价值

86. 在资本主义生产过程中，生产资料的价值（   ）。

A. 是逐渐消失的

B. 能发生价值增殖

C. 借助于具体劳动转移到新产品中去

D. 借助于抽象劳动而再生产出来

87. 某资本家的全部预付资本为 100 万元，其中不变资本 90 万元，可变资本 10 万元，获得剩余价值 10 万元，其剩余价值率为（　　）。

　　A. 100%

　　B. 10%

　　C. 12.5%

　　D. 11.1%

88. 如果部门劳动生产率下降，同一劳动在单位时间内创造的（　　）。

　　A. 使用价值量减少，单位产品的价值量增加

　　B. 使用价值量减少，单位产品的价值量减少

　　C. 价值量增加，单位产品的价值量增加

　　D. 价值量减少，单位产品的价值量减少

89. 在商品经济中，形成价值的抽象劳动的支出必须借助于（　　）。

　　A. 具体劳动

　　B. 剩余劳动

　　C. 商品的生产形式

　　D. 资本主义生产方式

90. 某资本家经营的企业通过改进技术、提高劳动生产率，使其生产商品花费的劳动时间比社会必要劳动时间减少 20%，由此，形成商品个别价值低于社会价值的部分是（　　）。

　　A. 超额剩余价值

　　B. 绝对剩余价值

　　C. 相对剩余价值

　　D. 剩余价值

91. 美国采取权力制衡的组织形式，其中立法权属于（　　）。

　　A. 国会

　　B. 总统

　　C. 最高法院

　　D. 最高检察院

92. 在现代，各国一般是由政党领导国家政权的，放弃执政党在国家中的领导地位，国家性质就要改变，这是因为（　　）。

　　A. 国家性质决定政党的性质

　　B. 执政党的性质决定国家性质

　　C. 一个国家的性质通常是与其执政党的阶级属性相一致的

　　D. 国家和政党在本质上是一回事

93. 资本是一种运动，资本循环是从（　　）。

　　A. 资本运动的实现条件方面来研究资本的运动

　　B. 资本运动的矛盾性方面来研究资本的运动

　　C. 资本运动的连续性方面来研究资本的运动

D. 资本运动的速度方面来研究资本的运动

94. 产业资本循环顺次采取的三种职能形式是（   ）。
A. 货币资本、生产资本、商品资本
B. 货币资本、商品资本、生产资本
C. 生产资本、货币资本、商品资本
D. 商品资本、生产资本、货币资本

95. 产业资本的现实运动是（   ）。
A. 劳动过程与价值增殖过程的统一
B. 空间并存性与时间继起性的统一
C. 生产过程与流通过程的统一
D. 旧价值转移与新价值创造过程的统一

96. 资本的周转速度（   ）。
A. 同周转时间成正比，与周转次数成反比
B. 同周转时间成正比，与周转次数成正比
C. 同周转时间成反比，与周转次数成反比
D. 同周转时间成反比，与周转次数成正比

97. 生产资料中既属于不变资本又属于固定资本的是（   ）。
A. 设备
B. 燃料
C. 原料
D. 辅助材料

98. 社会必要劳动时间是在现有的社会正常生产条件下，在社会平均劳动熟练程度和劳动强度下制造某种使用价值所需要的劳动时间，它是以（   ）。
A. 具体劳动为尺度的
B. 简单劳动为尺度的
C. 复杂劳动为尺度的
D. 个别劳动为尺度的

99. 资本主义经济危机的实质是（   ）。
A. 生产对于人们的需求绝对过剩
B. 生产对于人们的需求相对不足
C. 生产对于人们有支付能力的需求相对过剩
D. 生产对于人们有支付能力的需求相对不足

100. 资本主义工资的本质是（   ）。
A. 工人劳动的价格
B. 工人劳动的报酬
C. 劳动的价值或价格
D. 劳动力的价值或价格

101. 资本主义工资之所以掩盖剥削，是由于它（   ）。

A. 表现为劳动的价值或价格

B. 是劳动力的价值或价格

C. 是劳动者必要劳动创造的价值

D. 是劳动力价值或价格的表现形式

102. 平均利润是按（　　）。

A. 全部资本家人数平均分得的利润

B. 产业资本家人数平均分得的利润

C. 不同生产部门平均分得的利润

D. 平均利润率分得的利润

103. 剩余价值转化为利润，是因为剩余价值被看作是（　　）。

A. 耗费的可变资本的增加额

B. 预付的不变资本的增加额

C. 预付的全部资本的增加额

D. 耗费的全部资本的增加额

104. 剩余价值转化为利润掩盖了资本主义的剥削关系，是因为（　　）。

A. 剩余价值被视为不变资本的产物

B. 剩余价值被视为所费资本的产物

C. 剩余价值被视为全部预付资本的产物

D. 剩余价值被视为成本价格的增加额

105. 在资本主义条件下，部门之间的竞争形成（　　）。

A. 商品的价值

B. 商品的价格

C. 平均利润率

D. 剩余价值率

106. 利润率反映了（　　）。

A. 工人受资本家剥削的程度

B. 资本家对工人的剥削程度

C. 预付资本价值的增殖程度

D. 可变资本价值的增殖程度

107. 资本主义生产成本是按（　　）。

A. 全部劳动耗费计量的

B. 不变资本的耗费计量的

C. 活劳动的耗费计量的

D. 资本的耗费计量的

108. 生产成本掩盖了资本主义的剥削，是因为它抹杀了（　　）。

A. 不变资本和可变资本的区别

B. 固定资本和流动资本的区别

C. 劳动资料和劳动对象的区别

D. 劳动和劳动力的区别

109. 剩余价值转化为利润，是由于将剩余价值看作是（　　）。

A. 不变资本的产物

B. 所费资本的产物

C. 全部预付资本的产物

D. 资本家"监督劳动"的产物

110. 最鲜明体现资本主义国家实质的国家职能是（　　）。

A. 政治职能

B. 经济职能

C. 社会职能

D. 对外交往职能

111. 资本主义国家选举的实质是（　　）。

A. 资产阶级和无产阶级分权

B. 每个公民都能通过竞选参与政治活动，表达自己的愿望和要求

C. 协调统治阶级内部利益关系和矛盾的重要措施

D. 人民当家做主

112. 超额利润指的是（　　）。

A. 商品价值与生产价格之间的差额

B. 商品价值与生产成本之间的差额

C. 个别生产价格与社会生产价格之间的差额

D. 垄断价格与社会生产价格之间的差额

113. 部门内部各个企业之间竞争的直接目的是获得（　　）。

A. 企业利润

B. 平均利润

C. 超额利润

D. 垄断利润

114. 商业利润的真正来源是（　　）。

A. 商业店员的剩余劳动

B. 流通领域中商品的加价

C. 商品的销售价格与购买价格的差额

D. 产业工人所创造的剩余价值的一部分

115. 资本主义商业利润的实质是（　　）。

A. 商品贱买贵卖的差额

B. 从事商品销售的劳动创造的价值

C. 商品批发价格和零售价格之间的差额

D. 产业工人在生产过程中的剩余劳动所创造的剩余价值的一部分

116. 资本主义的基本矛盾是（　　）。

A. 私人劳动与社会劳动之间的矛盾

B. 生产社会化与资本主义私人占有之间的矛盾

C. 剩余价值生产与剩余价值实现之间的矛盾

D. 生产与消费之间的矛盾

117. 资本主义经济危机的根源在于（   ）。

A. 使用价值和价值的矛盾

B. 私人劳动和社会劳动的矛盾

C. 生产社会化和资本主义生产资料私有制的矛盾

D. 生产过多超过劳动人民需要的矛盾

118. 资本主义经济危机从实质上说就是（   ）。

A. 生产不足的危机

B. 生产绝对过剩的危机

C. 生产相对过剩的危机

D. 买卖脱节的危机

119. 在资本主义经济发展过程中，资本集中的直接后果是（   ）。

A. 社会总资本急剧增加

B. 个别资本规模迅速扩大

C. 绝对剩余价值总量快速增长

D. 社会就业率明显提高

120. 资本的价值构成是指（   ）。

A. 生产资料和劳动力之间的比例

B. 机器设备和原材料之间的比例

C. 固定资本和流动资本之间的比例

D. 不变资本和可变资本之间的比例

121. 马克思指出，扩大再生产过程中追加的资本，"它一开始就没有一个价值原子不是由别人的无酬劳动产生的。"这句话表明（   ）。

A. 资本积累是资本主义扩大再生产的重要源泉

B. 剩余价值是资本积累的唯一源泉

C. 剩余价值是资本主义扩大再生产的唯一源泉

D. 资本主义占有规律否定了商品所有权规律

122. 资本集中（   ）。

A. 是靠剩余价值资本化实现的

B. 是靠把现有的分散资本合并成大资本实现的

C. 会导致社会资本总量的增加

D. 会受社会财富增长的限制

123. 资本主义相对过剩人口的产生是（   ）。

A. 人口繁殖过多过快的结果

B. 工业吸收的人口绝对减少的结果

C. 资本有机构成不变条件下资本积累的结果

D. 资本有机构成不断提高条件下资本积累的结果

124. 产业资本划分为货币资本、生产资本、商品资本的依据是资本各个部分（　　）。

A. 在价值增值过程中的作用不同

B. 价值周转方式的不同

C. 存在的物质形态不同

D. 在循环中的职能不同

125. 资本周转的时间是指（　　）的总和。

A. 生产时间和销售时间

B. 生产时间和流通时间

C. 劳动时间和流通时间

D. 购买时间和销售时间

126. 生产资本区分为固定资本和流动资本的依据是（　　）。

A. 价值周转方式的不同

B. 价值增殖中作用的不同

C. 物质存在形式不同

D. 运动速度不同

127. 固定资本的实物形式是（　　）。

A. 劳动资料

B. 劳动对象

C. 劳动力

D. 劳动产品

128. 商品的本质因素是（　　）。

A. 使用价值

B. 交换价值

C. 价值

D. 使用价值和价值

129. 某企业生产一批保温水杯，需要生产资料成本 40 万元，付给工人工资 10 万元，最终以 60 万元的价格出售，其剥削率为（　　）。

A. 16.7%

B. 25%

C. 50%

D. 100%

130. 商品经济是（　　）。

A. 以自给自足为特征的经济形式

B. 为他人而生产的经济形式

C. 直接以交换为目的的经济形式

D. 存在于一切社会中的经济形式

131. 商品经济是通过商品货币关系实行等价交换的经济形式，它的基本规律是

( )。

　　A. 价值规律

　　B. 剩余价值规律

　　C. 竞争规律

　　D. 货币流通规律

132. 马克思说："一切商品对它们的所有者是非使用价值，对它们的非所有者是使用价值。"这句话表明（　　）。

　　A. 有使用价值的不一定有价值

　　B. 商品的使用价值是对它的购买消费者而言的

　　C. 商品所有者同时获得使用价值和价值

　　D. 商品是使用价值和价值的对立统一

133. 社会必要劳动时间是指在现在的社会正常生产条件下，在社会平均的熟练程度和劳动强度下制造某种使用价值所需要的劳动时间。这种"正常生产条件"是（　　）。

　　A. 全社会各部门的平均技术装备水平

　　B. 全社会大多数部门的技术装备水平

　　C. 某一生产部门内部的先进技术装备水平

　　D. 某一生产部门内部的大多数产品已经达到的技术装备水平

134. 在同一劳动时间内，由于劳动生产率的提高，生产出的商品数量和单位商品的价值量都发生了变化，这种变化是（　　）。

　　A. 商品数量增加，单位商品价值量不变

　　B. 商品数量增加，单位商品价值量减少

　　C. 商品数量减少，单位商品价值量增大

　　D. 商品数量减少，单位商品价值量不变

135. 资本家采用先进技术的直接动因是（　　）。

　　A. 降低劳动力价值

　　B. 追逐绝对剩余价值

　　C. 追逐相对剩余价值

　　D. 追逐超额剩余价值

136. 资本有机构成具体表现为（　　）。

　　A. 不变资本与可变资本的比率

　　B. 生产资料与劳动力的比率

　　C. 固定资本与流动资本的比率

　　D. 生产资本与流通资本的比率

137. 在资本主义社会，在决定劳动力价值的因素中一般不包括（　　）。

　　A. 生存资料的价值

　　B. 生产资料的价值

　　C. 延续和养育后代所需的费用

　　D. 必要的教育培训费用

138. 某企业投资汽车生产。生产一辆汽车所耗费的生产资料价值为 15 万元，支付给工人的工资为 5 万元，假定市场的平均利润为 10%，那么，在自由竞争条件下，该汽车的生产价格是（　　）。

A. 20.5 万元

B. 20 万元

C. 21.5 万元

D. 22 万元

139. 某资本家投资 100 万元创办企业从事生产，60 万元用于固定资本，以购买机器设备等，40 万元用于流动资本，以购买原材料和劳动力等（其中购买劳动力支付了 10 万元）。一轮生产结束后，该企业的总资本达到了 120 万元。那么，该企业的剩余价值率为（　　）。

A. 20%

B. 50%

C. 100%

D. 200%

140. 第二次世界大战以后，资本主义国家经历了第三次科技革命，机器大工业发展到自动化阶段，智能化工厂除了创造了较高的生产效率外，还显露出巨大的竞争力，使企业在"机器换人"中取得了一定的经济效益。这意味着率先使用机器人的个别企业（　　）。

A. 资本主义技术构成的提高

B. 剩余价值来源的改变

C. 获得更多的社会平均利润

D. 所生产商品价值的提高

141. 社会生产是连续不断进行的，这种连续不断重复的生产就是再生产。每次经济危机发生期间，总有许多企业或因产品积压或因订单缺乏等致使其无法继续进行再生产而被迫倒闭。那些因产品积压或订单缺乏而倒闭的企业主要是由于无法实现其生产过程中的（　　）。

A. 价值补偿

B. 实物补偿

C. 劳动补偿

D. 增殖补偿

142. 某资本家投资 100 万元，每次投资所得的利润为 15 万元，假定其预付资本的有机构成为 4:1，那么该资本家每次投资所实现的剩余价值率为（　　）。

A. 50%

B. 75%

C. 100%

D. 125%

143. 在资本主义社会里，资本家雇佣工人进行劳动并支付相应的工资。资本主义工资的本质是（　　）。

A. 工人所获得的资本家的预付资本
   B. 工人劳动力的价值或价格
   C. 工人所创造的剩余价值的一部分
   D. 工人全部劳动的报酬

144. 马克思把商品转换成货币称为"商品的惊险的跳跃","这个跳跃如果不成功,摔坏的不是商品,但一定是商品占有者"。这是因为只有商品变为货币,(   )。
   A. 货币才能转化为资本
   B. 价值才能转化为使用价值
   C. 抽象劳动才能转化为具体劳动
   D. 私人劳动才能转化为社会劳动

145. 劳动力成为商品是货币转化为资本的前提条件,这是因为(   )。
   A. 资本家购买的是劳动力的价值
   B. 劳动力商品具有价值和使用价值
   C. 货币所有者购买的劳动力能够带来剩余价值
   D. 劳动力自身的价值能够在消费过程中转移到新的商品中去

146. 流通中的货币需要量是考察经济生活运行的一项重要指标。假设某国去年的商品价格总额为24万亿元,流通中需要的货币量为3万亿元。若今年该国商品价格总额增长10%,其他条件不变,今年流通中需要的货币量为(   )。
   A. 4.2万亿元
   B. 3.5万亿元
   C. 3.3万亿元
   D. 2.4万亿元

147. 某钢铁厂因铁矿石价格上涨,增加了该厂的预付资本数量,这使得该厂的资本构成发生了变化,所变化的资本构成是(   )。
   A. 资本技术构成
   B. 资本价值构成
   C. 资本物质构成
   D. 资本有机构成

148. 马克思通过对资本主义生产中价值增殖过程的分析,把雇佣工人的劳动时间分为(   )。
   A. 生产使用价值的时间和生产价值的时间
   B. 转移旧价值的时间和创造新价值的时间
   C. 生产生产资料价值的时间和生产剩余价值的时间
   D. 再生产劳动力价值的时间和生产剩余价值的时间

二、多选题

1. 价值是商品的本质属性,它是(   )。

A. 凝结在商品中的抽象劳动

B. 商品的社会属性

C. 交换价值的基础

D. 反映商品生产者之间的社会关系

2. 价值是商品的社会属性，它反映（   ）。

A. 不同商品之间的关系

B. 同一类商品不同商品之间的质量关系

C. 同一生产部门内不同商品生产者之间的相互关系

D. 不同生产部门的生产者之间的相互关系

3. 恩格斯指出："只有通过竞争的波动，从而通过商品价格的波动，商品生产的价值规律才能得到贯彻，社会必要劳动时间决定商品价值这一点才能成为现实。"这就是说，只有通过竞争和价格波动，（   ）。

A. 由社会必要劳动时间决定的价值才能实现

B. 商品才能实现等价交换

C. 价值规律才能表现出来

D. 价值才能决定价格

4. 马克思指出："在商品交换中，等价物的交换只存在于平均数中，并不存在于每个个别场合。"这段话说明（   ）。

A. 价格和价值不一致是商品交换的客观规律

B. 价格与价值不一致并没有否定价值规律

C. 价格围绕价值上下波动是价值规律发生作用的表现形式

D. 个别场合的商品交换不一定等价，而整个商品交换过程是等价交换

5. 货币的本质通过它的职能体现出来，货币有多种职能，其中最基本的职能是（   ）。

A. 价值尺度

B. 流通手段

C. 支付手段

D. 贮藏手段

6. 社会主义民主政治与资本主义民主政治的原则区别在于（   ）。

A. 经济基础不同

B. 阶级实质不同

C. 国家结构形式不同

D. 宗旨不同

7. 以下对马克思的劳动价值论的说法正确的是（   ）。

A. 是对古典政治经济学劳动价值论的批判、继承和发展

B. 是剩余价值理论的基础

C. 是研究价值分配的理论

D. 为揭示资本主义生产方式的本质奠定了理论基础

8. 简单商品经济中所包括的各种矛盾主要是（　　）。

   A. 使用价值和价值的矛盾

   B. 价值和交换价值的矛盾

   C. 具体劳动和抽象劳动的矛盾

   D. 私人劳动和社会劳动的矛盾

9. 一位日本首相说过："在日本，政府是船长，财界是罗盘，船长始终按罗盘指引的方向前进。"这段话表明（　　）。

   A. 资本主义政治是其经济的集中表现

   B. 资本主义国家实质是资产阶级专政

   C. 资产阶级政府只代表资产阶级利益

   D. 资本主义国家的权力掌握在资产阶级手中

10. 一般来说，阳光和空气不是商品，但在一些国家，新鲜空气也可以装在特别容器中出售，空气之所以成为商品，根本原因是（　　）。

    A. 人们不能随便从自然界中得到新鲜空气

    B. 能满足人们对新鲜空气的需要

    C. 把空气净化并装在特别容器中要经过人们的劳动

    D. 新鲜空气的生产以交换为目的

11. 在价值量决定方面，正确的命题有（　　）。

    A. 单位商品的价值量与部门劳动生产率成反比

    B. 商品的价值量由社会必要劳动时间决定

    C. 商品的价值量与社会必要劳动时间成正比

    D. 决定商品价值量的社会必要劳动时间以简单劳动为尺度

12. 使用价值、交换价值、价值三者之间的关系是（　　）。

    A. 使用价值是交换价值和价值的物质承担着

    B. 价值寓于使用价值中

    C. 价值是交换价值的基础和内容

    D. 交换价值是价值的表现形式

13. 价格受市场供求的影响，围绕价值上下波动，不是对价值规律作用的否定，而是价值规律作用的表现形式，这是因为（　　）。

    A. 商品交换都是按照价格与价值相一致的原则进行的

    B. 从商品交换的总体看，价格总额与价值总额是相等的

    C. 从商品交换的较长时间看，价格与价值是趋于一致的

    D. 各种商品价格的波动，是以各自的价值为基础的

14. 单位商品的价值量和生产这种商品的（　　）。

    A. 劳动生产率成正比

    B. 社会必要劳动时间成正比

    C. 劳动生产率成反比

    D. 社会必要劳动时间成反比

15. 价值规律作用的实现有赖于（　　）。

A. 市场竞争

B. 劳动生产率的提高

C. 价格波动

D. 供求关系的变化

16. 劳动力成为商品的基本条件是（　　）。

A. 劳动力具有使用价值

B. 劳动者没有生产资料和其他生活来源

C. 劳动者有人身自由

D. 劳动力具有价值

17. 资本主义法制的基本原则有（　　）。

A. 私有财产不可侵犯

B. 主权在民

C. 人民当家做主

D. 分权制衡

18. 劳动力商品的价值包括（　　）。

A. 维持劳动者本人生存所必需的生活资料的价值

B. 维持劳动者家属的生存所必需的生活资料的价值

C. 劳动者接受教育和训练所支出的费用

D. 劳动者在劳动过程中创造出来的自身的价值

19. 在资本主义生产过程中，雇佣工人的具体劳动的作用是（　　）。

A. 生产使用价值

B. 转移生产资料的价值

C. 形成新的价值

D. 创造剩余价值

20. 剩余价值规律（　　）。

A. 揭示资本主义生产的目的和达到目的的手段

B. 反映资本主义生产的实质

C. 决定着资本主义生产的一切过程和一切方面

D. 决定着资本主义产生、发展、灭亡的全过程

21. 资本主义生产过程的结果是（　　）。

A. 生产出新的使用价值

B. 转移了生产资料的价值

C. 再生产劳动力的价值

D. 创造出剩余价值

22. 反映资本家对工人的剥削程度的公式是（　　）。

A. 剩余价值/可变资本

B. 剩余价值/全部预付资本

C. 剩余劳动时间/必要劳动时间

D. 年余剩余价值量/预付可变资本

23. 相对剩余价值与绝对剩余价值的共同点（　　）。

A. 都缩短了必要劳动时间

B. 都延长了剩余劳动时间

C. 都增加了剩余价值量

D. 都提高了剩余价值率

24. "二战"后，发达资本主义国家工人工作日有所缩短，这表明（　　）。

A. 对工人剥削程度有所减轻

B. 劳动生产率明显提高

C. 必要劳动时间大为缩短

D. 相对剩余价值成为主要剥削形式

25. 超额剩余价值和相对剩余价值的区别和联系有（　　）。

A. 前者是社会劳动生产率提高的结果，后者是个别企业提高劳动生产率的结果

B. 前者是商品社会价值和个别价值的差额，后者是劳动力价值下降而增加的剩余价值

C. 相对剩余价值是资本家追求超额剩余价值的结果

D. 超额剩余价值和相对剩余价值的源泉都是工人的剩余劳动

26. 资本主义政治制度包括（　　）。

A. 资本主义的民主与法制

B. 政治组织形式

C. 选举制度

D. 政党制度

27. 产业资本运动过程中采取的职能形式有（　　）。

A. 货币资本

B. 生息资本

C. 生产资本

D. 商品资本

28. 电子商务的发展，对加快资本周转速度起着重要作用，体现在缩短（　　）。

A. 资本由货币资本转化为生产资本的时间

B. 资本由商品资本转化为货币资本的时间

C. 原材料的储备时间

D. 劳动者加工劳动对象的时间

29. 产业资本正常运动所必须经历的三个阶段是（　　）。

A. 购买阶段

B. 生产阶段

C. 销售阶段

D. 价值增殖阶段

30. 生产商品的劳动二重性是指（　　）。

A. 个别劳动

B. 社会劳动

C. 具体劳动

D. 抽象劳动

31. 一切商品都包含着使用价值和价值二因素,商品是使用价值和价值的统一。这句话包含的意思是( )。

A. 缺少使用价值和价值任何一方面,都不能成为商品

B. 没有使用价值,就没有价值

C. 有使用价值,但不是劳动产品,因而不是商品

D. 有使用价值,也是劳动产品,但只是供生产者自己消费,因而不是商品

32. 具体劳动和抽象劳动的区别是( )。

A. 具体劳动是劳动的具体形式,抽象劳动是一般人类劳动

B. 具体劳动是体力劳动,抽象劳动是脑力劳动

C. 具体劳动反映人与自然的关系,抽象劳动反映社会生产关系

D. 具体劳动不是使用价值的唯一源泉,抽象劳动是价值的唯一源泉

33. 在下列几种价值形式中,没有本质区别的两种形式是( )。

A. 简单的或偶然的价值形式

B. 扩大的价值形式

C. 一般价值形式

D. 货币形式

34. 在简单价值形式中,处于等价形式的商品具有以下哪些特征?( )

A. 使用价值成为价值的表现形式

B. 具体劳动成为抽象劳动的表现形式

C. 复杂劳动成为简单劳动的表现形式

D. 私人劳动成为社会劳动的存在形式

35. 商品的价值是( )。

A. 由抽象劳动形成的

B. 由具体劳动创造的

C. 一般人类劳动的凝结

D. 体现着商品生产者之间的生产关系

36. 使用价值、价值、交换价值的关系是( )。

A. 使用价值是价值的物质承担者

B. 使用价值是不同质的,价值是同质的

C. 价值是交换价值的基础或内容

D. 交换价值是价值的表现形式

37. 资本主义所有制和所有权的关系是( )。

A. 所有制的性质和特点可以从所有权出发去认识

B. 所有制是所有权的基础

C. 所有权是所有制的法律形式

D. 所有制决定着所有权

38. 下列关于资本主义生产资料所有制的说法正确的是（　　）。

A. 资本家凭借对生产资料的占有，雇佣工人从事劳动并占有雇佣工人的剩余价值

B. 生产资料所有制问题，是马克思主义理论体系中具有根本意义的问题

C. 经济意义上的所有制以实际占有为基础，表现了经济利益的实现形式

D. 法律意义上的所有制强制性地规定了人们在经济生活中对占有物行使权利的界限

39. 资本主义社会的资本（　　）。

A. 总是通过各种物品表现出来的

B. 就是指生产资料本身

C. 是带来剩余价值的价值

D. 是在物的外壳掩盖下的一种剥削关系

40. 全面认识资本主义制度下资本的本质，对资本应理解为（　　）。

A. 资本不是静止物，而是一种运动

B. 资本就是能够带来剩余价值的价值

C. 资本是以物为媒介的社会生产关系

D. 资本是一个历史范畴

41. 产业资本连续顺利循环的条件是（　　）。

A. 产业资本必须依次经历三个阶段，相应采取三种职能形式

B. 必须保持产业资本三种职能形式在空间上的并存性

C. 必须保持产业资本三种职能形式在时间上的继起性

D. 三种职能资本的每一种都必须执行生产或实现剩余价值的职能

42. 处在生产过程中的生产工具、机器设备等劳动资料，从不同角度看，它们属于（　　）。

A. 不变资本

B. 固定资本

C. 可变资本

D. 生产资本

43. 影响资本周转速度的因素主要有（　　）。

A. 生产时间

B. 流通时间

C. 预付资本的节省

D. 生产资本的构成

44. 马克思分析社会总资本再生产问题的基本理论前提有（　　）。

A. 社会总产品的价值由 $c+v+m$ 构成

B. 社会总产品的实现问题是价值补偿和实物替换

C. 社会生产分为生产生产资料和生产消费资料两大部类

D. 资本有机构成的提高

第四章 资本主义的本质及规律

45. 资本主义国家的对内职能主要有（　　）。

A. 对被统治阶级进行压迫和控制的政治职能

B. 对邮政、铁路、水路、文教、卫生保健、社会福利等事业进行管理的公共管理职能

C. 进行国际交往的职能

D. 维护国家安全和利益的职能

46. 恩格斯指出："马克思一有机会就提醒读者注意，决不要把他所说的剩余价值同利润或资本盈利相混淆。"对这段话的正确理解应是（　　）。

A. 剩余价值与利润无本质联系

B. 剩余价值是利润的本质内容

C. 利润是剩余价值的转化形式

D. 利润是剩余价值的一种具体形式

47. 随着利润转化为平均利润，（　　）。

A. 商品的价值便转化为商品的生产价格

B. 全社会的平均利润总额与剩余价值总额不相等

C. 有些部门获得的利润高于本部门生产的剩余价值

D. 有些部门获得的利润低于本部门生产的剩余价值

48. 利润转化为平均利润的过程，同时也是（　　）。

A. 生产要素在不同部门之间流动的过程

B. 价值转化为生产价格的过程

C. 超额利润消失的过程

D. 资本家集团重新瓜分剩余价值的过程

49. 资本主义的国家机器包括（　　）。

A. 资产阶级政党

B. 军队、警察

C. 监狱、法庭

D. 政府机构

50. 剩余价值的转化形式有（　　）。

A. 产业利润

B. 商业利润

C. 地租

D. 借贷利息

51. 资产阶级政党在国家政治生活中发挥着很大作用，包括（　　）。

A. 代表资产阶级执掌政权，对政府施加影响、控制议会

B. 制定和推行符合资产阶级利益的方针、政策

C. 操纵选举

D. 控制群众团体和舆论宣传

52. 简单商品经济的基本矛盾是私人劳动和社会劳动的矛盾。这是因为（　　）。

A. 它是商品各种内在矛盾的根源

B. 它决定私有制商品经济产生和发展的全过程

C. 它是决定和影响价格的重要因素

D. 它决定商品生产者的命运

53. 资本主义劳动过程同其他劳动过程相比较体现出来的特点是（ ）。

A. 创造新的使用价值

B. 创造新的价值

C. 工人在资本家监督下劳动，他们的劳动属于资本家

D. 劳动产品归资本家所有

54. 资产阶级在反对封建专制主义的斗争中提出了（ ）。

A. 主权在民

B. 天赋人权与社会契约论

C. 分权制衡

D. 自由、平等、博爱

55. 剩余价值（ ）。

A. 在生产领域中产生，但离不开流通领域

B. 在流通领域中产生，但不能离开生产领域

C. 在生产领域中产生，通过流通领域来实现

D. 既在流通领域产生，也在生产领域产生

56. 资本积累和扩大再生产的客观必然性在于（ ）。

A. 追求更多的剩余价值

B. 降低资本的有机构成

C. 更好地满足社会需要

D. 避免在竞争中被淘汰

57. 列宁说："民主共和制是资本主义所能采用的最好的政治外壳。"这句话应理解为，民主共和制（ ）。

A. 便于掩盖资产阶级专政的实质

B. 有利于维护资产阶级的统治

C. 与资本主义经济制度相适应

D. 有利于调节资产阶级内部各个集团之间的矛盾

58. 资本原始积累的主要途径是（ ）。

A. 资本家靠自身勤劳致富，兴办资本主义企业

B. 用暴力手段剥夺农民的土地

C. 用暴力手段掠夺货币财富

D. 资本家用经济手段诱使农民脱离土地成为雇佣劳动者

59. 商品经济作为劳动联系的一种经济形式，其特点在于（ ）。

A. 生产的直接目的是自给自足

B. 生产的直接目的是进行交换

C. 劳动联系是通过商品交换而实现的

D. 其存在和发展以社会分工为一般条件

60. 分析资本主义经济之所以从商品开始，是因为（　　）。
A. 资本主义经济是高度发达的商品经济
B. 资本主义社会财富普遍采取商品的形式
C. 商品是资本主义经济的细胞
D. 商品包含着资本主义一切矛盾的萌芽

61. 一切商品都包含价值和使用价值两个因素，这是因为（　　）。
A. 凡是没有使用价值的商品就不会有价值
B. 没有价值的商品，虽然有使用价值，也不能成为商品
C. 使用价值是商品价值的物质承担者
D. 有使用价值的物品，就必然有价值

62. 下列关于价值和使用价值的表述，正确的有（　　）。
A. 使用价值是商品的自然属性，而价值是商品的社会属性
B. 使用价值是具体劳动创造的，而价值是由抽象劳动形成的
C. 使用价值和价值及相互依存，互为条件，又相互对立，相互排斥
D. 使用价值是永恒范畴，而价值是历史范畴

63. 下列现象掩盖资本主义剥削实质的是（　　）。
A. 资本总是表现为一定的物
B. 不变资本只是剩余价值生产的条件
C. 资本主义工资是工人全部劳动的报酬
D. 资本主义利润是全部预付资本的产物

64. 劳动力是任何社会生产的基本要素，在特定的社会发展阶段和特定的历史条件下，劳动力作为一种特殊商品，其价值的构成包括（　　）。
A. 维持劳动者自身生命所必需的生活资料的价值
B. 劳动者在必要时间内创造的价值
C. 劳动者繁育后代所必需的生活资料的价值
D. 培养和训练劳动者所需要的费用

65. 资本主义国家的职能的两个基本方面是（　　）。
A. 立法司法职能
B. 对内职能
C. 对外职能
D. 行政职能

66. 一定时期内流通所需的货币量取决于（　　）。
A. 社会生产的产品总量
B. 流通中待售商品总量
C. 商品的价格水平
D. 商品价值的大小

67. 与奴隶制封建制国家相比，资本主义国家（　　）。

A. 政治上对多数人实行民主，对少数人实行专政
B. 代表绝大多数人的根本利益
C. 政治上要求形式上的自由民主、正义平等
D. 经济上要求自由竞争、等价交换

68. 经济危机形式上的可能性产生于货币的（　　）。
A. 价值尺度的职能
B. 流通手段的职能
C. 贮藏手段的职能
D. 支付手段的职能

69. "各种经济时代的区别，不在于生产什么，而在于怎样生产，用什么劳动资料生产。劳动资料不仅是人类劳动力发展的测量器，而且是劳动借以进行的社会关系的指示器。"马克思在《资本论》中的这段话表达的观点是（　　）。
A. 劳动资料是测量生产力的客观尺度
B. 劳动资料是生产关系的指示器
C. 劳动资料是划分不同经济发展阶段的指标
D. 生产方式区分不同的经济时代

70. 一件物品要成为商品，必须具备的条件有（　　）。
A. 劳动产品
B. 自然物
C. 用于交换
D. 自己生产自己享用

71. 在商品经济运行中，价值、价格、供求三者之间的关系是（　　）。
A. 价格受供求关系影响，围绕价值上下波动
B. 价格受价值影响，随供求关系变化而变动
C. 价格由价值决定，反映价值并反映供求关系
D. 价格由价值决定，反映价值但不反映供求关系

72. 在新的历史条件下，与马克思所处的时代相比，深化对创造价值的劳动的认识主要有（　　）。
A. 劳动的科技含量和知识含量增加了
B. 科技人员和管理人员的劳动在劳动总量中的比重增加了
C. 农业劳动已成为物质生产劳动的基本形式
D. 在总的劳动消耗量中，物化劳动的比重增加，而活劳动的比重相对减少了

73. 资本区分为不变资本和可变资本的意义在于（　　）。
A. 进一步揭示了剩余价值的真正源泉
B. 为计算剩余价值率提供了科学依据
C. 为计算资本周转速度提供了依据
D. 为平均利润、生产价格理论奠定了基础

74. 在资本主义现实中，剩余价值是采取各种转化形式出现的，它们有（　　）。

A. 成本

B. 工资

C. 利润

D. 利息

75. 在其他条件不变的情况下，资本有机构成的提高会导致（　　）。

A. 相对过剩人口的形成

B. 利润率的提高

C. 可变资本在总资本中比例的降低

D. 资本周转速度的减缓

76. 绝对剩余价值生产和相对剩余价值生产的共同点是（　　）。

A. 都体现着资本家对工人的剥削关系

B. 都延长了剩余劳动时间

C. 都增加了剩余价值量

D. 都提高了剩余价值率

77. 纺织厂的资本家购买的用于生产的棉花属于（　　）。

A. 不变资本

B. 固定资本

C. 可变资本

D. 流动资本

78. 同一劳动在同一时间内，当部门劳动生产率提高时，会使（　　）。

A. 单位商品的价值量降低

B. 商品的使用价值量增加

C. 单位商品的价值量不变

D. 单位商品的价值量提高

79. 马克思关于资本有机构成学说论证了（　　）。

A. 相对过剩人口的形成

B. 技术进步条件下生产资料生产的优先增长

C. 平均利润率的形成

D. 利润率的下降趋势

80. 资本积累规模的大小取决于（　　）。

A. 对工人的剥削程度

B. 预付资本量的大小

C. 所用资本和所费资本之间的差额

D. 劳动生产率的高低

81. 第二次世界大战后，发达资本主义国家工人工作日有所缩短，这表明（　　）。

A. 对工人剥削程度有所减轻

B. 劳动生产率明显提高

C. 必要劳动时间大为缩短

D. 相对剩余价值成为主要剥削形式

82. 资本积累和扩大再生产的客观必然性是由（　　）。
A. 社会再生产的规律决定的
B. 社会再生产的形式决定的
C. 剩余价值规律决定的
D. 竞争规律决定的

83. 资本积累、积聚和集中的相互关系是（　　）。
A. 资本集中是资本积累的直接结果
B. 资本积聚是资本积累的实现条件
C. 资本积聚有利于资本集中
D. 资本迅速集中会加快资本积累

84. 资本积累中资本有机构成的提高使资本对劳动力的需求日益相对减少，表现为（　　）。
A. 原有资本有机构成不变，追加资本有机构成提高，资本对劳动力需求的绝对量增加，相对量减少
B. 原有资本有机构成提高，出现机器排挤工人
C. 原有资本和追加资本有机构成都提高，资本对劳动力需求的绝对量增加，相对量减少
D. 原有资本和追加资本有机构成都提高，资本对劳动力需求的绝对量和相对量都增加

85. 资本主义工资之所以表现为劳动的价值或价格，是因为（　　）。
A. 工资被看做是全部劳动的报酬
B. 工人一般在提供了劳动之后，资本家才付工资
C. 工资依劳动时间长短而不同
D. 工资依劳动效率高低而不同

86. 与奴隶制、封建制国家相比，资本主义国家（　　）。
A. 政治上对多数人实行民主，对少数人实行专政
B. 代表绝大多数人的根本利益
C. 政治上要求形式上的自由民主、正义平等
D. 经济上要求自由竞争、等价交换

87. 资产阶级意识形态在资产阶级取得政权以前的积极作用有（　　）。
A. 批判封建主义和宗教神学
B. 启发民众进行资产阶级革命
C. 保证资产阶级的胜利
D. 为资产阶级建立国家提供理论依据

88. 我们可以借鉴的资本主义意识形态的理论有（　　）。
A. 关于人类政治生活客观规律的探索
B. 关于经济运行一般规律的揭示
C. 关于思维规律的研究

D. 关于司法实践历史经验的描述

89. 马克思指出，所谓资本原始积累，只不过是生产者和生产资料分离的历史过程。这个过程之所以表现为"原始的"，是因为它形成资本及与之相适应的生产方式的前史。资本原始积累的主要途径有（　　）。

　A. 用暴力手段剥夺农民土地
　B. 用剥削手段榨取剩余价值
　C. 用野蛮手段进行殖民掠夺
　D. 用资本手段获取市场暴力

90. 当今世界正处在新科技革命和产业革命的交汇点，以机器人技术为代表的科技产业发展十分迅速。机器人在生产过程中的广泛使用，使资本有机构成不断提高。然而，就一般意义而言，资本有机构成的提高实际上是（　　）。

　A. 由资本的本性决定的
　B. 不以人的意志为转移的一般趋势
　C. 社会产生相对过剩人口的一个重要原因
　D. 一个社会增长财富和消除贫困的根本途径

91. 马克思说："一切现实的危机的最终原因始终是：群众贫穷和群众的消费受到限制，而与此相对立，资本主义生产却竭力发展生产力，好像只有社会的绝对的消费能力才是生产力发展的界限。"这段论述表明（　　）。

　A. 社会的绝对的消费能力导致了经济危机的发生
　B. 经济危机的发生根本上在于资本主义的基本矛盾
　C. 资本积累与无限扩大生产也是经济危机发生的原因
　D. 经济危机的发生与群众的贫穷及其消费能力受到限制有关

92. 马克思指出："资本主义积累不断地并且同它的能力和规模化成比例地生产出相对的，即超过资本增殖的平均需要的，因而是过剩的或追加的工人人口。""过剩的工人人口是积累或资本主义基础上的财富发展的必然产物，但是这种过剩人口反过来又成为资本主义积累的杠杆，甚至成为资本主义生产方式存在的一个条件。"上述论断表明（　　）。

　A. 资本主义生产周期性特征需要有相对过剩的人口规律与之相适应
　B. 资本主义社会过剩人口之所以是相对的，是因为它不为资本价值增殖所需要
　C. 资本主义积累必然导致工人人口的供给相对于资本的需要而过剩
　D. 资本主义积累使得资本主义社会的人口失业规模呈现越来越大的趋势

93. 1918年，马寅初在一次演讲时，有一位老农问他："马教授，请问什么是经济学？"马寅初笑着说："我给这位朋友讲个故事吧：有个赶考的书生到旅店投宿，拿出十两银子，挑了该旅店标价十两银子的最好房间，店主立刻用它到隔壁的米店付了欠单，米店老板转身去屠夫处还了肉钱，屠夫马上去付清了赊欠的饲料款，饲料商赶紧到旅店还了房钱。就这样，十两银子又到了店主的手里。这时书生来说，房间不合适，要回银子就走了。你看，店主一文钱也没赚到，大家却把债务都还清了，所以，钱的流通越快越好，这就是经济学。"在这个故事中，货币所发挥的职能有（　　）。

　A. 流通手段

B. 价值尺度
C. 支付手段
D. 贮藏手段

94. 美国导演迈克尔·穆尔在他的最新纪录片《资本主义：一个爱情故事》问世以来，一直颇受关注。"资本主义"为何与"爱情故事"联系起来？穆尔解释说，这是一种"贪欲之爱"。"喜爱财富的人不仅爱他们自己的钱，也爱你口袋中的钱……很多人不敢说出它的名字，真见鬼，就说出来吧，这就是资本主义。"对金钱的"贪欲"之所以与资本主义联为一体，是因为（　　）。
    A. 资本家是人格化的资本
    B. 赚钱体现了人的天然本性
    C. 资本的生命在于不断运动和不断增殖
    D. 追逐剩余价值是资本主义生产方式的绝对规律

95. 人们往往将汉语中的"价""值"二字与金银财宝等联系起来，而这两个字的偏旁却都是"人"，示意价值在"人"。马克思劳动价值论透过商品交换的物与物的关系，揭示了商品价值的科学内涵，其主要观点有（　　）。
    A. 劳动是社会财富的唯一源泉
    B. 具体劳动是商品价值的实体
    C. 价值是凝结在商品中的一般人类劳动
    D. 价值在本质上体现了生产者之间的社会关系

96. 2008 年由美国次贷危机引发了全球性的经济危机，很多西方人感叹这一经济危机从根本上仍未超出一百多年前马克思在《资本论》中对资本主义经济危机的理论判断和精辟分析。马克思对资本主义经济危机科学分析的深刻性主要表现在（　　）。
    A. 指明经济危机的实质是生产相对过剩
    B. 揭示造成相对过剩的制度原因是生产资料的资本主义私有制
    C. 指出经济危机的深层根源是人性的贪婪
    D. 强调政府对经济危机的干预是摆脱经济危机的根本出路

三、判断题

1. 马克思、恩格斯进一步发展和完善英国古典经济学理论的成果是剩余价值论。（　　）
2. 在现实中，商品的市场价格常常与价值不符，这是对价值规律的否定。（　　）
3. 在知识经济时期，价值的增长不是通过劳动，而是通过知识。（　　）
4. 在现实经济生活中，一个生产者生产的商品卖不掉，他的生产就无法继续进行。（　　）
5. 利用价值规律的作用，就能自动地实现资源的最优配置。（　　）
6. 在资本主义社会中，资本家按照等价交换原则购买工人的劳动力。因此资本家和工人之间是一种自由、平等的交换关系。（　　）

7. 相对剩余价值是超额剩余价值产生的前提。   （ ）
8. 用于购买劳动力部分的资本，既是可变资本，又是流动资本。 （ ）
9. 考察社会总资本运动的出发点是资本有机构成。   （ ）
10. 随着资本有机构成的不断提高，平均利润率有不断下降的趋势。（ ）
11. 生产价格是商品价值的转化形式。   （ ）
12. 生产价格形成后，价值规律已经不再发生作用了。   （ ）
13. 资本创造利润、土地产生地租、劳动获得工资。   （ ）
14. 资本主义国家的职能是以服务于资本主义制度和全体人民的根本利益为内容的。
                                                        （ ）
15. 与奴隶制、封建制相比，资本主义国家作为资产阶级利益和要求的体现是人类社会政治生活的一大进步。   （ ）
16. 资本主义意识形态是为资本主义经济基础服务的。   （ ）
17. 提出价值规律是"一只看不见的手"的是马克思。   （ ）
18. 市场经济是商品经济，但商品经济并非就是市场经济。   （ ）
19. 价格是价值的货币表现，价格的变化就是价值变化的表现。 （ ）
20. 价格是价值的表现形式，有价格的必有价值。   （ ）
21. 商品的价值有两个源泉，即生产资料和劳动力的价值。   （ ）
22. 提高劳动生产率可以增加单位时间里的使用价值和价值量。 （ ）
23. 劳动是一切社会财富（使用价值）的源泉。   （ ）
24. 劳动力和劳动在一定条件下都可以成为商品。   （ ）
25. 货币和生产资料都是资本。   （ ）
26. 剩余价值的产生，既不在流通领域，又离不开流通领域。   （ ）
27. 固定资本的周转速度一般要快于流动资本的周转速度。   （ ）
28. 平均利润形成后，各企业都按照平均利润率获得平均利润，超额利润就消失了。
                                                        （ ）
29. 平均利润率的形成是商品价值转化为商品生产价格的关键。 （ ）
30. 资本主义的生产关系在西欧封建社会内部已开始孕育成长的时间大约为14世纪末15世纪初。   （ ）
31. 以资本主义机器大工业代替以手工技术为基础的工场手工业的工业革命兴起于17世纪60年代。   （ ）
32. 资本主义国家的内部职能主要是进行社会管理。   （ ）
33. 资本主义政治制度的本质是为资产阶级专政服务的。   （ ）
34. 资本主义雇佣劳动关系的形成表明资本主义经济制度是一种落后的经济制度。
                                                        （ ）

四、辨析题

1. 提高劳动生产率可以增加单位时间里的使用价值和价值量。

2. 利用价值规律的作用,就能自动地实现资源的最优配置。
3. 货币和生产资料都是资本。
4. 相对剩余价值是超额剩余价值产生的前提。
5. 资本主义国家的职能是以服务于资本主义制度和全体人民的根本利益为内容的。
6. 资本主义政治制度的本质是为资产阶级专政服务的。

五、简答题

1. 如何理解生产商品的劳动二重性?
2. 商品经济和市场经济的区别和联系是什么?
3. 价值规律的作用形式是什么?在以私有制为基础的商品经济中价值规律的作用是什么?
4. 货币是怎样产生的?货币的本质是什么?
5. 如何理解商品的使用价值与价值是对立统一的?
6. 怎样理解资本的本质?
7. 什么是资本有机构成?资本有机构成为何有不断提高的趋势?
8. 产业资本循环过程中采取的各种职能形式的职能是什么?
9. 为什么说"资本来到世间,从头到脚,每个毛孔都滴着血和肮脏的东西"?

六、论述题

1. 如何理解商品经济产生的条件?
2. 商品价值为什么体现着商品生产者相互交换劳动的经济关系,是商品的社会属性?
3. 剩余价值是怎样生产出来的?为什么资本主义生产的实质是剩余价值生产?
4. 相对剩余价值是如何生产出来的?
5. 怎样认识资本积累的实质?
6. 实现产业资本正常循环的条件是什么?
7. 考察社会资本再生产的核心问题为什么是社会总产品的实现问题?
8. 经济危机为什么是资本主义制度的必然产物?

七、材料分析题

1. 下列材料是毛泽东在20世纪50年代末到60年代初阅读斯大林《苏联社会主义经济问题》时的部分谈话,反映了毛泽东对商品经济和社会主义关系的认识。

【材料1】

许多人避而不谈商品和商业问题,好像不如此就不是共产主义似的。人民公社必须生产适宜于交换的社会主义商品,以便逐步提高每个人的工资。

【材料2】

商品生产，要看它是同什么经济制度相联系的，同资本主义制度相联系，就是资本主义的商品生产，同社会主义制度相联系，就是社会主义的商品生产。

【材料3】

进入共产主义要有步骤。我们向两方面扩大：一方面发展自给性的生产，一方面发展商品生产。现在要利用商品生产、商品交换和价值法则，作为有用的工具，为社会主义服务。

请回答：

（1）毛泽东论商品生产的论述有什么意义？

（2）你认为社会主义阶段发展商品生产会有什么作用？

2. 以下是马克思在《资本论》中的一些论述：

【材料1】

出于流动状态的人类劳动力或人类劳动形成价值，但其本身不是价值。它在凝固的状态中、在物化的形式上才成为价值。

【材料2】

劳动并不是它所生产的使用价值即为物质财富的唯一源泉。正如威廉·佩第所说，劳动是财富之父，土地是财富之母。

【材料3】

铁会生锈，木会腐朽。纱不用来织或编，会成为废棉。活劳动必须抓住这些东西，使它们由死复生，使它们从仅仅是可能的使用价值变为现实的和起作用的使用价值。它们被劳动的火焰笼罩着，被当作劳动自己的躯体，被赋予活力以在劳动过程中执行与它们的概念和职务相适合的职能。

请回答：

（1）生产要素在商品生产中的作用是什么？

（2）生产要素与劳动创造价值的关系是什么？

（3）马克思劳动二重性理论说明了什么？

3. 结合材料回答问题。

【材料1】

某企业为了追求效率，推行差别工资，使劳动者收入差距扩大。

【材料2】

一些企业在竞争中落败；为了解决困难企业职工和低收入职工的生活问题，政府采取了一系列救济措施，并积极建立社会保障体系。

请回答：

（1）运用有关原理，分别说明材料1、2的合理性。

（2）两种做法之间是否存在矛盾？为什么？

4. 结合材料回答问题。

【材料1】

资本既然存在，也就统治着全社会，所以任何民主共和制、任何选举制度都不会改变事情的实质。

《列宁选集》第 4 卷（人民出版社 1995 年版，38）

【材料 2】
资产阶级平时十分喜欢分权制，特别是喜欢代议制，但资本在工厂法典中却通过私人立法独断地确立了对工人的专制。

《马克思恩格斯全集》第 23 卷（人民出版社 1975 年版，465）

【材料 3】
任何一种所谓人权都没有超出利己主义的人，没有超出作为市民社会的成员的人，即作为封闭于自身、私人利益、私人任性、同时脱离社会整体的个人的人。

《马克思恩格斯全集》第 1 卷（人民出版社 1956 年版，439）

请回答：
（1）资本主义的民主共和制、选举制是真正的民主制吗？
（2）资本主义能够真正实行分权制吗？
（3）资本主义人权的实质是什么？

第五章

资本主义的发展及其趋势

一、单选题

1. 垄断的形成是（　　）。
A. 生产集中发展到一定阶段的结果
B. 生产输出的结果
C. 金融资本统治的结果
D. 国家干预经济生活的结果

2. 主要资本主义国家相继由自由竞争阶段发展到垄断阶段的时期是（　　）。
A. 18 世纪末期
B. 19 世纪中期
C. 19 世纪末 20 世纪初
D. 第二次世界大战后

3. 垄断利润是（　　）。
A. 资本家获得的超额利润
B. 垄断组织获得的平均利润
C. 垄断组织获得的一般利润
D. 垄断组织获得的超过平均利润的高额利润

4. 各种垄断组织虽然形式不同，但本质都是为了（　　）。
A. 避免两败俱伤
B. 联合起来共同发展
C. 相互之间竞争
D. 获取高额垄断利润

5. 垄断资本主义国家事实上的主宰者是（　　）。

A. 银行资本家

B. 工业资本家

C. 金融寡头

D. 商业资本家

6. 垄断资本主义时期占垄断地位的资本是（　　）。

A. 产业资本

B. 金融资本

C. 银行资本

D. 商业资本

7. 垄断价格形成后，价值规律改变了（　　）。

A. 主要内容和客观要求

B. 作用性质

C. 作用形式

D. 作用力度

8. 国家垄断资本主义是（　　）。

A. 国家政权与垄断资本相结合的垄断资本主义

B. 国家政权与垄断资本相分离的垄断资本主义

C. 消除了生产无政府状态的垄断资本主义

D. 解决了资本主义基本矛盾的垄断资本主义

9. 国家垄断资本主义对资本主义基本矛盾（　　）。

A. 可以完全克服

B. 不可能克服

C. 有可能克服

D. 可以克服其大部分

10. 资产阶级国家参与社会再生产的目的是（　　）。

A. 实现供求总量平衡，调整优化经济结构

B. 合理配置资源，提高社会生产力

C. 实现充分就业

D. 保证垄断资产阶级获得高额垄断利润

11. 国际垄断同盟在经济上瓜分世界的依据是（　　）。

A. 军备力量的强弱

B. 资本和经济实力的大小

C. 国土的大小

D. 人口的多少

12. 金融寡头在经济上的统治主要是通过（　　）实现的。

A. 参与制

B. 个人联合

C. 建立政策研究咨询机构对政府施加影响

D. 掌握舆论工具控制新闻媒介

13. 为了获得高额垄断利润，垄断组织在采购原材料时多采取（　　）。
A. 垄断高价
B. 垄断低价
C. 自由价格
D. 市场价格

14. 垄断资本条件下垄断企业竞争的目的是（　　）。
A. 获得平均利润
B. 获得超额利润
C. 获得高额垄断利润
D. 消灭中小企业

15. 当代西方发达国家经济社会制度的性质是（　　）。
A. 私人垄断资本主义
B. 自由竞争资本主义
C. 国家垄断资本主义
D. 后资本主义

16. 资本输出的实质是（　　）。
A. 发达国家帮助发展中国家发展经济的手段
B. 发达国家带动其商品输出的手段
C. 发达国家与发展中国家的一种互助互利关系
D. 金融资本掠夺、剥削和奴役其他国家和人民的重要手段

17. 各国最大的垄断组织从经济上瓜分世界，表明（　　）产生。
A. 国家垄断资本主义
B. 国际垄断同盟
C. 金融寡头
D. 资本输出

18. 企业经营全球化的重要标志是（　　）。
A. 国家垄断资本主义国际联盟的形成
B. 世界贸易组织主导经济全球化的能力不断提高
C. 跨国公司成为世界经济的主体
D. 国际金融机构成为世界经济的主体

19. 从历史发展的角度看，资本主义生产资料所有制是不断演进和变化的，当今资本主义社会居主导地位的资本所有制形式是（　　）。
A. 法人资本所有制
B. 私人资本所有制
C. 私人股份资本所有制
D. 垄断资本私人所有制

20. 经济全球化的实质是（　　）。

A. 发达资本主义国家占优势、为主导的经济运动

B. 发展中国家占优势、为主导的经济运动

C. 对外开放国家占优势、为主导的经济运动

D. 各国平等互利的经济运动

21. 经济全球化对世界经济发展（　　）。

　　A. 只有消极的影响

　　B. 只有积极的影响

　　C. 无所谓积极与消极的影响

　　D. 既有积极也有消极的影响

22. 经济全球化的进程明显加快的原因有很多，但不包括（　　）。

　　A. 第三次科学技术革命向纵深发展

　　B. 国际贸易自由化程度大大提高

　　C. 国际资本流动的大幅度增加

　　D. 自由竞争资本主义阶段的出现

23. 经济全球化的内容有许多，但不包括（　　）。

　　A. 生产全球化

　　B. 贸易全球化

　　C. 殖民体系全球化

　　D. 资本全球化

24. "二战"后发达资本主义国家为了防止社会冲突、保持社会稳定，（　　）。

　　A. 建立实施全社会统一的社会福利制度

　　B. 建立实施全社会统一的终身雇佣制度

　　C. 建立实施全社会统一的职工参股制度

　　D. 建立实施全社会统一的职工持股制度

25. 经济全球化的实质决定了它的发展必然（　　）。

　　A. 有利于所有国家

　　B. 有利于发达资本主义国家

　　C. 有利于发展中国家

　　D. 有利于社会主义国家

26. 资本主义国家的福利制度（　　）。

　　A. 提高了劳动者的实际工资

　　B. 表明资产阶级同劳动人民的利益是一致的

　　C. 减轻了对雇佣劳动者的剥削

　　D. 没有减轻对雇佣劳动者的剥削，是羊毛出在羊身上

27. 美国波音747客机的600万个零部件由美国及另外6个国家的1200多家企业提供，这是（　　）。

　　A. 商品国际化的表现

　　B. 生产全球化的表现

C. 贸易全球化的表现

D. 资本全球化的表现

28. 资本主义发展的历史趋势是（　　）。

A. 计划经济取代市场经济

B. 市场经济取代计划经济

C. 计划经济取代商品经济

D. 社会主义公有制取代资本主义私有制

29. 资本主义国家对资本主义生产关系的调整（　　）。

A. 加剧了资本主义的基本矛盾

B. 表明了资本主义的生命力

C. 有利于资本主义社会生产力的发展

D. 缓和了社会主义和资本主义的矛盾

30. 正确认识资本主义的历史过渡性要（　　）。

A. 否定资本主义生产关系的一切改良

B. 对资本主义采取全面肯定的态度

C. 借鉴资本主义社会中反映人类文明进步的改良

D. 借鉴并发展资本主义的经济制度

31. 战后发达资本主义国家的发展进入国家垄断资本主义的新阶段，这意味着（　　）。

A. 发达资本主义国家的政府担当调控国家宏观经济的重要职能

B. 国家垄断资本掌控经济生活

C. 所有重要的经济部门实行国有化

D. 国家垄断重于私人垄断

32. 国家垄断资本主义的产生和发展，从根本上说是（　　）。

A. 国内市场竞争的结果

B. 国际竞争激烈化的结果

C. 垄断统治加强的结果

D. 生产社会化和资本主义私人占有制之间矛盾发展的结果

33. 20世纪70年代以来，西方资本主义国家的金融资本急剧膨胀，这一方面促进了资本主义的发展，另一方面也造成了经济过度虚拟化，致使金融危机频繁发生。西方资本主义金融资本快速发展壮大的重要制度条件是（　　）。

A. 金融自由化与金融创新

B. 技术创新与大力发展互联网金融

C. 全面私有化与放松金融监管

D. 去工业化与大力发展现代服务业

34. 资本主义积累的历史趋势是（　　）。

A. 缓和并最终解决资本主义的基本矛盾

B. 资本主义生产方式必然灭亡

C. 全世界同时建立生产资料公有制

D. 全世界都进入资本主义制度

35. 解决资本主义基本矛盾的唯一途径是（　　）。

A. 用垄断代替自由竞争

B. 用国家垄断资本主义代替私人垄断资本主义

C. 用国际垄断代替国家垄断资本主义

D. 用社会主义制度代替资本主义制度

36. 资本社会化的最高形式是（　　）。

A. 垄断资本主义

B. 国家垄断资本主义

C. 生产社会化

D. 经营管理社会化

37. 经济全球化带给发展中国家的消极影响有许多，但不包括（　　）。

A. 经济发展受到一定程度的损失

B. 在国际贸易关系中剩余价值大量流失

C. 金融风险加大

D. 经济发展机会大大减少

38. 国家垄断资本主义对经济的干预（　　）。

A. 从根本上改变了垄断资本主义国家的阶级矛盾

B. 改变了资本主义私有制的性质

C. 使资产阶级和工人阶级形成了利益一致

D. 没有改变劳动者被剥削的地位

39. 国家垄断资本主义的局限性在于（　　）。

A. 使垄断资本主义存在着时而迅速发展时而停滞的趋势

B. 使垄断资本主义经济长期处于停滞状态

C. 使垄断资本主义经济长期处于滞胀状态

D. 它只能暂时使某些矛盾缓和，但却使这些矛盾加深和复杂化

40. 垄断资产阶级推行改良政策（　　）。

A. 减轻了工人和其他劳动者受剥削的程度

B. 从根本上触及生产资料资本主义所有制

C. 没有改变工人阶级受剥削的雇佣劳动者地位

D. 改变了资产阶级与工人阶级的利益对立

41. 资本主义发展初期占主导地位的所有制形式是（　　）。

A. 个体资本所有制

B. 私人资本所有制

C. 法人资本所有制

D. 国家资本所有制

42. 法人资本所有制的两种形式是（　　）。

A. 国家法人资本所有制和机构法人资本所有制

B. 企业法人资本所有制和机构法人资本所有制

C. 机构法人资本所有制和个人法人资本所有制

D. 企业法人资本所有制和私人法人资本所有制

43. 随着生产社会化程度的不断提高，资本主义国家内（   ）。

A. 拥有所有权的资本家直接经营和管理企业

B. 所有企业的所有权和控制权发生了分离

C. 个别企业的所有权和控制权发生了分离

D. 大企业内部资本所有权与控制权发生分离

44. 垄断价格的形成和垄断利润的产生表明（   ）。

A. 价值规律不再起作用了

B. 价值规律的作用受到了限制

C. 价值规律的作用形式发生了变化

D. 价值规律的内容发生了变化

45. 当代资本主义的新变化（   ）。

A. 意味着资本主义生产关系的根本性质发生了变化

B. 从根本上改变了资本主义社会

C. 从根本上适应了生产的社会化

D. 从根本上说是人类社会发展一般规律作用的结果

46. 法人资本所有制（   ）。

A. 是私人股份资本股东化的产物

B. 是国家资本股东化的产物

C. 是法人股东化的产物

D. 是个人资本股东化的产物

47. "二战"后发达国家大型企业的实际控制者是（   ）。

A. 大股东

B. 资本家

C. 高级职业经理

D. 中产阶级

48. 实现生产资料的经济上的所有权与法律上的所有权发生分离的是（   ）。

A. 个体资本所有制

B. 私人股份资本所有制

C. 法人资本所有制

D. 国家资本所有制

49. "二战"后发达资本主义国家中的（   ）。

A. 资本占有的社会性提高了

B. 资本占有的社会性减弱了

C. 资本占有社会性的提高没有改变资本在社会经济关系中的支配地位

D. 资本占有社会性的提高改变了资本在社会经济关系中的支配地位

50. 当代资本主义中的国有制主要存在于（   ）。

   A. 知识经济行业之中

   B. 高度垄断行业之中

   C. 基础设施和公共事业部门

   D. 当代资本主义经济生活中居支配地位的巨型公司中

51. 自由竞争和生产集中的关系是（   ）。

   A. 生产集中引起自由竞争

   B. 自由竞争引起生产集中

   C. 自由竞争限制了生产集中

   D. 生产集中消灭了自由竞争

52. 资本主义自由竞争阶段进入垄断阶段，最根本的标志在于（   ）。

   A. 垄断在经济生活中占统治地位

   B. 国家垄断在经济生活中占统治地位

   C. 资本输出在经济生活中占统治地位

   D. 银行资本在经济生活中占统治地位

53. 垄断资本主义取代自由竞争资本主义，表明资本主义生产关系（   ）。

   A. 实现了自我否定

   B. 发生了根本变化

   C. 仍无任何变化

   D. 有局部调整，但没有改变本质

54. 资本主义自由竞争引起生产和资本集中，生产和资本集中发展到一定程度必然产生（   ）。

   A. 社会化大生产超出国界

   B. 商品输出替代资本输出

   C. 垄断

   D. 资本输出替代商品输出

55. 少数资本家大企业联合起来，控制一个或几个部门的产品生产和销售的行为是（   ）。

   A. 联合

   B. 兼并

   C. 收购

   D. 垄断

56. 金融资本是（   ）。

   A. 工业资本和农业资本融合而成的资本

   B. 工业资本和商业资本融合而成的资本

   C. 工业资本和银行资本融合而成的资本

   D. 工业资本和银行资本在垄断的基础上融合而成的资本

57. "参与制"是指金融寡头（   ）。

A. 直接参与工业企业的生产经营和管理的制度
B. 直接参与银行的经营和管理的制度
C. 通过掌握一定数量的股票来层层控制企业的制度
D. 通过购买所属公司全部股票直接掌控企业和银行的制度

58. 垄断利润是通过（   ）。
A. 操纵市场获得的
B. 改进技术获得的
C. 扩大投资获得的
D. 增加贷款获得的

59. 垄断价格高于价值和生产价格意味着（   ）。
A. 垄断价格不受价值制约
B. 社会商品价格总额会大于价值总额
C. 社会商品价格总额与价值总额相等
D. 社会商品价格总额会小于价值总额

60. 垄断价格（   ）。
A. 是由垄断组织自由制定的不受价值约束的价格
B. 虽然会高于产品的价值，但受价值规律的制约
C. 虽然会高于产品的价值，但不受价值规律的制约
D. 通常与产品的社会生产价格相一致

61. 垄断价格表明垄断能（   ）。
A. 创造出新的价值，没有违背价值规律
B. 增加商品价值总量，不受价值规律的制约
C. 增加商品价值总量，使之与商品价格总额相等
D. 提高或压低个别商品的价格，但受价值规律的制约

62. 资本主义进入垄断阶段后垄断和竞争的关系是（   ）。
A. 垄断消灭了竞争
B. 垄断凌驾于竞争之上与之并存
C. 竞争凌驾于垄断之上
D. 垄断缓和了竞争

63. 垄断资本主义时期占主导地位的资本输出是（   ）。
A. 商品资本输出和借贷资本输出
B. 商品资本输出和生产资本输出
C. 借贷资本输出和生产资本输出
D. 生产资本输出和商品资本输出

64. 国家垄断资本主义能够（   ）。
A. 消灭私人垄断资本
B. 实行计划经济，消灭危机
C. 消灭资本主义基本矛盾

D. 在不改变资本主义制度的前提下，对生产关系进行某些调整

65. 国家垄断资本主义的产生是（　　）。
A. 科学技术发展的必然产物
B. 生产高度社会化和资本主义基本矛盾尖锐化的结果
C. 资本主义国家实行生产资料全部国有化的结果
D. 商品经济发展的一般规律

66. 国家垄断资本主义（　　）。
A. 可以调节社会生产，但没有消灭资本主义的矛盾
B. 能够解决资本主义的基本矛盾，改变资本主义性质
C. 通过调节社会生产，克服了生产的盲目性
D. 通过各种福利政策使劳动者摆脱被剥削的地位

67. 国家垄断资本主义是（　　）。
A. 资本主义国家与私人垄断资本相结合的资本主义
B. 资本主义国家掌握全部私人垄断资本的资本主义
C. 资本主义国家掌握全部社会垄断资本的资本主义
D. 资本主义国家通过投资实现全部资本国有化的垄断资本主义

68. 国家垄断资本主义表明（　　）。
A. 在资本主义生产关系范围内的局部调整
B. 资本主义生产关系被新的生产关系代替
C. 社会主义经济制度很快要代替资本主义国家
D. 资本主义具有强大的生命力

69. 国家垄断资本主义的实质是（　　）。
A. 国家协调私人垄断资本的相互关系
B. 各个私人垄断资本相互有机结合的总体
C. 资产阶级国家机器为私人垄断资本服务
D. 资产阶级国家与私人垄断资本相互矛盾的体现

70. 当代资本主义国际垄断组织的主要形式是（　　）。
A. 国际卡特尔
B. 混合联合企业
C. 跨国公司
D. 国际康采恩

71. 在垄断资本主义的各个基本经济特征中最根本的特征是（　　）。
A. 国家垄断同盟的形成
B. 资本输出具有重要的意义
C. 垄断在经济生活中占统治地位
D. 瓜分世界领土，形成殖民体系

72. 国家垄断资本主义的发展（　　）。
A. 改变了经济的资本主义性质

B. 符合垄断资本家的整体利益
C. 代表了个别资本家的利益
D. 消灭了私人垄断资本主义的基础

73. 国家垄断资本主义的宏观管理和调节体现的是（　　）。
A. 全体劳动人民的经济利益
B. 个别金融寡头的经济利益
C. 垄断资产阶级的整体利益
D. 国有企业的经济利益

二、多选题

1. 垄断时期由垄断本身产生的竞争包括（　　）。
A. 垄断组织内部的竞争
B. 垄断组织之间的竞争
C. 垄断组织与非垄断企业之间的竞争
D. 非垄断企业之间的竞争

2. 垄断没有消除竞争，是因为（　　）。
A. 竞争是一切社会生产所共有的
B. 竞争是商品经济发展的一般规律，垄断并没有消灭商品经济
C. 垄断必须通过竞争来维持
D. 在垄断组织之外，还存在着为数众多的中小企业

3. 与自由竞争相比，在垄断资本主义阶段，竞争的（　　）。
A. 目的是获得垄断利润
B. 手段包括非经济方式
C. 形式更加激烈
D. 范围不断扩展

4. 金融资本（　　）。
A. 是垄断资本主义阶段居统治地位的资本
B. 在自由竞争资本主义阶段产生
C. 是银行资本与工业资本在垄断的基础上融合形成的资本
D. 通过"参与制"在经济领域里进行统治

5. 微观规制的主要类型是（　　）。
A. 反托拉斯法
B. 公共事业规制
C. 知识产权规制
D. 社会经济规制

6. 垄断资本向世界范围扩展的基本形式有（　　）。
A. 借贷资本输出

B. 生产资本输出

C. 商品资本输出

D. 国际资本输出

7. 当代国际垄断同盟的主要形式有（　　）。

　A. 跨国公司

　B. 国际卡特尔

　C. 国家垄断资本主义的国际联盟

　D. 国际辛迪加

8. 经济全球化表现为（　　）。

　A. 生产全球化

　B. 贸易全球化

　C. 金融全球化

　D. 企业经营全球化

9. 经济全球化对发展中国家具有的积极影响主要表现在（　　）。

　A. 发展中国家可以利用这一机会引进先进技术和管理经验

　B. 发展中国家可以通过吸引外资、扩大就业，使劳动力资源的优势得以充分发挥

　C. 发展中国家可以利用不断扩大的国际市场解决产品滞销问题，以对外贸易带动本国经济的发展

　D. 发展中国家可以借助投资自由化和比较优势组建大型跨国公司，积极参与经济全球化进程，以便从经济全球化中获取更大的利益

10. 经济全球化是一个充满矛盾的进程，它在产生积极效应的同时，也会产生消极的后果，其消极的后果主要表现在（　　）。

　A. 发达国家与发展中国家之间的差距扩大

　B. 忽视社会进步、环境恶化与经济全球化有可能同时发生

　C. 各国特别是相对落后的国家原有的体制、政府领导能力、社会设施、政策体系、价值观念和文化都面临着全球化的冲击

　D. 经济全球化创造了世界各国经济的"共赢"

11. 20世纪80年代以来，随着冷战的结束，分割的世界经济体系也随之被打破，技术、资本、商品等真正实现了全球范围的流动，各国之间的经济联系日益密切，相互合作、相互依存大大加强，世界进入经济全球化迅猛发展的新时代。促使经济全球化迅猛发展的因素有（　　）。

　A. 科学技术的进步和生产力的快速发展

　B. 出现了适宜于全球化的企业组织形式

　C. 企业不断进行的技术创新与管理创新

　D. 各国为经济体制变革给出的有利制度条件

12. 当代资本主义的新变化（　　）。

　A. 从根本上说是人类社会发展一般规律作用的结果

　B. 是在资本主义制度基本框架内的变化

C. 并不意味着资本主义生产关系的根本性质发生了变化

D. 意味着资本主义生产关系的根本性质发生了变化

13. "二战"后发达资本主义国家采取的缓和劳资关系的激励制度包括（　　）。

A. 职工参与决策制度

B. 终身雇佣制度

C. 职工控股计划

D. 职工持股计划

14. 通过职工持股计划（　　）。

A. 职工控制了企业股份

B. 调动工人的生产积极性

C. 提高了工人对企业的归属感

D. 使很多企业摆脱了经营困境

15. 资本主义发展初期典型的工资制度有（　　）。

A. "泰罗制"

B. "丰田制"

C. "参与制"

D. "福特制"

16. 西方国家大型企业资本所有权与控制权分离后，拥有所有权的资本家（　　）。

A. 一般不直接经营管理企业

B. 仍然直接经营管理企业

C. 靠有价证券的利息收入为生

D. 成为食利者阶层的代表

17. "二战"后，在资本主义新变化的发展进程中（　　）。

A. 资本改变了追逐剩余价值的本性

B. 资本追逐剩余价值的本性并没有改变

C. 追逐剩余价值对资本积累的推动减轻了

D. 资本改变获取剩余价值的方式

18. 国家资本所有制的主要特点是（　　）。

A. 国家拥有国有企业的所有权和控制权

B. 推行政府的社会政策和经济政策

C. 以利润为企业的核心目标

D. 主要存在于基础设施和公共事业部门

19. 当代资本主义政治制度的变化主要是（　　）。

A. 国家行政机构的权限不断加强

B. 政治制度出现多元化的趋势，公民权利有所扩大

C. 重视并加强法制建设

D. 改良主义政党在政治舞台上的影响日益扩大

20. 当代资本主义发生新变化的原因最主要的有（　　）。

A. 科学技术革命和生产力的发展

B. 工人阶级争取自身权利和利益斗争的作用

C. 社会主义制度初步显示的优越性对资本主义产生了一定影响

D. 主张改良主义的政党对资本主义制度的改革

21. 私人垄断资本主义向国家垄断资本主义过渡（　　）。

A. 是资本主义生产社会化的客观要求

B. 是资本主义基本矛盾发展的必然结果

C. 在一定程度上促进了资本主义生产的发展

D. 能够从根本上解决资本主义的基本矛盾

22. 垄断资本要求国家干预经济生活的原因是（　　）。

A. 社会化大生产要求国民经济协调发展，需要国家参与经济调节

B. 国内垄断资本需要国家支持以加强竞争的能力

C. 社会化大生产需要巨额投资，要求国家直接经营或资助

D. 生产过剩问题日趋严重，需要借助国家力量以扩大国内外市场

23. 国家垄断资本主义产生的具体原因是（　　）。

A. 市场问题日益严重，要求利用国家力量来扩大

B. 社会化大生产所需巨额投资需要国家资助

C. 社会化大生产要求经济协调发展，需要国家直接干预

D. 对于不能直接获利的基础理论研究，只能由国家来承担

24. 国家垄断资本主义对资本主义经济发展的作用（　　）。

A. 在一定程度上有利于社会生产力的发展

B. 解决了垄断资本主义内在矛盾的深化与尖锐

C. 从根本上解决了失业问题

D. 有利于缓解资本主义生产的无政府状态

25. 垄断形成的原因是（　　）。

A. 生产高度集中的必然产物

B. 资本高度集中必然引起垄断

C. 少数大企业为避免两败俱伤

D. 企业规模巨大，形成对竞争的限制

26. 资本主义在全世界范围被社会主义代替是一个很长的历史过程，在这个过程中，两种社会制度的国家（　　）。

A. 可能相互交往

B. 可以和平共处，但也存在斗争

C. 不存在和平共处的可能性

D. 可以平等互利地发生经济联系

27. 资本主义为社会主义所代替的历史必然性表现在（　　）。

A. 资本主义的内在矛盾决定了资本主义必然被社会主义所代替

B. 资本积累推动资本主义最终否定资本主义自身

C. 国家垄断资本主义为向社会主义过渡准备了条件

D. 资本主义社会存在着资产阶级和无产阶级两大阶级之间的矛盾和斗争

28. 垄断组织的一般形式有（　　）。

A. 康采恩

B. 卡特尔

C. 辛迪加

D. 托拉斯

29. 垄断高价和垄断低价并不否定价值规律，因为（　　）。

A. 垄断价格只是使价值规律改变了表现形式

B. 垄断高价和垄断低价不能完全离开商品的价值

C. 从整个社会看，商品的价格总额和价值总额是一致的

D. 垄断高价是把其他商品生产者的一部分利润转移到垄断高价的商品上

30. 垄断利润的来源大体有哪几个方面？（　　）

A. 来自对本国无产阶级和其他劳动人民剥削的加强

B. 通过垄断高价和垄断低价来控制市场，使它能获得一些其他企业特别是非垄断企业的利润

C. 通过加强对其他国家劳动人民的剥削和掠夺获取国外利润

D. 通过资本主义国家政权进行有利于垄断资本的再分配

31. 社会主义取代资本主义将是一个长期的历史过程，这是由于（　　）。

A. 任何社会形态的存在都有相对稳定性，从产生到衰亡都要经过相当长的时间跨度

B. 资本主义发展的不平衡性决定了过渡的长期性

C. 资本主义已经积累了雄厚的经济实力和丰富的统治经验

D. 当代资本主义的发展还显示出其对生产力容纳的空间

32. 第二次世界大战结束以来，随着国家垄断资本主义的形成和发展，资产阶级国家对经济进行的干预明显加强，从而使资本主义社会的经济调节机制发生了显著变化。与这种变化相适应，经济危机形态也发生了很大变化。其主要表现是（　　）。

A. 发生经济危机通常由国家间的贸易失衡直接引发

B. 经济危机各阶段的交替过程已不十分明显

C. 经济危机更多地表现为金融危机的频繁

D. 经济危机的破坏作用只局限于发达资本主义国家

33. 经济全球化已成为当今世界经济发展的重要趋势，其明显表现有（　　）。

A. 国际分工进一步深化

B. 贸易全球化

C. 金融全球化

D. 企业生产经营全球化

34. 资本输出的必要性在于（　　）。

A. 为大量过剩资本寻找高额利润的投资场所

B. 为商品输出开路

C. 为控制国外原料产地和其他重要资源

D. 有利于争夺霸权地位

35. 第二次世界大战后，垄断发展的新现象有（　　）。

A. 垄断资本跨部门发展

B. 大型企业间的联合与兼并加剧

C. 私人垄断加速向国家垄断转变

D. 跨国公司成为垄断组织的主要形式

36. 战后发达资本主义国家实行的重大体制改革和政策调整包括（　　）。

A. 建立社会保障制度

B. 实行部分国有化

C. 实行职工持股

D. 推行企业民主，实现劳资合作

37. 以下说法中正确地说明了社会福利制度的是（　　）。

A. 社会福利制度是一种国民收入再分配

B. 社会福利制度的推行是资本主义生产关系自我调整的表现

C. 社会福利制度是一种渐进的方式，实行社会主义

D. 社会福利计划力图纠正市场初次分配中的不公平，具有一定的社会进步意义

38. 第二次世界大战后，西方国家跨国公司迅速发展，是由于（　　）。

A. 生产力发展的需要

B. 国内外市场竞争的需要

C. 资本输出的需要

D. 争夺国际垄断地位的需要

39. 资本主义无法根除的主要矛盾是（　　）。

A. 垄断资本与中小资本的矛盾

B. 社会化生产与资本主义私人占有的矛盾

C. 无产阶级与资产阶级的矛盾

D. 生产和消费的矛盾

40. 经济全球化对世界经济产生的影响主要表现在（　　）。

A. 促进国际贸易、就业和投资的增长

B. 缩小了各国之间的贫富差距

C. 削弱了国家经济主权，增加了世界各国经济运行的风险

D. 形成了世界统一市场

41. 对当前经济全球化及其后果认识正确的是（　　）。

A. 发达资本主义国家是经济全球化的主要受益者

B. 带来巨大的分工利益，推动世界生产力的发展

C. 对发展中国家有利有弊

D. 使南北差距扩大，不是"共赢"的全球化

42. 当代资本主义的新变化是事实，要正视这些变化，正确认识资本主义国家出现的新

变化的实质。当代资本主义发生的变化（　　）。

　　A. 从根本上说是人类社会发展一般规律和资本主义经济规律作用的结果
　　B. 是在资本主义制度基本框架内的变化，资本主义生产关系的根本性质没有发生变化
　　C. 触动了资本主义统治的根基，改变了资本主义制度的性质
　　D. 说明马克思主义关于资本主义的基本原理失效了

　　43. 2011 年 9 月 17 日，在"占领华尔街"这一口号的号召下，纽约爆发抗议活动。示威者在号召全球经济心脏的华尔街附近祖科蒂公园扎营，在纽约证券交易所等华尔街金融机构外举标语、喊口号，抗议华尔街"贪婪"无止境，指责政府救助少数金融机构而使多数人陷入经济困境。许多示威者打出"我们是 99%"的口号，抗议政府的经济政策只使 1% 的人成为真正受益者。奥巴马在记者会上回应这个抗议活动时说："这些抗议活动表达了美国人民对金融系统的不满。"以下对金融资本和金融寡头认识正确的是（　　）。

　　A. 金融资本是由工业垄断资本和银行垄断资本融合在一起而形成的一种垄断资本
　　B. 金融资本形成的主要途径包括"参与制""个人联合"和掌握新闻科教文化
　　C. 金融寡头是在金融资本形成的基础上产生的
　　D. 金融寡头是指操纵国民经济命脉，并在实际上控制国家政权的少数垄断资本家或垄断资本家集团

　　44. 从 20 世纪 70 年代起，随着资本主义经济陷入"滞涨"和新自由主义思潮的泛滥，西方国家普遍走上强化市场机制、弱化政府干预的道路。与此同时，经济危机呈现新的特点，包括（　　）。

　　A. 去工业化和产业空心化日益严重
　　B. 两极分化和社会对立加剧
　　C. 周期性危机与结构性危机交织在一起
　　D. 虚拟经济与实体经济联系日趋紧密

　　45. 与封建社会相比，资本主义显示了巨大的历史进步性，但这并不能掩盖其自身的局限性。资本主义的局限性表现在（　　）。

　　A. 资本主义基本矛盾阻碍社会生产力的发展
　　B. 在资本主义制度下财富占有两极分化，引起经济危机
　　C. 在资本主义政治制度下人民群众拥有的社会政治自由比在封建专制主义条件下更少
　　D. 资本家阶级支配和控制资本主义经济和政治的发展和运行，不断激化社会矛盾和冲突

三、判断题

　　1. 有人认为，一些国家从社会主义经济制度改变为资本主义经济制度，说明社会主义取代资本主义已不是人类社会的必然规律了。　　　　　　　　　　　　　　（　　）
　　2. 资产阶级国家国有企业的重要职能是推行政府的社会政策和经济政策，为私人垄断资本的发展提供服务和保障。　　　　　　　　　　　　　　　　　　　　（　　）
　　3. 垄断价格的出现意味着价值规律作用的消失。　　　　　　　　　　　　（　　）

4. 有人认为，经济全球化是生产和资本国际化的产物，具有促进生产力发展和全球经济发展的巨大作用，因而对发展中国家的经济发展也是有百利而无一害。（ ）
5. 垄断是在自由竞争的基础上产生的，因此垄断形成后可以消除竞争。（ ）
6. 垄断价格是垄断组织规定的市场价格，它的出现使价值规律等价交换原则受到破坏。（ ）
7. 在金融资本形成的基础上产生的金融寡头，他们支配了大量的社会财富，是垄断资本主义国家事实上的统治者。（ ）
8. 国家垄断资本主义和社会主义国家垄断经济没有根本的区别。（ ）
9. 垄断价格是垄断资本家凭借垄断地位制定的，因而否定了价值规律。（ ）
10. 经济全球化使各国之间的经济联系日益密切。（ ）
11. 有人认为，发达资本主义国家资本进一步社会化、股份公司普遍建立、股权极大分散、私人资本转化为社会资本，这就意味着资本主义私有制会发生本质变化。（ ）
12. 资本主义国家有了经济计划就能从根本上克服生产无政府状态。（ ）
13. 垄断资本向世界范围的扩展是通过跨国公司这一国际垄断组织形式实现的。（ ）
14. 资本输出对输入国的经济发展产生了一定的积极作用。（ ）
15. 当代资本主义国家的地区性经济集团对世界经济发展的作用具有二重性。（ ）
16. 垄断资本主义的统治为向社会主义过渡准备了充分的物质基础。（ ）
17. 资本主义进入垄断阶段后，垄断没有消除竞争。（ ）
18. 国家资本所有制的出现改变了资本主义生产关系的性质。（ ）
19. 国家垄断资本主义突破了私人垄断资本的局限性，因此，它具有社会主义的本质。（ ）

四、辨析题

1. 垄断是作为自由竞争的对立面而产生的，因此，垄断形成后可以消除竞争。
2. 在垄断资本主义时期占社会经济统治地位的是金融资本。
3. 垄断价格是垄断组织凭借其垄断地位制定的，因而否定了价值规律。
4. 国家垄断资本主义的出现意味着垄断资本主义的性质发生根本改变。
5. 经济全球化是不可逆转的客观历史进程。
6. 经济全球化是生产和资本国际化的产物，它对全球经济的发展有百利而无一害。

五、简答题

1. 垄断是怎样产生的？
2. 为什么说垄断并未消除竞争？
3. 简述垄断条件下竞争的新特点。
4. 金融寡头是如何实现其在经济上和政治上的统治的？
5. 简述垄断利润及其来源。

6. 为什么说垄断价格的产生并没有否定价值规律?
7. 浅析国家垄断资本主义形成和发展的原因。
8. 国家垄断资本主义的形式有哪些?
9. 国家垄断资本主义对资本主义经济的发展有何积极作用?
10. 简述垄断资本对外扩张的经济动因及其基本形式。
11. 资本输出的实质是什么?
12. 简述经济全球化的表现及动因。
13. 浅析经济全球化趋势对世界各国经济的影响。
14. 当代资本主义新变化有哪些表现?
15. 如何看待资本主义的历史地位?
16. 如何理解从资本主义向社会主义过渡是一个长期的历史过程?

六、论述题

1. 垄断是怎样产生的?为什么说垄断并没有消除竞争?
2. 试述金融资本的形成和金融寡头在经济上和政治上的统治。
3. 试述国家垄断资本主义的形式和作用。
4. 试述资本输出对输出国和输入国的作用和影响。
5. 试述经济全球化的表现、动因及后果。
6. 如何认识当代资本主义新变化的表现及其原因?
7. 试述资本主义为社会主义所代替的历史必然性。

七、材料分析题

1. 结合材料回答问题。

【材料】

微软公司是20世纪90年代对美国新经济有重要贡献的成功企业,但微软仍遭遇垄断案。对于新兴产业和对经济增长影响较大的企业,政府并不放松反垄断行为。1994年7月,美国政府与微软达成一项协议,即不再要求计算机制造商将其视窗操作系统作为必备原件安装。但在1995年11月因与对手网景公司划分浏览器市场时遭到拒绝,微软便要求安装视窗操作系统时必须同时安装其"探索者"浏览器。1997年10月,微软实施将浏览器与视窗操作系统捆绑出售。捆绑销售使微软市场份额大增,从原有的3%~4%的市场份额上升至50%以上的市场占有率。为此,美国反托拉斯部门与微软公司开始了漫长的诉讼之路。2000年6月,地方法院法官判决微软公司分解为两个独立公司。政府拆分微软的行为在于保护市场竞争。微软不服,又提出上诉。其结果是微软虽未被拆分,但上诉法院确认微软的市场垄断事实违反了美国的《反托拉斯法》。

请回答:

(1) 微软垄断案反映了垄断企业之间的激烈竞争。垄断与竞争并存的原因是什么?

(2) 通过微软垄断案，你从中可以深刻领悟哪些经济学原理？

2. 结合材料回答问题。

【材料】

据估计，今天在美国有 6000 家公司推行"雇员拥有股票计划"，其中包括西尔斯—罗伯克百货公司、美国电话电报公司等。"雇员拥有股票计划"在这些公司的推行，使工人们积极地经营他们的公司，产生了一种充满活力的责任感，在生产率、高质量和低成本等方面取得了巨大的成就。美国争取雇员拥有股票全国委员会对于 350 家高技术公司所作的一项调查发现，利用"雇员拥有股票计划"的公司要比没有利用这种计划的公司发展快 2~4 倍。随着这一计划的推行，到 2000 年，全美国有 25% 的雇员分享他们公司的所有权。这种迅速出现的"工人资本主义"概念也适用于相当大部分的美国经济。但是工人拥有股票不会轻易转变为工人管理。有的工人股东说："我看不出有什么变化。一切都和以前一模一样。"也有的工人股东认为，在"雇员拥有股票计划"下，越是尽力干，得到的就越多。

请回答：

(1) 根据材料分析当代资本主义社会实行"雇员拥有股票计划"的原因。

(2) 评析工人股东的两种看法。

3. 结合材料回答问题。

【材料1】

国有化早在自由竞争资本主义时期就已产生。当时如矿山、港口、河道、铁路、公路等私人资本难以经营的企业和设施就已部分地转归国家所有。到了帝国主义时期，国有化有了显著的发展。但是，第二次世界大战以前，国有化大多是在战争和经济危机期间发展得较快；一旦战争结束，经济危机过去，国有化企业就会大大收缩。第二次世界大战以后，资本主义的国有化有了长足的发展，通过国有化扩大资本主义国家所有制经济，已成为垄断资本主义国家发展国家垄断资本主义的主要形式。实行国有化的主要方法是资本主义国家高价收买私人企业的产权，或由国家向私人企业投资。其形式主要有国营、国有私营和公私合营等。

【材料2】

20 世纪 80 年代，法国工业国有化的程度达到了 40%，意大利为 35%，奥地利为 28%，联邦德国为 21%，英国为 11%。

【材料3】

1982 年，法国推行国有化，除涉及基础工业和重化工业之外，还包括电子、原子能等新兴工业部门，以及纺织、造纸、建材等制造行业，甚至深入航空工程、信息技术、新材料、生物工程等高科技领域。1982 年，法国国有企业在钢铁行业的比重为 80%，航空运输行业为 87%；在邮政、电讯、铁路运输、烟草以及煤气生产方面，国有企业的控制程度甚至高达 100%；在基础化学、人造纤维、有色金属等行业，国有企业的比重也超过了 50%。

请回答：

(1) 当代资本主义生产资料所有制出现的新变化有哪些？

(2) 当代资本主义生产资料所有制调整的实质是什么？

第六章

社会主义的发展及其规律

一、单选题

1. 19世纪上半叶，空想社会主义的主要代表是（　　）。
   A. 法国的昂利·圣西门、沙尔·傅立叶和英国的罗伯特·欧文
   B. 英国的昂利·圣西门、沙尔·傅立叶和法国的罗伯特·欧文
   C. 德国的罗伯特·欧文、昂利·圣西门和英国的沙尔·傅立叶
   D. 德国的昂利·圣西门、沙尔·傅立叶和英国的罗伯特·欧文

2. 被马克思、恩格斯称为"有史以来最伟大的讽刺家"的是（　　）。
   A. 费尔巴哈
   B. 傅立叶
   C. 欧文
   D. 圣西门

3. 在第一次世界大战中成为东西方矛盾焦点和帝国主义政治体系最薄弱环节的国家是（　　）。
   A. 德国
   B. 奥地利
   C. 中国
   D. 俄国

4. 中国各族人民的共同理想是（　　）。
   A. 倡导社会主义的民主精神
   B. 高扬社会主义的平等思想
   C. 提倡诚实守信的伦理道德
   D. 建设中国特色社会主义

5. 在展望未来社会的问题上，马克思主义与空想社会主义的根本区别是（   ）。
   A. 展望的内容是否正确
   B. 展望的目的和动机是否正确
   C. 有没有预见性
   D. 立场、观点和方法是否科学

6. 马克思主义展望未来社会的科学方法之一是（   ）。
   A. 在科学预测的基础上指明社会发展的方向
   B. 在科学预见的基础上指明社会发展的方向
   C. 在科学类比的基础上指明社会发展的方向
   D. 在揭示人类社会发展一般规律的基础上指明社会发展的方向

7. 经过20世纪50—60年代的社会制度改造，贵州、云南等地的少数民族由农奴制社会迈入了社会主义社会。少数民族经济社会制度的变迁，体现了（   ）。
   A. 社会历史发展道路的多样性
   B. 社会历史发展道路的统一
   C. 社会历史发展的客观规律性
   D. 社会历史发展的决定性

8. 世界上第一个社会主义国家是（   ）。
   A. 巴黎公社
   B. 苏维埃俄国
   C. 中华人民共和国
   D. 巴伐利亚苏维埃共和国

9. 关于马克思主义政党性质的最简要最明确的表述是（   ）。
   A. 它以马克思主义为指导思想
   B. 它代表广大人民的根本利益
   C. 它以共产主义为奋斗目标
   D. 它是工人阶级的先锋队

10. 马克思主义政党的根本宗旨是（   ）。
    A. 为人民群众谋利益
    B. 为实现共产主义而奋斗
    C. 代表先进生产力
    D. 代表先进文化

11. 列宁说："如果社会主义在经济上尚未成熟，任何起义也创造不出社会主义来。"这就是说（   ）。
    A. 社会主义革命只能在经济发达的国家发生和取得胜利
    B. 社会主义革命需要一定的物质前提
    C. 只能靠经济力量去实现社会主义
    D. 社会主义革命能够在资本主义内部自发产生

12. 社会主义的根本任务是（   ）。

A. 进行阶级斗争

B. 改革生产资料所有制

C. 进行政治体制改革、经济体制改革

D. 解放生产力、发展生产力

13. 社会主义的根本目的在于（　　）。

A. 消灭剥削、消除两极分化，最终达到共同富裕

B. 建立无产阶级专政

C. 巩固共产党的领导

D. 镇压资产阶级的反抗

14. 列宁得出社会主义可能在一国或数国首先取得胜利的结论依据是（　　）。

A. 资本主义必然灭亡、社会主义和共产主义必然胜利的规律

B. 帝国主义时代资本主义政治经济发展不平衡的规律

C. 资本主义国家无产阶级与资产阶级斗争的规律

D. 无产阶级是最先进、最革命的阶级的原理

15. 社会主义必然代替资本主义的主要依据是（　　）。

A. 无产阶级与资产阶级斗争尖锐化

B. 个别企业有组织的生产与整个社会生产无政府状态之间的矛盾

C. 现代无产阶级的日益壮大

D. 生产的社会化与资本主义私人占有制之间的矛盾

16. 无产阶级革命取得胜利的根本保证是（　　）。

A. 无产阶级政党的正确领导

B. 建立革命的统一战线

C. 人民群众的革命积极性的极大提高

D. 国家政权问题

17. 无产阶级革命的根本问题是（　　）。

A. 统一战线中的领导权问题

B. 农民问题

C. 武装斗争问题

D. 国家政权问题

18. 在无产阶级反对资产阶级的斗争中，最具决定意义的是（　　）。

A. 经济斗争

B. 政治斗争

C. 理论斗争

D. 议会斗争

19. 实现社会主义的必要政治前提是（　　）。

A. 无产阶级政党的领导

B. 建立广泛的革命统一战线

C. 无产阶级的革命斗争

D. 建立无产阶级专政

20. 马克思说:"暴力是每一个孕育着新社会的旧社会的助产婆。"这说明(   )。
A. 暴力革命是无产阶级革命的唯一形式
B. 暴力革命是无产阶级革命的主要的基本的形式
C. 暴力革命与和平发展互相排斥
D. 暴力革命与和平发展可以相互取代

21. 列宁对关于社会主义革命学说的重大贡献是(   )。
A. 提出了战时共产主义政策
B. 提出了新经济政策
C. 提出了社会主义革命将首先在一国或数国取得胜利的理论
D. 提出了利用国家资本主义过渡到社会主义的理论

22. 在理论上第一次将共产主义社会第一阶段称为社会主义的是(   )。
A. 马克思
B. 恩格斯
C. 列宁
D. 斯大林

23. 科学社会主义的核心内容是(   )。
A. 无产阶级专政和社会主义民主
B. 唯物史观
C. 无产阶级专政
D. 国家政权

24. 无产阶级专政的实质,就是(   )。
A. 无产阶级作为统治阶级掌握国家政权
B. 要消灭剥削、消灭阶级,进入无阶级社会
C. 镇压敌对阶级的反抗和破坏活动
D. 领导和组织社会主义建设

25. 无产阶级专政的目标是(   )。
A. 不断巩固、发展无产阶级政权和社会主义制度
B. 建设社会主义民主
C. 消灭剥削、消灭阶级,进到无阶级社会
D. 防止国外敌人的侵略和颠覆,支持世界人民的革命斗争

26. 经济文化相对落后的国家可以先于资本主义国家进入社会主义,是因为(   )。
A. 经济文化相对落后的国家具有较高的精神文明
B. 革命的客观形势和主观条件所决定的
C. 它是以高度社会化的资本主义大生产作为社会主义革命的物质前提的
D. 社会主义生产关系可以在旧社会的内部孕育生长起来

27. 无产阶级革命主要的基本形式是(   )。
A. 人民民主专政

B. 暴力革命

C. 和平过渡

D. 局部战争

28. 资本主义的发展在各个国家是极不平衡的，而且在商品生产下也只能是这样。由此得出一个必然的结论是（   ）。

A. 社会主义很难实现

B. 社会主义必须在所有国家内同时获得胜利

C. 社会主义不能在所有国家内同时获得胜利

D. 经济和政治发展的不平衡是资本主义的绝对规律

29. 俄国十月革命的胜利，促进了（   ）。

A. 苏联社会主义国家的建设

B. 资本主义加速其帝国主义的进程

C. 世界社会主义运动的发展

D. 世界共产主义进程

30. 社会主义力量坚定地支持被压迫民族和被压迫人民，推动着（   ）。

A. 世界反法西斯斗争的进行

B. 世界和平与发展的时代潮流

C. 社会主义不断地同资本主义作斗争

D. 社会主义向着更健康的方向发展

31. 社会主义的本质是（   ）。

A. 人民当家做主，成为社会的主人

B. 解放生产力，发展生产力，消灭剥削，消除两极分化，最终达到共同富裕

C. 社会主义的公有制和按劳分配

D. 高度的社会主义精神文明和人的全面解放

32. 社会主义制度区别于资本主义制度的根本标志是（   ）。

A. 较高的劳动生产率

B. 人民当家做主

C. 生产资料私有制

D. 生产资料公有制

33. 社会主义文化建设的根本是（   ）。

A. 在全社会形成社会主义的共同理想和精神支柱

B. 发展教育和科学

C. 发展文学艺术等

D. 营造良好的文化环境

34. 社会主义民主政治的首要内容是（   ）。

A. 民主集中制

B. 改善党的领导

C. 加强党的领导

D. 坚持党的领导

35. 中国共产党全部工作的出发点和落脚点是（　　）。

A. 维护最广大人民的根本利益

B. 一切从实际出发

C. 保证党的生机与活力

D. 完善党的领导

36. 下列选项中体现社会主义本质属性和要求的是（　　）。

A. 促进人的全面发展和社会和谐

B. 实行计划经济

C. 建立完全的公有制经济

D. 实行产品经济

37. 马克思指出："发展人类的生产力，也就是发展人类天性的财富这种目的本身。"这句话所指的是（　　）。

A. 发展生产力是为人的全面发展服务的

B. 人类的生产力本身就是目的

C. 人类的天性是追求财富

D. 人类的财富就是生产力

38. 科学社会主义的直接理论来源是（　　）。

A. 空想社会主义的学说

B. 19世纪初期以圣西门、傅立叶、欧文为代表的空想社会主义

C. 空想平均共产主义

D. 唯物史观和剩余价值学说

39. 科学社会主义创立的理论依据是（　　）。

A. 空想社会主义学说

B. 德国古典哲学

C. 唯物史观和剩余价值学说

D. 英国古典政治经济学

40. 社会主义实现由空想到科学发展的标志是（　　）。

A.《共产党宣言》的发表

B."共产主义者同盟"的建立

C. 空想社会主义理想的破灭

D. 无产阶级革命的胜利

41. 社会主义各个阶段的划分最终应以（　　）。

A. 生产力的发展为标准

B. 生产关系为标准

C. 生产资料的公有制程度为标准

D. 以阶级斗争为标准

42. 无产阶级革命和无产阶级专政的第一次伟大尝试是（　　）。

A. 十月革命

B. 1848 年革命

C. 巴黎公社

D. 二月革命

43. 在当代中国，坚持中国特色社会主义道路，就是真正坚持社会主义道路，坚持中国特色社会主义理论体系，就是真正坚持（　　）。

A. 毛泽东思想

B. 马克思主义

C. 邓小平理论

D. "三个代表"思想

44. 空想社会主义"提供了启发工人觉悟的极为宝贵的材料"，但不具备（　　）。

A. 科学的品格

B. 实践的力量

C. 现实的意义

D. 创新的品格

45. 社会主义从理论到实践的飞跃，具体途径是（　　）。

A. 通过改革实现的

B. 通过对人民群众的教育和灌输实现的

C. 实践

D. 通过无产阶级革命实现的

46. 科学社会主义之所以能够超越空想社会主义，是因为把争取社会主义的斗争建立在（　　）。

A. 科学的思想体系之上

B. 社会发展客观规律的基础之上

C. 批判空想社会主义之上

D. 共产主义者同盟之上

47. 下列说法中，观点错误的是（　　）。

A. 国际共产主义运动当今正处在低潮时期

B. 社会主义必然取代资本主义

C. 社会主义取代资本主义是一个长期的曲折的过程

D. 社会主义在若干国家的严重挫折改变了资本主义必然灭亡的命运

48. "让统治阶级在共产主义革命面前发抖吧。无产者在这个革命中失去的只是锁链，他们获得的将是整个世界。"这句话出自哪一部著作？（　　）

A. 《人权宣言》

B. 《独立宣言》

C. 《共产党宣言》

D. 《解放黑人奴隶宣言》

49. 我国社会主义现阶段按劳分配要通过（　　）。

A. 商品货币关系实现

B. 个人消费品的实物分配实现

C. 不折不扣的劳动所得实现

D. 劳动者的实际需要实现

50. 社会主义经济制度的基础是（　　）。

A. 无产阶级专政

B. 社会主义公有制

C. 国家所有制

D. 多种所有制经济共同发展

51. 发展社会主义生产力最重要的途径是（　　）。

A. 增加劳动力投入

B. 增加生产资料投入

C. 提高劳动强度

D. 提高劳动生产率

52. 社会主义制度代替资本主义制度是（　　）。

A. 由于资本主义固有矛盾无法解决

B. 生产关系一定要适应生产力发展规律的要求

C. 社会生产与社会需求矛盾发展的结果

D. 无产阶级与资产阶级矛盾的结果

53. 作为中国共产党和社会主义事业指导思想的马克思主义是（　　）。

A. 从广义上理解的马克思主义

B. 从狭义上理解的马克思主义

C. 特指的马克思主义

D. 泛指的马克思主义

54. 马克思主义政党（　　）。

A. 是工人阶级的群众组织

B. 是各个阶级的先进分子组成的政党

C. 可以吸收其他阶级、阶层认同党纲、愿为其奋斗的人入党

D. 不应接受任何非工人阶级的人士入党

55. 马克思主义政党产生的条件是（　　）。

A. 马克思主义理论的诞生

B. 工人运动的发展

C. 科学社会主义理论的传播

D. 工人运动的发展和科学社会主义理论的传播

56. 改革在人类历史上具有普遍性，它是（　　）。

A. 社会制度更替的一种形式

B. 对社会体制进行改善和革新

C. 统治阶级向被统治阶级妥协

D. 革命阶级反对反动统治阶级的斗争

57. 对苏联模式的错误评价是（　　）。

A. 曾经促进了社会主义制度的巩固和发展

B. 曾有力地推动了社会生产力的发展

C. 为苏联反法西斯战争的胜利提供了有力的物质和人员保障

D. 承认市场的作用，充分调动了企业和劳动者的积极性

58. 社会主义社会之所以需要进行改革，根源在于（　　）。

A. 社会主义需要进一步完善

B. 社会主义社会的基本矛盾

C. 社会主义社会存在对抗性矛盾

D. 改革是人民的愿望

59. 马克思、恩格斯根据他们所处的历史时代的特点，提出了无产阶级革命将在几个重要的资本主义国家同时发生的观点。这个"同时发生"的"同时"是指（　　）。

A. 同一个月

B. 同一天

C. 同一时刻

D. 同一个历史发展时期

60. 列宁在晚年提出了在俄国建设社会主义的构想，未包括的内容是（　　）。

A. 发展大工业，实现工业化和电气化

B. 实行农业合作化

C. 进行党和国家机构的改革

D. 进行文化建设，但不开展文化革命

61. 下列哪项不是列宁关于社会主义革命和建设的理论？（　　）

A. 资本主义经济发展不平衡的规律

B. 社会主义革命可能在一国、几国获得胜利

C. 建设具有本国特色的社会主义

D. 新经济政策

62. 社会主义改革是社会主义制度的（　　）。

A. 必然阶段

B. 表现形式

C. 革命性过程

D. 自我完善和发展

63. 马克思主义政党是工人阶级的先锋队，它明确地指出了马克思主义政党的（　　）。

A. 革命性和斗争性

B. 先进性和革命性

C. 阶级性和先进性

D. 先进性和科学性

64. 马克思主义政党的组织原则是（　　）。

A. 民主集中制

B. 人民代表大会制

C. 全党服从中央

D. 一切服从大局

65. 马克思认为，在国家存在的前提下，无产阶级夺取政权后，不能马上将生产资料转归全社会所有，而必须首先采取的生产资料所有制形式是（　　）。

A. 国家所有制

B. 集体所有制

C. 社会所有制

D. 个人所有制

66. 资本主义造就的埋葬自身的社会力量是（　　）。

A. 无产阶级

B. 科学技术

C. 巨大的社会财富

D. 社会化的生产力

67. 马克思主义政党的最高纲领和最终奋斗目标是（　　）。

A. 建立社会主义制度

B. 实现共产主义

C. 成为社会主义事业的领导核心

D. 使工人阶级成为统治阶级

68. 历史上最广泛、最彻底、最深刻的，不同于以往一切革命的最新类型的革命是（　　）。

A. 封建革命

B. 无产阶级革命

C. 资产阶级革命

D. 农民起义

二、多选题

1. "两个必然"是指（　　）。

A. 资本主义必然灭亡

B. 社会主义必然胜利

C. 阶级的消亡

D. 人的自由解放

2. 中国特色社会主义理论体系包括（　　）。

A. 邓小平理论

B. "三个代表"重要思想

C. 科学发展观

D. 习近平新时代中国特色社会主义思想

3. 邓小平关于社会主义本质的概括是（　　）。

A. 实行以公有制为主体的多种经济形式

B. 坚持按劳分配的标准

C. 解放生产力、发展生产力

D. 消灭剥削、消除两极分化，最终达到共同富裕

4. 我国社会主义初级阶段的含义是（　　）。

A. 我国还处在社会主义过渡的新时期

B. 我国已经是社会主义社会

C. 我国正处于向共产主义过渡的新时期

D. 我国的社会主义还处在初级阶段

5. 社会主义社会的主要特征有（　　）。

A. 剥削制度的消灭和在生产资料所有制上坚持以公有制为主体

B. 按劳分配

C. 坚持马克思主义指导和共产党的领导

D. 实行无产阶级专政

6. 社会主义实现模式多样化的原因在于（　　）。

A. 政治经济文化水平的发展不同

B. 历史传统不同

C. 指导思想不同

D. 地域环境不同

7. 从资本主义向社会主义过渡必须具备的条件是（　　）。

A. 无产阶级政党的领导

B. 夺取国家政权

C. 建立生产资料公有制

D. 建立无产阶级政权

8. 无产阶级政党的领导主要是（　　）。

A. 政治领导

B. 组织领导

C. 思想领导

D. 集体领导

9. 人民民主专政实质上是无产阶级专政，其原因在于（　　）。

A. 它们的领导力量是一样的

B. 它们的阶级基础是一样的

C. 它们的指导思想是一样的

D. 它们的历史使命是一致的

10. 列宁在"政治遗嘱"中，提出了一系列关于社会主义的新构想，如（　　）。

A. 学习和利用资本主义一切有价值的东西

B. 用合作社形式将农民引向社会主义道路

C. 发展大工业，实现工业化和电气化

D. 进行文化革命，大力发展文化教育事业

11. 社会主义发展史的两次飞跃是（　　）。

A. 社会主义由空想到科学的发展

B. 早期空想社会主义到空想平均共产主义的发展

C. 空想平均共产主义到批判的空想社会主义的发展

D. 社会主义由理论到实践

12. 空想社会主义的发展经历了哪些阶段？（　　）

A. 16—17 世纪早期空想社会主义

B. 18 世纪空想平均共产主义

C. 19 世纪批判的空想社会主义

D. 不成熟、不科学的空想社会主义

13. 空想社会主义不是一个科学的思想体系，是因为（　　）。

A. 它只是对资本主义罪恶进行了天才的诅咒

B. 它没有揭示出资本主义必然灭亡的经济原因

C. 它没有找到建设新社会所依靠的阶级力量

D. 它没有找到通往理想社会的现实道路

14. 科学社会主义之所以是科学的，是因为它明确指出了（　　）。

A. 社会主义公有制与社会化大生产相适应

B. 社会主义的建立是社会化大生产与资本主义私有制矛盾发展的必然结果

C. 工人阶级是资本主义制度的掘墓人

D. 社会主义社会是永恒不变的社会

15. 空想社会主义萌生于资本主义生产关系出现之际，并随资本主义的发展，在 19 世纪达到了顶峰。当时，欧洲有三个著名的空想社会主义者，他们是（　　）。

A. 莫尔

B. 圣西门

C. 傅立叶

D. 欧文

16. 空想社会主义的历史功绩是（　　）。

A. 对资本主义的弊病进行了深刻的揭露和猛烈的抨击

B. 揭示了资本主义灭亡、社会主义胜利的客观规律

C. 对未来社会作出了天才的设想

D. 找到了变革社会的革命力量

17. 社会主义民主是（　　）。

A. 社会主义的国家政治制度

B. 人类社会最高类型的民主

C. 绝大多数人的民主

D. 目的和手段的统一

18. 在经济文化相对落后的国家建设社会主义之所以是长期的和艰巨的，是因为（　　）。

    A. 商品经济不发达，生产力落后

    B. 这些国家跨越了一个社会形态，缺乏民主传统

    C. 社会主义国家从诞生之日起，就处在资本主义世界的包围之中，受到资本主义列强的遏制和扼杀

    D. 马克思主义执政党对社会主义发展道路和建设规律的探索是一个过程

19. 年轻的苏维埃政权建立后，面临着（　　）。

    A. 社会主义如何从理论走向实践

    B. 资本主义必然灭亡

    C. 巩固政权的任务

    D. 在经济文化相对落后的条件下建设社会主义的任务

20. 列宁领导苏维埃俄国对社会主义道路的探索，大体经历了（　　）。

    A. 和平发展时期

    B. 进一步巩固苏维埃政权时期

    C. 战时共产主义时期

    D. 战时共产主义转变为新经济政策时期

21. 无产阶级专政的历史任务是（　　）。

    A. 镇压阶级敌人的反抗和破坏活动，保护人民的合法权利

    B. 变革生产资料私有制，建立和发展公有制

    C. 领导和组织社会主义建设

    D. 防止国外敌人的侵略和颠覆，支持世界人民的革命斗争

22. 社会主义经济关系的基本特征包括（　　）。

    A. 建立了生产资料公有制

    B. 消灭了阶级和剥削

    C. 实行了有计划按比例发展国民经济

    D. 为实现共同富裕而大力发展生产力

23. 社会主义作为人类社会历史发展中的崭新形态，其产生和发展（　　）。

    A. 符合历史的发展趋势

    B. 代表社会进步的方向

    C. 体现着人类的未来

    D. 具有强大的生命力

24. 社会主义的根本任务是发展生产力，这是因为，发展生产力是（　　）。

    A. 提高人民生活水平的要求

    B. 巩固社会主义制度的要求

    C. 社会主义本质的内在要求

    D. 解决社会主要矛盾的要求

25. 马克思主义政党产生的条件是（　　）。
   A. 资本主义大发展
   B. 工人运动的发展
   C. 科学社会主义理论的传播
   D. 社会主义建设事业的不断胜利

26. 看一个政党是否先进，是不是工人阶级先锋队，主要应看党的理论和纲领（　　）。
   A. 是不是马克思主义的
   B. 是不是规定党员队伍主要由工人组成
   C. 是不是代表社会发展的正确方向
   D. 是不是代表最广大人民的根本利益

27. 无产阶级专政是（　　）。
   A. 人类社会最后的、最进步的新型国家政权
   B. 以工农联盟为基础的国家政权
   C. 以消灭剥削、消灭阶级为目标的国家政权
   D. 实行无产阶级统治的国家政权

28. 19世纪中叶，马克思和恩格斯所以能够创立科学社会主义，是因为（　　）。
   A. 当时已经具备了创立科学社会主义的历史条件
   B. 他们长期参加和亲自领导了工人运动
   C. 他们进行了大量艰苦的科学理论研究工作
   D. 他们是伟大的无产阶级革命导师

29. 科学社会主义与空想社会主义最根本的区别在于（　　）。
   A. 是否对资本主义进行批判
   B. 出发点不同
   C. 空想社会主义仅仅是从正义、平等的愿望和道德出发，引出社会主义的结论
   D. 科学社会主义是从物质生产活动的规律出发，寻找到社会主义必然实现的客观根据

30. 社会主义在曲折中前进主要是由以下哪些因素决定的？（　　）
   A. 社会主义作为新生事物，其成长不会一帆风顺
   B. 社会主义社会的基本矛盾推动社会发展，是作为一个过程而展开的，人们对它的认识也是有一个逐步发展的过程
   C. 经济全球化对社会主义的发展既有机遇又有挑战
   D. 社会主义是无剥削阶级的社会

31. 在资本主义社会中，无产阶级和资产阶级之间斗争的基本形式有（　　）。
   A. 经济斗争
   B. 政治斗争
   C. 文化斗争
   D. 思想斗争

32. 无产阶级之所以能承担起推翻资本主义、实现社会主义和共产主义的历史使命，原因是（　　）。

A. 无产阶级是最先进的阶级

B. 无产阶级是最革命的阶级

C. 无产阶级是受剥削受压迫最重的阶级

D. 无产阶级是最强大的阶级

33. 之所以说无产阶级革命是迄今为止人类历史上最广泛、最彻底、最深刻的革命，（　　）。

A. 是因为无产阶级革命是彻底消灭一切私有制的革命

B. 是因为无产阶级革命是彻底消灭一切阶级和阶级统治的革命

C. 是因为无产阶级革命是一个阶级推翻另一个阶级的革命

D. 是因为无产阶级革命是不断前进的历史过程

34. 马克思主义关于无产阶级革命形式的基本观点是（　　）。

A. 暴力革命是无产阶级革命的唯一形式

B. 暴力革命是主要的基本形式

C. 在任何情况下都要争取革命的和平发展

D. 无产阶级革命有暴力和和平两种形式

35. 无产阶级政党选择革命形式和道路应该遵循的基本原则是（　　）。

A. 暴力革命是无产阶级革命的唯一形式原则

B. 马克思主义普遍真理与本国具体实际相结合的原则

C. 由各国共产党自己决定、反对国际组织发号施令的原则

D. 在任何情况下都要争取和平发展的原则

36. 无产阶级专政国家的基本特征包括（　　）。

A. 无产阶级专政国家是消灭剥削、消除两极分化的国家

B. 无产阶级专政国家是大多数人享有民主而只对少数人实行专政的国家

C. 无产阶级专政的国家代表和维护着无产阶级和最广大劳动人民的利益

D. 无产阶级专政国家的历史任务是为消灭阶级和使国家走向消亡创造条件

37. 列宁的"一国或数国首先胜利"的理论内容是指（　　）。

A. 社会主义将在经济文化比较落后的国家首先取得胜利

B. 社会主义将首先在一个或几个国家取得胜利，而其余的国家在一段时间内将仍然是资产阶级或资产阶级以前的国家

C. 社会主义将在资本主义统治的薄弱环节首先取得胜利

D. 帝国主义时代的无产阶级社会主义革命，将是一国或数国首先取得胜利，然后波浪式地发展为全世界的胜利

38. 马克思主义政党是工人阶级的先锋队，这是对马克思主义政党的性质所作的最简要最明确的表述，因为（　　）。

A. 工人阶级是现代大工业的产物，与先进的生产方式相联系

B. 工人阶级是在斗争中不断成长成熟，从自在的阶级走向自为的阶级

C. 工人阶级是唯一同资产阶级直接对立和完全对立的，因而也是唯一能够革命到底的阶级

D. 工人阶级是最有政治远见、最有组织纪律性的阶级

39. 1516 年，英国人托马斯·莫尔发表了《乌托邦》一书，标志着空想社会主义的诞生，1848 年，马克思、恩格斯发表了《共产党宣言》，标志着科学社会主义的产生，社会主义实现了从空想到科学的历史性飞跃，科学社会主义超越空想社会主义之处在于（　　）。

　　A. 对资本主义进行了无情的批判

　　B. 对未来社会进行了细致的描绘

　　C. 揭示了资本主义必然灭亡的经济根源

　　D. 找到了实现理想社会的现实道路

40. 自第一个社会主义国家建立以来，社会主义事业的发展并不是一帆风顺的。社会主义发展道路的多样性以及发展过程中的前进性和曲折性的实践告诉我们（　　）。

　　A. 坚持社会主义，不等于要坚持某种单一的社会主义模式

　　B. 发展社会主义，不等于不学习西方资本主义的文明成果

　　C. 改革或抛弃某种社会主义模式，不等于改掉或抛弃社会主义

　　D. 某种社会主义模式的失败，不等于整个社会主义事业的成败

41. 社会主义发展道路具有多样性，无产阶级执政党必须领导本国人民，努力探索适合自己国情的社会主义发展道路。探索社会主义发展道路，必须（　　）。

　　A. 坚持对待马克思主义的科学态度

　　B. 从当时当地的历史条件出发，坚持"走自己的路"

　　C. 充分吸收人类一切文明成果

　　D. 从个别归纳出一条适合社会主义国家的道路和模式

42. 19 世纪初期以圣西门、傅立叶、欧文为代表的批判的空想社会主义者在理论上致力于社会制度的分析。他们在理论上的贡献体现在（　　）。

　　A. 对资本主义旧制度的辛辣批判，包含着许多击中要害的见解

　　B. 对社会主义新制度的描绘，闪烁着诸多天才的火花

　　C. 提供了启发工人觉悟的极为宝贵的材料

　　D. 初步形成科学的思想体系

43. 19 世纪初期以圣西门、傅立叶、欧文为代表的批判的空想社会主义是科学社会主义的直接思想来源。但空想社会主义不是科学的思想体系。批判的空想社会主义在理论上的局限性在于（　　）。

　　A. 未能揭示资本主义必然灭亡的经济根源

　　B. 看不到埋葬资本主义的力量

　　C. 找不到通往理想社会的现实道路

　　D. 立足于揭示未来社会的一般特征而未作详尽的细节描绘

44. "'履不必同，期于适足；治不必同，期于利民。'世界上没有放之四海而皆准的发展道路。只有能够持续造福人民的发展道路，才是最有生命力的。"社会主义的发展道路必然呈现出多样性的特点。这是因为（　　）。

　　A. 各个国家的生产力发展状况和社会发展阶段具有不同的特点

　　B. 历史文化传统的差异性

C. 无产阶级政党自身成熟程度、阶级基础与群众基础的构成状况不同
D. 时代和实践的不断发展

三、判断题

1. 无产阶级取得政权以后首先需要建立社会主义公有制。（   ）
2. 科学社会主义在马克思主义科学体系中处于核心地位。（   ）
3. 社会主义的目标是社会的发展。（   ）
4. 只有马克思主义经典作家预见了未来社会。（   ）
5. "通过批判旧世界来发现新世界"是空想社会主义预见未来社会的方法。（   ）
6. 马克思主义政党的组织原则是民主集中制。（   ）
7. 中国共产党全部工作的出发点和落脚点是最广大人民的根本利益。（   ）
8. 社会主义的根本任务是实行按劳分配。（   ）
9. 社会主义的根本目的是实现共同富裕。（   ）
10. 社会主义代替资本主义和最后实现共产主义离不开世界社会主义运动的发展。
（   ）
11. 经济政治发展的不平衡是资本主义的绝对规律，由此得出结论：社会主义可能首先在少数或者甚至在单独一个资本主义国家内获得胜利。提出这一著名论断的是列宁。
（   ）
12. 莫尔是19世纪欧洲三个著名的空想社会主义者之一。（   ）
13. 实现社会主义的必要政治前提是建立无产阶级专政。（   ）
14. 社会主义实现由空想到科学发展的标志是无产阶级革命的胜利。（   ）
15. 科学社会主义的直接理论来源是19世纪初期以圣西门、傅立叶、欧文为代表的空想社会主义。（   ）
16. 空想社会主义"提供了启发工人觉悟的极为宝贵的材料"，但不具备科学的品格。
（   ）
17. 无产阶级革命主要的基本形式是暴力革命。（   ）
18. 共产主义社会的第一阶段被称为社会主义社会。（   ）
19. 改革是社会主义制度的革命性过程。（   ）
20. 马克思主义政党具有"内在力量"的标志是勇于自我批评。（   ）

四、辨析题

1. 空想社会主义的思想是科学社会主义的直接思想来源，因为三大空想社会主义者的社会历史观基本上是唯物主义。
2. 马克思、恩格斯从来都坚持认为，无产阶级的历史地位和阶级性决定了它只能通过暴力革命来推翻资本主义统治。
3. 社会主义代替资本主义是历史的必然，因此就不可能有反复。

4. 20世纪80年代末期和90年代初期，东欧剧变、苏联解体并不表明社会主义的失败。

5. 民主社会主义是社会主义的一种特殊模式，中国可以在一部分地区试验。

五、简答题

1. 科学社会主义的研究对象和任务是什么？
2. 科学社会主义与空想社会主义的根本区别是什么？
3. 简述社会主义的两次历史飞跃。
4. 简述列宁关于新经济政策的基本内容和实质。
5. 简述社会主义的基本特征。
6. 经济文化相对落后的国家，为什么能够先于发达国家进入社会主义？
7. 试述社会主义发展道路多样性的原因。
8. 无产阶级专政的领导力量是什么？
9. 战时共产主义向新经济政策转变为我们提供了哪些启示？
10. 如何理解当代资本主义的新变化没有改变资本主义必然灭亡的历史命运？
11. 概述世界社会主义运动的基本经验。

六、论述题

1. 如何评价空想社会主义的积极贡献及其历史局限？
2. 科学社会主义诞生的两块基石分别是什么？为什么？
3. 试述科学社会主义创立的历史意义。
4. 试述社会主义苏联模式的历史成就、特点及弊病。
5. 考茨基认为：在俄国建立无产阶级专政和社会主义制度这种做法，就像"一个孕妇，她疯狂万分地猛跳，为了把她无法忍受的怀孕期缩短并引起早产。""这样生下来的孩子，通常是活不成的。""早产论"的内容和论证方式虽然没有什么变化，但在不同时期对人们的影响却不一样。20世纪末，由于国际社会主义运动转入低潮，"早产论"似乎得到了某种"验证"，因而不同程度地造成了一定的思想混乱。你认为应如何看待社会主义"早产论"？
6. 东欧剧变、苏联解体是十月革命以来世界社会主义运动最严重的挫折。从人类发展的历史来看，没有哪一次巨大的历史灾难不是以历史的进步为补偿的。邓小平指出："一些国家出现严重曲折，社会主义好像被削弱了，但人民经受锻炼，从中吸取教训，将促使社会主义向着更加健康的方向发展。""不坚持社会主义，不改革开放，不发展经济，不改善人民生活，只能是死路一条。"如何理解邓小平上述论断的深刻含义？
7. 怎样理解无产阶级专政和社会主义民主？
8. 为什么社会主义首先在经济文化相对落后的国家取得胜利？

七、材料分析题

1. 结合材料回答问题。

【材料1】

我国奴隶制度被封建制度代替，经历500年的反复斗争。西欧从资本主义萌芽到资本主义最终代替封建制度，用了450年的斗争。

【材料2】

战后，发达资本主义国家的经济出现了一个迅速发展时期，使得发达资本主义国家相对稳定，工人运动暂时沉寂，没有出现高涨的革命形势。

【材料3】

20世纪80年代，原东欧社会主义国家，执政40多年的共产党先后丧失政权，国家也更名。苏联解体，社会主义发展出现重大挫折。

请回答：

（1）材料1说明了什么道理？

（2）根据材料2说明资本主义发展的必然趋势是什么？

（3）根据从问题（1）得出的结论以及材料2、材料3，谈谈你对社会主义发展过程的认识。

2. 结合材料回答问题。

【材料1】

"无论哪一个社会形态，在它所能容纳的全部生产力发挥出来以前，是决不会灭亡的；而新的更高的生产关系，在它的物质存在条件在旧社会的胎胞里成熟以前，是决不会出现的。所以人类始终只提出自己能够解决的任务，因为只要仔细考察就可以发现，任务本身，只有在解决它的物质条件已经存在或者至少是在生成过程中的时候，才会产生。"

摘自《马克思恩格斯选集》第2卷（人民出版社1995年版，第32页）

【材料2】

正像达尔文发现有机界的发展规律一样，马克思发现了人类历史的发展规律，即历来为繁芜丛杂的意识形态所掩盖着的一个简单事实：人们首先必须吃、喝、住、穿，然后才能从事政治、科学、艺术、宗教，等等；所以，直接的物质的生活资料的生产，从而一个民族或一个时代的一定的经济发展阶段，便构成基础，人们的国家设施、法的观点、艺术以至宗教观念，就是从这个基础上发展起来的，因而，也必须由这个基础来解释，而不是像过去那样做得相反。

摘自《马克思恩格斯选集》第3卷（人民出版社1995年版，第776页）

【材料3】

一方面，马克思认为社会主义的产生取决于某些"客观"条件的成熟，特别是先进工业结构的形成，这些条件由资本主义通过盲目的、不以人的意志为转移的必然规律的作用产生出来，这样，资本主义就是注定要产生出另一种更高级社会——社会主义社会的一个阶段；另一方面，马克思又认为他的理论不只是一种社会科学，它还是另一种暴力革命的学说。马克思主义不是只要了解社会，它不是革命的无产阶级将起来推翻资本主义，而是积极地动员人们去这样做。它插手去改变世界，问题是，如果资本主义的确是由注定它要被一种新的社会主义社会替代的规律所支配，那么为什么还要强调"问题是要改变它"呢？如果资本主义的灭亡是由科学保证了的，为什么还要费那么大的力气去为它安排葬礼呢？既然看来人们无论如何都要受必然规律的约束，那么为什么又必须动员和劝告人们遵照这些规律行事呢？

摘自陶德林、石云霞《马克思主义基本原理概论》（湖北人民出版社2006年版，第252页）

请回答：
（1）为什么说社会主义是人类社会发展的必然？
（2）试分析阿尔温·古尔德纳的观点。

第七章

共产主义崇高理想及其实现

一、单选题

1. "通过批判旧世界来发现新世界"是(　　　)。
   A. 空想社会主义预见未来社会的方法
   B. 马克思主义预见未来社会的方法
   C. 唯物主义预见未来社会的方法
   D. 唯心主义预见未来社会的方法
2. "各尽所能,按需分配"是(　　　)。
   A. 原始社会的分配方式
   B. 阶级社会的分配方式
   C. 社会主义社会的分配方式
   D. 共产主义社会的分配方式
3. 社会主义社会的充分发展和向共产主义社会过渡需要很长的历史时期;当代资本主义的灭亡和向社会主义、共产主义的转变也是一个长期的过程。这说明实现共产主义是(　　　)。
   A. 一个长期的艰巨过程
   B. 一个长期的曲折过程
   C. 一个艰巨曲折的过程
   D. 一个长期的实践过程
4. 马克思主义认为自由是(　　　)。
   A. 人们选择的主动性
   B. 人能够随心所欲、为所欲为
   C. 人类能够摆脱必然性

D. 人们在对必然认识的基础之上对客观的改造

5. "代替那存在着阶级和阶级对立的资产阶级旧社会的，将是这样一个联合体，在那里，每个人的自由发展是一切人的自由发展的条件。"这是（　　）。

　　A. 《共产党宣言》中的一段话

　　B. 《共产主义原理》中的一段话

　　C. 《哥达纲领批判》中的一段话

　　D. 《资本论》中的一段话

6. "人的依赖性关系"是（　　）。

　　A. 资本主义社会以前的人与人之间的关系

　　B. 资本主义社会之中的人与人之间的关系

　　C. 社会主义社会之中的人与人之间的关系

　　D. 共产主义社会之中的人与人之间的关系

7. "物的依赖性关系"是（　　）。

　　A. 资本主义社会以前的人与人之间的关系

　　B. 资本主义社会之中的人与人之间的关系

　　C. 社会主义社会之中的人与人之间的关系

　　D. 共产主义社会之中的人与人之间的关系

8. 实现了人的"自由个性"的发展，是（　　）。

　　A. 资本主义社会以前的人的生存状态

　　B. 资本主义社会之中的人的生存状态

　　C. 社会主义社会之中的人的生存状态

　　D. 共产主义社会之中的人的生存状态

9. "必然王国"和"自由王国"是（　　）。

　　A. 时间性概念

　　B. 空间性概念

　　C. 历史性概念

　　D. 物质性概念

10. 下列属于自由王国社会状态的是（　　）。

　　A. 奴隶社会

　　B. 封建社会

　　C. 资本主义社会

　　D. 共产主义社会

11. 必然王国和自由王国是社会发展的（　　）。

　　A. 两种不同的状态

　　B. 两种不同的选择

　　C. 两条不同的道路

　　D. 两种不同的理想

12. 自由王国是指人们（　　）。

A. 处于绝对自由的原始社会状态

B. 不再受自然规律和社会规律支配的状态

C. 允许自由竞争的资本主义状态

D. 摆脱了自然和社会关系的奴役，成为自己社会关系主人的状态

13. 实现共产主义是全人类解放的（　　）。

A. 实际体现

B. 客观体现

C. 真实体现

D. 根本要求

14. "两个必然"和"两个决不会"（　　）。

A. 是矛盾的

B. 是两回事

C. 是有着内在联系的

D. 是内容和形式的关系

15. 江泽民说："忘记远大理想而只顾眼前，就会失去前进方向，离开现实工作而空谈远大理想，就会脱离实际。"江泽民所说的"远大理想"是指（　　）。

A. 共产主义远大理想

B. 建设中国特色社会主义共同理想

C. 个人对美好生活的向往与追求

D. 个人对将来职业的向往与追求

16. 共产主义社会实现的根本条件是（　　）。

A. 生产力的高度发达

B. 无产阶级登上历史舞台

C. 人类 19 世纪创造的优秀理论成果

D. 马克思、恩格斯的革命实践

17. 共产主义社会实行的分配制度是（　　）。

A. 按劳分配

B. 按生产要素分配

C. 各尽所能，按需分配

D. 其他的分配方式

18. 科学共产主义之所以是科学，主要在于其（　　）。

A. 揭示了资本主义社会的基本矛盾

B. 揭示了资本主义剥削的秘密

C. 揭示了资本主义制度的腐朽性

D. 揭示了社会发展的客观规律

19. 在马克思主义经典作家看来，社会主义是（　　）。

A. 资本主义社会的一个阶段

B. 资本主义社会向共产主义社会过渡过程中的一个独立的社会形态

C. 资本主义社会向共产主义社会过渡过程中可以跨越的阶段

D. 共产主义社会的一个低级阶段

20. 共产主义理想的实现之所以是历史规律的必然要求，是因为（   ）。

A. 基于人类社会发展规律以及社会主义社会的基本矛盾发展

B. 基于现实资本主义社会以及社会主义社会的基本矛盾发展

C. 基于人类社会发展规律以及未来美好社会的基本矛盾发展

D. 基于人类社会发展规律以及资本主义社会的基本矛盾发展

21. 科学发展观的核心是（   ）。

A. 发展

B. 以人为本

C. 全面协调可持续

D. 统筹兼顾

22. 共产主义社会的物质基础是（   ）。

A. 比资本主义社会高的社会生产力

B. 与发达资本主义国家相同的社会生产力

C. 远远高于以往一切社会的高度发达的社会生产力

D. 高新技术发达的生产力

23. 共产主义社会制度具有巨大优越性的根本保证是（   ）。

A. 社会制度的和谐完善

B. 创造出前所未有的高水平的劳动生产率

C. 人的精神境界极大提高

D. 科学技术的不断进步

24. 阶级消灭和国家消亡的实现是在（   ）。

A. 社会主义革命中

B. 社会主义初级阶段

C. 社会主义高级阶段

D. 共产主义社会

25. 共产主义社会的根本特征是（   ）。

A. 实现社会单一的公有制

B. 按需分配

C. 人的自由而全面发展

D. 劳动生产率的极大提高

26. 社会主义和共产主义都存在的经济关系是（   ）。

A. 实行生产资料的社会公有制

B. 实行按劳分配原则

C. 实行按需分配原则

D. 实行商品经济、市场经济体制

27. 马克思主义展望未来社会的科学方法之一是（   ）。

A. 在剖析以往社会旧世界中阐发未来新世界的特点
B. 在剖析以往社会旧世界中阐发未来新世界的具体情况
C. 在剖析资本主义社会旧世界中阐发未来新世界的特点
D. 在剖析资本主义社会旧世界中阐发未来新世界的具体情况

28. 马克思主义展望未来社会的科学方法之一是（　　）。
A. 立足于揭示未来社会的一般特征，而不作详尽的细节描绘
B. 立足于揭示未来社会的详尽细节，而不作一般特征的描绘
C. 立足于描绘未来社会的全部特征，而不作详尽的细节揭示
D. 立足于既揭示未来社会的一般特征，又作详尽的细节描绘

29. 共产主义的基本特征之一是（　　）。
A. 物质财富极大丰富，生产资料按需分配
B. 物质财富极大丰富，消费资料按劳分配
C. 物质财富极大丰富，生产资料各取所需
D. 物质财富极大丰富，消费资料按需分配

30. 共产主义的基本特征之一是（　　）。
A. 社会关系极大提高，人们精神境界高度和谐
B. 社会关系高度和谐，人们精神境界极大提高
C. 社会关系高度发展，人们精神境界极大和谐
D. 社会关系高度发达，人们精神境界极大提高

31. 共产主义的基本特征之一是（　　）。
A. 每个人自由而全面的发展，人类从必然王国向自由王国飞跃
B. 每个人自由而全面的发展，人类脱离必然王国走向自由王国
C. 每个人自由而全面的发展，人类脱离必然王国向自由王国飞跃
D. 每个人自由而自主的发展，人类脱离必然王国向自由王国飞跃

32. 共产主义理想之所以是能够实现的社会理想，是因为它是（　　）。
A. 具有客观可能性的
B. 人类向往的美好境界
C. 具有客观必然性的
D. 人类不断追求的目标

二、多选题

1. 关于共产主义理想，下列提法正确的有（　　）。
A. 共产主义渺茫论
B. 共产主义是能够实现的理想
C. 在社会主义历史阶段不应树立共产主义理想
D. 共产主义理想的实现是一个长期的历史过程

2. 下列选项中属于共产主义含义的有（　　）。

A. 共产主义是一种科学理论

B. 共产主义是一种现实运动

C. 共产主义是一种社会制度

D. 共产主义是一种社会理想

3. 作为社会历史范畴，自由王国是指（   ）。

A. 人们不受任何制约的自由状态

B. 人们完全认识了自然和社会历史的必然性

C. 人们摆脱了盲目必然性的奴役而成为自己和社会关系的主人

D. 共产主义的社会状态

4. 马克思主义经典作家与其他思想家预见未来社会的方法区别在于（   ）。

A. 前者从客观规律出发，后者从理性出发

B. 前者侧重于一般特征的揭示，后者侧重于详尽细节的描绘

C. 前者通过批判旧世界发现新世界，后者凭空猜测无法知道的事情

D. 前者是乐观主义的态度，后者是悲观主义的态度

5. 人的全面发展是指（   ）。

A. 德、智、体、美、劳各方面都得到发展

B. 人的需要的全面丰富和充分满足

C. 个人潜力和智能得到最大限度的发挥

D. 人的各种要求都能得到满足

6. 马克思主义认为，人的自由而全面的发展（   ）。

A. 是社会发展的根本目标

B. 是社会进步的重要内容

C. 既是社会发展的结果，又是社会发展的原因

D. 与社会政治、经济、文化的发展互为前提

7. 马克思和恩格斯认为在共产主义社会将要消失的"三大差别"有（   ）。

A. 资产阶级和无产阶级的差别

B. 工业和农业的差别

C. 城市与乡村的差别

D. 脑力劳动与体力劳动的差别

8. 共产主义是能够实现的社会理想是（   ）。

A. 以人类社会发展规律为依据的

B. 以资本主义社会基本矛盾的发展为依据的

C. 可以用社会主义运动的实践来证明的

D. 要靠社会主义的不断完善和发展来实现的

9. 下列对共同理想与远大理想之间的关系，说法正确的有（   ）。

A. 实现了共同理想也就实现了远大理想

B. 实现共同理想是实现远大理想的必经阶段

C. 实现远大理想是实现共同理想的必然趋势和最终目的

D. 共同理想和远大理想是辩证统一的

10. 社会主义代替资本主义和最后实现共产主义的历史进程（　　）。
A. 离不开工人阶级及其政党的能动性
B. 离不开社会主义国家建设事业的发展
C. 离不开世界社会主义运动的发展
D. 离不开马克思主义理论的指导

11. 下属现象中属于共产主义社会特征的有（　　）。
A. 社会财富极大丰富，消费品按需分配
B. 社会财富极大丰富，消费品按劳分配
C. 社会关系高度和谐，人们的精神境界极大提高
D. 每个人自由而全面的发展

12. 社会主义按劳分配的原则（　　）。
A. 实现了在分配上的真正平等
B. 默认劳动者不同的个人天赋
C. 体现着等价交换原则
D. 有其历史局限性

13. 下列属于必然王国社会状态的有（　　）。
A. 奴隶社会
B. 封建社会
C. 资本主义社会
D. 社会主义社会

14. 下列选项属于人类解放含义的有（　　）。
A. 完全摆脱自然力和社会关系
B. 获得绝对自由
C. 从自然必然性奴役下解放出来
D. 从社会必然性奴役下解放出来

15. 实现共产主义是一个长期的实践过程，因为（　　）。
A. 社会主义的充分发展需要很长的历史时期
B. 社会主义向共产主义的过渡需要很长的历史时期
C. 当代资本主义的灭亡是一个长期的过程
D. 资本主义灭亡向社会主义、共产主义的转变也是一个长期的过程

16. "两个必然"和"两个决不会"的关系（　　）。
A. 是有着内在联系的
B. 是相互矛盾的
C. 应将二者结合起来进行理解
D. 前者是讲资本主义灭亡和共产主义胜利的客观必然性，后者是这种客观必然性实现的时间和条件

17. 实现共产主义不能超越社会主义发展阶段，因为（　　）。

A. 共产主义需要由社会主义的发展来提供实现的条件

B. 社会主义是这同一社会形态的第一阶段，共产主义则是高级阶段

C. 社会主义是共产主义的低级阶段

D. 从社会主义到共产主义，首先要使社会主义有充分的发展

18. 人类在客观世界面前所处的两种不同的社会活动状态是（　　）。

A. 必然

B. 必然王国

C. 自由

D. 自由王国

19. 马克思主义是关于无产阶级和人类解放的科学，实现共产主义是全人类解放的根本体现。人类解放包括（　　）。

A. 从自然界的压迫下解放出来

B. 从客观规律的制约下解放出来

C. 从旧的社会关系的束缚下解放出来

D. 从旧的传统观念的禁锢下解放出来

20. 列宁指出："马克思丝毫不想制造乌托邦，不想凭空猜测无法知道的事情。马克思提出共产主义的问题正像一个自然科学家已经知道某一新的生物变种是怎样产生以及朝哪个方向演变才提出该生物变种的发展问题一样。"也就是说，马克思预见未来与空想社会主义不同，马克思（　　）。

A. 是在揭示人类社会发展一般规律的基础上对共产主义社会作出科学的展望

B. 在剖析资本主义社会旧世界中阐发未来新世界的特点

C. 立足于揭示未来社会的一般特征而不作详尽的细节描述

D. 把坚持科学的立场、观点、方法作为预见未来的基本前提

21. 列宁指出"马克思的全部理论，就是运用最彻底、最完整、最周密、内容最丰富的发展论去考察现代资本主义。自然，他也就运用这个理论去考察资本主义即将到来的崩溃和未来共产主义的发展。"这说明马克思、恩格斯（　　）。

A. 在揭示人类社会发展一般规律的基础上指明社会发展的方向

B. 在剖析资本主义社会旧世界中阐发未来新世界的特点

C. 在坚持科学的立场、观点和方法的前提下对未来作详尽的细节描述

D. 揭示经济政治发展的不平衡已成为资本主义发展的绝对规律

22. 实现人的自由而全面的发展，是马克思主义追求的根本价值目标，也是共产主义社会的根本特征。共产主义社会中人的自由而全面的发展指的是（　　）。

A. 全体社会成员的发展或每一个人的发展

B. 社会不存在矛盾，人与人之间形成事实上的平等

C. 社会发展与个人发展实现了真正的统一

D. 社会发展不再以牺牲某些个人的发展为代价

三、判断题

1. 实现共产主义是历史发展规律的必然要求。（   ）
2. 共产主义理想是能够实现的社会理想,因为这一社会理想具有客观必然性,经过努力可以实现。（   ）
3. 马克思关于"两个必然"和"两个决不会"的思想是有内在联系的、不矛盾的。（   ）
4. 树立和追求共产主义远大理想,应该积极投入中国特色社会主义建设事业,从我做起,从现在做起。（   ）
5. 各尽所能、按需分配是社会主义社会的分配方式。（   ）
6. 马克思主义认为自由是人类能够摆脱必然性。（   ）
7. 实现了人的"自由个性"的发展,是资本主义社会之中人的生存状态。（   ）
8. 自由王国是指人们不再受自然规律和社会规律支配的状态。（   ）
9. 共产主义社会实行的分配制度是各尽所能、按需分配。（   ）
10. 在马克思经典作家看来,社会主义是资本主义社会向共产主义社会过渡过程中的一个独立的社会形态。（   ）
11. 科学发展观的核心是以人为本。（   ）
12. 在展望未来社会的问题上,马克思主义与空想社会主义的根本区别是有没有预见性。（   ）
13. 马克思主义展望未来社会的方法是在科学预测的基础上指明社会发展的方向。（   ）
14. 马克思主义展望未来社会的方法是在剖析资本主义社会旧世界中阐发未来新世界的具体情况。（   ）
15. 马克思主义展望未来社会的方法是立足于揭示未来社会的详尽细节,而不作一般特征的描绘。（   ）
16. 共产主义社会的基本特征之一是物质财富极大丰富,生产资料按需分配。（   ）
17. 共产主义的基本特征之一是每个人自由而全面的发展,人类从必然王国向自由王国的飞跃。（   ）
18. 共产主义理想之所以是能够实现的社会理想,是因为它是人类向往的美好境界。（   ）
19. 科学社会主义问世的标志是《共产党宣言》的发表。（   ）
20. 共产主义是一种科学理论,也是一种现实运动。（   ）
21. 社会主义按劳分配的原则实现了在分配上的真正平等。（   ）
22. 人类解放的含义是指人类获得了绝对自由。（   ）
23. 人的全面发展是指人的各种要求都能得到满足。（   ）
24. 社会主义代替资本主义和最后实现共产主义的历史进程离不开马克思主义理论的指导。（   ）

25. 建设中国特色社会主义是中华民族的共同理想。（　　）
26. "两个必然"是指社会主义必然胜利、资本主义必然灭亡。（　　）

四、辨析题

1. 空想社会主义的意义是同历史的发展成反比的。
2. 自由王国是在必然王国中自由时间积累的结果。
3. 社会主义的目标是社会的发展。

五、简答题

1. 在对未来理想社会的认识上，马克思主义经典作家与空想社会主义者有何本质区别？
2. 为什么说共产主义是历史发展的必然要求？
3. 为什么说实现共产主义是一个长期的实践过程？
4. 如何理解"两个必然"和"两个决不会"的关系？
5. 共产主义社会的基本特征是什么？
6. 个人理想如何才能与社会理想一致起来？

六、论述题

1. 既然共产主义理想的实现是历史的必然，为什么又要人们去努力追求？既然共产主义的最终实现是一个漫长的过程，为什么又说"共产主义渺茫论"是错误的？请用马克思主义的辨证观点予以正确解答。
2. 有人说："在社会主义初级阶段只能讲树立建设中国特色社会主义共同理想，而不应提树立共产主义远大理想，否则就是脱离实际。"请用共同理想和远大理想的关系来分析评论这一观点。
3. 如何在大学生活中体现自己的理想信念追求？个人理想为何要与社会理想一致？

七、材料分析题

1. 结合材料回答问题。

【材料1】
马克思的全部理论，就是运用最彻底、最完整、最周密、内容最丰富的发展论去考察现代资本主义。自然，他也就要运用这个理论去考察资本主义即将到来的崩溃和未来共产主义的发展。

摘自《列宁选集》第3卷（人民出版社1995年版，第186页）

【材料2】
新思潮的优点又恰恰在于我们不想教条地预期未来，而只是想通过批判旧世界发现新世界。

摘自《马克思恩格斯全集》第 47 卷（人民出版社 2004 年版，第 64 页）

【材料 3】

在将来某个特定的时刻应该做什么，应该马上做些什么，这当然完全取决于人们将不得不在其中活动的那个既定的历史环境。

摘自《马克思恩格斯选集》第 4 卷（人民出版社 1995 年版，第 643 页）

【材料 4】

我们可以绝对有把握地说，剥夺资本家一定会使人类社会的生产力蓬勃发展。但是，生产力将以什么样的速度向前发展，将以什么样的速度发展到打破分工、消灭脑力劳动和体力劳动的对立、把劳动变为"生活的第一需要"，这都是我们所不知道而且也不可能知道的。

摘自《列宁选集》第 3 卷（人民出版社 1995 年版，第 197～198 页）

【材料 5】

我们只能谈国家消亡的必然性，同时着重指出这个过程是长期的，指出它的长短将取决于共产主义高级阶段的发展速度，而把消亡的日期或消亡的具体形式问题作为悬案，因为现在还没有可供解决这些问题的材料。

摘自《列宁选集》第 3 卷（人民出版社 1995 年版，第 198 页）

请回答：

（1）马克思主义在预测未来社会问题上的基本态度是怎样的？
（2）马克思主义是如何理解未来社会和现实社会的关系的？

2. 结合材料回答问题。

【材料 1】

法国前总理若斯潘认为："既然狂风暴雨的时代已经来临，人们也就不再可能否认无控制的资本主义可能带来的危害了，即使是那些最能吹捧经济自由主义、不受边界限制的全球化以及市场法则的人也无法做到这一点。""资本主义最坏的敌人可能就是资本主义本身。"

摘自本书课题组《资本主义必然灭亡　社会主义必然胜利——综论社会主义、资本主义发展的历史进程》（《求是》2001 年第 6 期第 26 页）

【材料 2】

由于资本主义使人类屈从于经济，它腐蚀了人类关系，破坏了社会基础，产生了道德真空，在那里，除了个人的欲望外，别的什么都没有价值。人类不适应资本主义，资本主义要求没完没了地提高生产率，机器和产品可以变得越来越便宜，但人类本身并没有因此而改变。当效率的提高导致失业时，人类的生活就会变得绝望起来，他们只能靠福利和犯罪生存。社会主义者就是要提醒世界，应该放在第一位的是人而不是生产。不能为了经济目的而牺牲任何人。这种对普通人的关注正是社会主义所主张和关心的。

摘自［英］埃里克·霍布斯鲍姆《从历史看社会主义的未来》

【材料 3】

人们需要的不仅是比过去更好的社会，而且是像社会主义者一贯坚持的那样，需要的是一个与现状不同的社会,这一社会不仅能使人性从不受控制的生产制度中得到拯救,还能使人类的生活变得有价值,不仅舒适,还有尊严。

摘自[英]埃里克·霍布斯鲍姆《从历史看社会主义的未来》

请回答:
(1) 上述外国学者主要指出了资本主义制度的哪些弊病?
(2) 社会主义如何应对 21 世纪的世界性挑战?

参 考 答 案

绪论 参考答案

一、单选题

1. A	2. A	3. D	4. B	5. A
6. C	7. A	8. A	9. B	10. C
11. A	12. C	13. C	14. A	15. C
16. A	17. D	18. A	19. B	20. C
21. C	22. D	23. C	24. A	25. A
26. B	27. B	28. C	29. B	30. B
31. A	32. D	33. D	34. D	35. C
36. A	37. D	38. B	39. C	40. A
41. C	42. C	43. B	44. D	45. A
46. B	47. C	48. D	49. A	50. B
51. D	52. A			

二、多选题

1. ABCD	2. BCD	3. ABC	4. AB	5. ABC
6. BCD	7. CD	8. ABCD	9. ABCD	10. ABCD
11. ABCD	12. ABCD	13. ABC	14. ABCD	15. ABC
16. ABCD	17. AB	18. BC	19. ABCD	20. ABCD
21. ABC	22. BCD	23. ACD	24. BCD	25. BD
26. ABC	27. ABC	28. ABCD	29. ABC	30. BCD
31. BCD	32. BC	33. BCD		

三、判断题

1. 错	2. 错	3. 对	4. 错	5. 对
6. 错	7. 错	8. 错	9. 错	10. 错
11. 对	12. 对	13. 错	14. 对	15. 对

16. 错　17. 对　18. 对　19. 错　20. 对
21. 对　22. 错　23. 对　24. 错　25. 错
26. 对　27. 对　28. 对　29. 对　30. 错
31. 错　32. 对

第一章　参考答案

一、单选题

1. B　2. B　3. D　4. A　5. C
6. D　7. B　8. D　9. D　10. B
11. C　12. A　13. D　14. C　15. C
16. B　17. B　18. D　19. D　20. D
21. D　22. A　23. B　24. C　25. D
26. D　27. C　28. D　29. A　30. B
31. B　32. C　33. B　34. D　35. A
36. C　37. B　38. B　39. D　40. B
41. B　42. C　43. D　44. D　45. C
46. D　47. C　48. D　49. B　50. C
51. A　52. A　53. B　54. D　55. A
56. A　57. D　58. C　59. B　60. D
61. C　62. B　63. D　64. B　65. C
66. D　67. A　68. D　69. C　70. A
71. B　72. B　73. D　74. A　75. A
76. D　77. A　78. A　79. A　80. B
81. A　82. D　83. C　84. C　85. C
86. C　87. C　88. B　89. B　90. A
91. B　92. C　93. C　94. D　95. B
96. C　97. A　98. D　99. C　100. B
101. A　102. B　103. C　104. D　105. B
106. C　107. C　108. A　109. D　110. A
111. D　112. C　113. A　114. A　115. B
116. B　117. A　118. A　119. D　120. C
121. B　122. C　123. A　124. D　125. C
126. A　127. D　128. B　129. C　130. D
131. D　132. C　133. D　134. A　135. B
136. C　137. B　138. B　139. A　140. D
141. B　142. D　143. A　144. D　145. D
146. C　147. C　148. C　149. A　150. C

151. C	152. B	153. D	154. C	155. D
156. D	157. A	158. D	159. D	160. D
161. C	162. B	163. C	164. B	165. D
166. D	167. B	168. B	169. D	170. D
171. A	172. D	173. D	174. B	175. B
176. B	177. B	178. A	179. A	180. B
181. C	182. B	183. A	184. C	185. D
186. A	187. B	188. C	189. C	190. A
191. D				

二、多选题

1. AC	2. BC	3. AD	4. ABC	5. AC
6. BC	7. ACD	8. ABCD	9. BD	10. BCD
11. ABD	12. ABD	13. ABD	14. CD	15. ABCD
16. CD	17. ABC	18. ABCD	19. ABC	20. ABCD
21. AC	22. AD	23. AD	24. ABCD	25. AB
26. CD	27. CD	28. ABCD	29. AB	30. AD
31. BCD	32. AD	33. ABC	34. AC	35. AD
36. ABCD	37. AD	38. ACD	39. BCD	40. CD
41. CD	42. ABCD	43. ABD	44. ABCD	45. ABCD
46. ABCD	47. BCD	48. ABCD	49. CD	50. ABCD
51. ABCD	52. ABCD	53. ABC	54. ABCD	55. ABC
56. ABCD	57. AB	58. ABC	59. ABC	60. ABCD
61. ABCD	62. CD	63. ABCD	64. ABC	65. ABCD
66. AC	67. BCD	68. AB	69. ABC	70. AC
71. CD	72. AD	73. CD	74. ACD	75. BD
76. BD	77. CD	78. ABD	79. ACD	80. BD
81. CD	82. ABCD	83. CD	84. AB	85. BC
86. ABCD	87. ABCD	88. BC	89. AB	90. BC
91. ABC	92. ABD	93. ACD	94. ABC	95. AC
96. ABCD	97. BCD	98. ACD	99. ABD	100. BCD
101. ABCD	102. AC	103. BD	104. BC	105. AB
106. ABCD	107. ABCD	108. ABCD	109. BCD	110. AB
111. ABD	112. CD	113. ABC	114. AD	115. ABC
116. ABD	117. AD	118. ABCD	119. AB	120. ABD
121. ABD	122. AB	123. BD	124. CD	125. BCD
126. ACD	127. ACD	128. CD	129. BD	130. ABCD
131. ABCD	132. AC	133. ABC	134. BCD	135. AD

136. ABD   137. ABC   138. ABCD   139. ACD   140. BCD
141. ACD   142. ABD

三、判断题

1. 对   2. 对   3. 对   4. 错   5. 对
6. 对   7. 错   8. 错   9. 对   10. 错
11. 对   12. 错   13. 错   14. 对   15. 错
16. 错   17. 错   18. 错   19. 对   20. 错
21. 对   22. 错   23. 错   24. 错   25. 对
26. 错   27. 对   28. 对   29. 错   30. 错

第二章　参考答案

一、单选题

1. C   2. A   3. C   4. C   5. B
6. D   7. D   8. C   9. A   10. D
11. D   12. D   13. A   14. D   15. D
16. A   17. A   18. C   19. A   20. C
21. A   22. A   23. A   24. D   25. C
26. A   27. C   28. C   39. D   30. D
31. C   32. A   33. B   34. B   35. C
36. B   37. B   38. C   39. B   40. D
41. A   42. A   43. B   44. C   45. A
46. B   47. B   48. C   49. D   50. A
51. C   52. D   53. C   54. B   55. D
56. D   57. A   58. C   59. C   60. A
61. C   62. B   63. B   64. D   65. B
66. C   67. D   68. C   69. D   70. B
71. C   72. B   73. C   74. B   75. D
76. D   77. B   78. D   79. B   80. A
81. A   82. C   83. D   84. A   85. A
86. C   87. D   88. D   89. B   90. A
91. B   92. D   93. C   94. C   95. A
96. C   97. C   98. B   99. B   100. C
101. C   102. D   103. D   104. D   105. B
106. C   107. B   108. B   109. A   110. A
111. B   112. D   113. D   114. A   115. B
116. C   117. D   118. B   119. D   120. C

121. A	122. D	123. D	124. A	125. C
126. D	127. B	128. D	129. A	130. B
131. A	132. A	133. A	134. D	135. D
136. D				

二、多选题

1. BCD	2. BC	3. ABD	4. ABC	5. ABC
6. ABCD	7. ABCD	8. CD	9. ABC	10. ABC
11. ACD	12. BCD	13. ABC	14. AC	15. ABCD
16. AC	17. CD	18. AB	19. CD	20. AC
21. BD	22. CD	23. ABCD	24. BCD	25. ABCD
26. BCD	27. ACD	28. AB	29. ABCD	30. ABCD
31. ABCD	32. BC	33. ABCD	34. ABC	35. CD
36. BCD	37. ABD	38. ABD	39. ABD	40. BCD
41. ACD	42. ACD	43. CD	44. ACD	45. AC
46. AC	47. BCD	48. BC	49. BC	50. BCD
51. ABCD	52. BC	53. ACD	54. ABCD	55. AB
56. ABCD	57. BCD	58. ABCD	59. CD	60. ABCD
61. ABCD	62. AB	63. ABC	64. ABC	65. BD
66. AC	67. CD	68. AC	69. AB	70. BC
71. ABCD	72. ABCD	73. ABC	74. CD	75. ABD
76. ABD	77. BCD	78. ACD	79. AB	80. ABD
81. ABC				

三、判断题

1. 对	2. 错	3. 错	4. 错	5. 对
6. 对	7. 对	8. 错	9. 对	10. 错
11. 错	12. 错	13. 对	14. 错	15. 错
16. 错	17. 对	18. 错	19. 错	20. 对
21. 错	22. 错	23. 错	24. 对	25. 对
26. 对	27. 错			

第三章　参考答案

一、单选题

1. B	2. C	3. D	4. B	5. B
6. D	7. B	8. B	9. B	10. C
11. B	12. B	13. D	14. B	15. C

16. B 17. B 18. D 19. A 20. C
21. D 22. A 23. D 24. D 25. A
26. A 27. D 28. B 29. C 30. D
31. B 32. C 33. B 34. B 35. B
36. A 37. C 38. C 39. C 40. A
41. C 42. B 43. C 44. D 45. C
46. D 47. B 48. A 49. C 50. D
51. A 52. C 53. D 54. C 55. C
56. B 57. C 58. C 59. B 60. C
61. B 62. B 63. C 64. C 65. D
66. B 67. D 68. D 69. D 70. A
71. B 72. A 73. C 74. A 75. C
76. D 77. A 78. B 79. D 80. A
81. A 82. A 83. C 84. A 85. C
86. D 87. B 88. C 89. A 90. A
91. C 92. C 93. C 94. A 95. D
96. A 97. D 98. D 99. A 100. D
101. D 102. C 103. A 104. A 105. C
106. B 107. B 108. D 109. A 110. B
111. D 112. B 113. C 114. D 115. D
116. C 117. B 118. B 119. B 120. A
121. A 122. B 123. D 124. A 125. B
126. D 127. B 128. B 129. A 130. D
131. C 132. A 133. C 134. C 135. D
136. D 137. D 138. A 139. B 140. A
141. B 142. D 143. A 144. D 145. A
146. C 147. D 148. B 149. A 150. B
151. C 152. D 153. C 154. B 155. D
156. C 157. B 158. C 159. D 160. B

二、多选题

1. ACD 2. BC 3. ABD 4. BCD 5. ACD
6. CD 7. ABC 8. ABCD 9. CD 10. ABCD
11. ABCD 12. ACD 13. AB 14. CD 15. AB
16. BC 17. AB 18. CD 19. ABCD 20. ABCD
21. ABD 22. ABD 23. ABCD 24. ABCD 25. ABC
26. ACD 27. ABCD 28. ABCD 29. ABC 30. AD
31. AD 32. BD 33. ACD 34. ABCD 35. AD

36. AB	37. ABCD	38. AC	39. ABD	40. ABC
41. ABD	42. ABD	43. BCD	44. ABC	45. ABCD
46. BD	47. CD	48. ABC	49. BCD	50. ABC
51. AD	52. BC	53. ABD	54. BD	55. BC
56. ABC	57. BCD	58. ABC	59. ACD	60. ABC
61. CD	62. BD	63. AD	64. AD	65. ABC
66. CD	67. BCD	68. CD	69. CD	70. CD
71. BC	72. CD	73. ABD	74. AB	75. CD
76. CD	77. ABC	78. ACD	79. ABCD	80. ABCD
81. ABD	82. ABC	83. ABD	84. BC	85. BC
86. BD	87. ABCD	88. AB	89. ACD	90. ABCD
91. BC	92. ABC	93. ABD	94. ABCD	95. ABD
96. CD	97. CD	98. ABC	99. CD	100. BCD
101. ABCD	102. AC	103. ABC	104. ACD	105. ABD
106. AB	107. ABD	108. ABCD	109. ABD	110. BCD
111. CD	112. BCD	113. CD	114. AB	115. BC
116. ABCD	117. ABC	118. ABCD	119. BD	120. BC
121. BCD	122. BCD	123. CD	124. ABD	125. ABC
126. CD	127. AC			

三、判断题

1. 错	2. 错	3. 错	4. 对	5. 错
6. 错	7. 对	8. 错	9. 错	10. 错
11. 错	12. 对	13. 对	14. 错	15. 错
16. 对	17. 错	18. 错	19. 错	20. 错
21. 对	22. 错	23. 对	24. 错	25. 错
26. 错	27. 错	28. 对	29. 错	30. 对
31. 错	32. 对	33. 对	34. 错	35. 错
36. 对	37. 错	38. 错	39. 错	40. 错
41. 错	42. 对	43. 错	44. 错	45. 错
46. 错	47. 错	48. 错	49. 错	50. 对
51. 错	52. 错	53. 错	54. 错	55. 错
56. 错	57. 对	58. 错	59. 错	60. 对
61. 对	62. 错	63. 对	64. 错	65. 对
66. 错	67. 对	68. 对	69. 错	

第四章 参考答案

一、单选题

1. A	2. B	3. A	4. B	5. B
6. C	7. D	8. D	9. D	10. B
11. D	12. B	13. C	14. B	15. D
16. D	17. C	18. A	19. D	20. B
21. B	22. C	23. D	24. A	25. D
26. C	27. C	28. A	29. D	30. D
31. A	32. D	33. B	34. B	35. D
36. A	37. A	38. A	39. D	40. B
41. A	42. C	43. B	44. B	45. D
46. C	47. B	48. D	49. D	50. D
51. D	52. D	53. B	54. C	55. D
56. D	57. C	58. B	59. D	60. D
61. C	62. C	63. C	64. D	65. C
66. C	67. A	68. D	69. D	70. D
71. D	72. A	73. C	74. C	75. C
76. A	77. C	78. D	79. B	80. D
81. B	82. A	83. D	84. A	85. C
86. C	87. A	88. A	89. A	90. A
91. A	92. C	93. C	94. A	95. C
96. D	97. A	98. B	99. C	100. D
101. A	102. D	103. C	104. C	105. C
106. C	107. D	108. A	109. C	110. A
111. C	112. C	113. C	114. D	115. D
116. B	117. C	118. C	119. B	120. D
121. B	122. B	123. D	124. D	125. B
126. A	127. A	128. C	129. D	130. D
131. A	132. B	133. D	134. B	135. C
136. A	137. B	138. D	139. D	140. A
141. A	142. B	143. B	144. D	145. C
146. C	147. B	148. D		

二、多选题

1. ABCD	2. CD	3. ABC	4. BCD	5. AB
6. ABD	7. ABD	8. ACD	9. ABC	10. BCD

11. ABCD	12. ABCD	13. BCD	14. BC	15. ACD
16. BC	17. ABD	18. ABC	19. AB	20. ABCD
21. ABCD	22. AC	23. BCD	24. BCD	25. BCD
26. ABCD	27. ACD	28. ABC	29. ABC	30. CD
31. ABCD	32. ACD	33. CD	34. ABD	35. ACD
36. ABCD	37. BCD	38. ABCD	39. ACD	40. ABCD
41. BC	42. ABD	43. ABD	44. AC	45. AB
46. BCD	47. ACD	48. ABD	49. BCD	50. ABCD
51. ABCD	52. ABD	53. CD	54. ABCD	55. AC
56. AD	57. ABCD	58. BCD	59. BCD	60. ABCD
61. ABC	62. ABCD	63. CD	64. ACD	65. BC
66. BC	67. AD	68. BD	69. ABCD	70. AC
71. AC	72. ABD	73. ABD	74. CD	75. AC
76. ABCD	77. AD	78. AB	79. ABD	80. ABCD
81. BCD	82. CD	83. ACD	84. BC	85. BCD
86. CD	87. ABCD	88. ABCD	89. AC	90. ABC
91. BCD	92. ABC	93. ABC	94. ACD	95. CD
96. AB				

三、判断题

1. 错	2. 错	3. 错	4. 对	5. 错
6. 错	7. 错	8. 对	9. 错	10. 对
11. 对	12. 错	13. 错	14. 错	15. 对
16. 对	17. 错	18. 对	19. 错	20. 错
21. 错	22. 错	23. 错	24. 错	25. 错
26. 对	27. 错	28. 错	29. 对	30. 对
31. 错	32. 错	33. 对	34. 对	

第五章 参考答案

一、单选题

1. A	2. C	3. D	4. D	5. C
6. B	7. C	8. A	9. B	10. D
11. B	12. A	13. B	14. C	15. C
16. D	17. B	18. C	19. A	20. A
21. D	22. D	23. C	24. A	25. B
26. D	27. B	28. D	29. C	30. C
31. A	32. D	33. A	34. B	35. D

36. B 37. D 38. D 39. D 40. C
41. B 42. B 43. D 44. C 45. D
46. C 47. C 48. B 49. C 50. C
51. B 52. A 53. D 54. C 55. D
56. D 57. C 58. A 59. C 60. B
61. D 62. B 63. C 64. D 65. B
66. A 67. A 68. A 69. C 70. C
71. C 72. B 73. C

二、多选题

1. ABC 2. BCD 3. ABCD 4. ACD 5. ABD
6. ABC 7. AC 8. ABCD 9. ABCD 10. ABC
11. ABD 12. ABC 13. ABD 14. BC 15. AD
16. ACD 17. BD 18. ABD 19. BCD 20. ABCD
21. ABC 22. ABCD 23. ABCD 24. AD 25. ABCD
26. ABD 27. ABCD 28. ABCD 29. ABCD 30. ABCD
31. ABCD 32. BC 33. ABCD 34. ABCD 35. ABCD
36. ABCD 37. ABD 38. ABCD 39. BCD 40. AC
41. ABCD 42. AB 43. ACD 44. ABC 45. ABD

三、判断题

1. 错 2. 对 3. 错 4. 错 5. 错
6. 错 7. 对 8. 错 9. 错 10. 对
11. 错 12. 错 13. 对 14. 对 15. 对
16. 对 17. 对 18. 错 19. 错

第六章 参考答案

一、单选题

1. A 2. B 3. D 4. D 5. D
6. D 7. A 8. B 9. D 10. A
11. B 12. D 13. A 14. B 15. D
16. A 17. D 18. B 19. D 20. B
21. C 22. C 23. A 24. A 25. C
26. B 27. B 28. C 29. C 30. B
31. B 32. D 33. A 34. D 35. A
36. A 37. A 38. B 39. C 40. A
41. A 42. C 43. B 44. A 45. D

46. B	47. D	48. C	49. A	50. B
51. D	52. B	53. A	54. C	55. D
56. B	57. D	58. B	59. D	60. D
61. C	62. D	63. C	64. A	65. A
66. A	67. B	68. B		

二、多选题

1. AB	2. ABCD	3. CD	4. BD	5. ABCD
6. ABD	7. ABCD	8. ABC	9. ABCD	10. ABCD
11. AD	12. ABC	13. ABCD	14. ABC	15. BCD
16. AC	17. ABCD	18. ABCD	19. CD	20. BCD
21. ABCD	22. ACD	23. ABCD	24. ABCD	25. BC
26. ACD	27. ABCD	28. ABCD	29. BCD	30. ABC
31. AB	32. ABCD	33. ABD	34. BD	35. BC
36. BCD	37. ABCD	38. ABCD	39. CD	40. ABCD
41. ABC	42. ABC	43. ABC	44. ABCD	

三、判断题

1. 对	2. 对	3. 错	4. 错	5. 错
6. 对	7. 对	8. 错	9. 对	10. 对
11. 对	12. 错	13. 对	14. 错	15. 对
16. 对	17. 对	18. 对	19. 错	20. 对

第七章　参考答案

一、单选题

1. B	2. D	3. D	4. D	5. A
6. A	7. B	8. D	9. C	10. D
11. A	12. D	13. D	14. C	15. A
16. A	17. C	18. D	19. D	20. D
21. B	22. C	23. B	24. D	25. C
26. A	27. C	28. A	29. D	30. B
31. A	32. C			

二、多选题

1. BD	2. ABCD	3. BCD	4. ABC	5. ABC
6. ABCD	7. BCD	8. ABCD	9. BCD	10. ABCD
11. ACD	12. BCD	13. ABCD	14. CD	15. ABCD

16. ACD   17. ABCD   18. BD   19. ACD   20. ABCD
21. AB   22. ACD

三、判断题

1. 对   2. 对   3. 对   4. 对   5. 错
6. 错   7. 错   8. 错   9. 对   10. 错
11. 对   12. 错   13. 错   14. 错   15. 错
16. 错   17. 对   18. 错   19. 对   20. 对
21. 错   22. 错   23. 错   24. 对   25. 对
26. 对